众筹实战

赢在e时代新思维 互动融资一步到位

李 强［著］

深刻剖析**互联网时代融资**新渠道

实例解读多种众筹模式玩转技巧

CROWD FUNDING

北京联合出版公司
Beijing United Publishing Co.,Ltd.

图书在版编目（CIP）数据

众筹实战 / 李强著 . -- 北京 : 北京联合出版公司，2016.6

ISBN 978-7-5502-8068-7

Ⅰ . ①众… Ⅱ . ①李… Ⅲ . ①融资模式 - 研究 Ⅳ . ① F830.45

中国版本图书馆 CIP 数据核字 (2016) 第 148455 号

众筹实战

总 策 划 | 刘志则　张吕清
著　　者 | 李　强
监　　制 | 李广顺　曾荣东
责任编辑 | 杨　青　徐秀琴
策划编辑 | 严　春
装帧设计 | HEAVEZ
版式设计 | 鲁　静
营销推广 | 周莹莹
出版发行 | 北京联合出版公司
北京市西城区德外大街 83 号楼 9 层
邮编：100088
经　　销 | 新华书店
印　　刷 | 北京艺堂印刷有限公司
开　　本 | 710mm × 1000mm　1/16
印　　张 | 21
字　　数 | 258 千字
版　　次 | 2016 年 8 月第 1 版　2016 年 8 月第 1 次印刷
书　　号 | ISBN 978-7-5502-8068-7
定　　价 | 68.00 元

扫一扫二维码加入
李强 365 学习系统

序言

某一天，当你发现你身边的朋友没有资金却做成了企业，你不用惊讶，这说明他已经懂得了众筹，因为众筹的时代就是一个新型的商业时代。在这个时代里，你不需要有钱，只需要有一个好的商业模式加上一个好的路演计划，然后告诉那些有钱、有思想的人，他们未来需要和你一起做什么，未来大家都会得到些什么。于是，在交流与碰撞中，一个崭新的商业模式就诞生了，一个新的商业时代也开启了。

今天的我们，也许没有能力做天使投资人，但是并不代表我们不能做点什么，事实上，我们完全可以参加到一家公司的起建和起步中去。当今的社会，多少人有事儿没钱可用，多少人有钱没事儿可做。而众筹正是解决了钱与事的关系：

在有事可做的人面前，你需要告诉他，你做什么样的事，需要什么样的资金，需要什么样的人，坐什么样的位置，把人才众筹过来了，钱自然就跟着来了。

另一方面，很多人拿了钱想去投资、去买股票，然而他们并不知道，投资领域风险重重，他们很大程度上根本是一个门外汉，贸然进入其中只会碰得头破血流。

参与到众筹则不一样，某种意义上来讲，你参与了众筹，你就等于是一个投资者，更是一个参与者。你会了解你所支持的那家企业的生存，了解它的发展，了解它的经营，了解它的明天。换句话说，因为众筹，我们每一个人都可以变成股东、变成天使投资人、变成参与者、变成创始者。

今天在欧美，85% 以上的企业，它的资金来源都是众筹，很多有资金的人一起去创造一个企业、一起去创造一个商业模式。过去，我们不单单不懂，国家的政策也对其讳莫如深，今天，春雷一声响，我们有了一个机遇，国家允许了众筹，于是，我们一下子就进入了一个崭新的时代——众筹时代当中。

众筹时代，对今天的中国来说好像是一个新颖的时代，实际上，众筹不是从今天才开始的，在七八十年代，北京就已经出现了众筹。

当时，在北京有一个大杂院，里面住了十户人家，那个时候缝纫机是非常贵的，他们想买一台缝纫机，但是没有一家能买得起，于是，十户人家就众筹买了一台缝纫机，之后每个月放在其中一户的家中，一年有十二个月，十户人家轮十个月，多出的两个月，则谁家有婚丧嫁娶就在谁家多呆一个月，其实这就是最早的中国式众筹。

这个众筹，看上去众筹的只是一个缝纫机，但是要知道，这台缝纫机链接了这个院子的感情，这个院子从来没有闹过矛盾；而缝纫机同时也众筹了大家的智慧，一旦有事，大家都去帮忙，因为大家有一个共同的利益叫“缝纫机”。

通过这件事我想告诉所有人，李强的众筹，第一步一定是众筹人！

今天社会上的很多众筹为什么会失败，答案很简单，因为他众筹的不是人而是钱。举个例子：我是做工厂的，有一天我发现开饭店不错，打算投资去干，然而我没有足够的资金，于是我就找来一帮人，开始路演，我对他们说，开饭店赚钱，大家拿钱出来交给我，我带着你们一起去开饭店……如果是抱着这样的态度，我敢肯定，最后他一定会赔！为什么？因为一个外行人，筹了一帮外行人的钱去做一件外行的事，结果怎么可能会成功！

所以，这就是很多众筹失败之所在，因为他们一开始就是奔着钱去的。这些人实际上都忽略了一个问题：事在人为！因为所有的事情都是人在做，所以众筹的第一步，一定是要众筹人！把人筹到一起了，一群有资金的人在一起，自然就不缺钱了；一群有思想的人在一起，自然就不缺思想了。

筹人、筹钱、筹智、筹平台、筹未来，这样的步骤才是众筹真正的未来。

再回到我做的这本书，名字叫《众筹实战》，用的自然是众筹形式，而之所以有那么多人愿意跟随我加入到这本书当中，原因很简单，用大家的话来说就是：我们众筹的不是这本书，我们众筹的实际上是李强老师这个人，我们觉得通过这本书跟李强老师有了一个事业的链接，我们都变成了这本书的创始人，既然大家都是股东，都是创始人，有任何的事情就可以随时与李强老师沟通、交流，这其中的价值可以说远远超过了书的价值！

说到这里，相信大家也就明白了，当我们去众筹一个事业的时候，必须要明确：我们能给别人带去什么，让别人了解参与我们众筹能得到什么，这是非常重要的。

另外，本书还有另一个特点：在我所发起的众筹中，光投钱是不够的，我还众筹文章，我要把参与众筹者的人生成功秘诀、人生哲理以及人生思想一起出在这本书里，让这本书变得百花齐放、百花争鸣，人生百态，品味人生。

这个时候，大家再看这本书，不单单会看到李强的观点，还能看到李强合作伙伴们的思想，这样，就真正完成了筹人、筹钱、筹智慧的目标。

所谓人生处处有众筹，商业有众筹，智慧有众筹，人际关系有众筹，只要你真正读懂悟透了众筹，我相信，在未来的商业当中、经营当中，这本书一定能帮到你，希望能让你拨开迷雾看清天，一智能解万年愚，一灯能照千年暗。

我深深相信，未来众筹的时代是一个全新的时代，把握住这个时代，一定会对你带来帮助。对于失败的人，我总是笑着说，他之所以失败，三句话：一不知道，二不相信，三来不及，所以，对任何的事物，了解是没有风险的，多了解多参与多学习，李强的《众筹实战》，希望能够帮到所有的好朋友，让你从今天开始知道，人际关系的重要，口才表达的重要，众志成城的重要。众智、众创、众投、众筹都将是伴随着我们新的商业模式，假如你没有钱，就去众筹吧；假如你有钱没有思想就学众筹思维吧；当你有钱有思维没有关系的时候，就学会众筹关系吧。只要众筹运用到淋漓尽致，众筹一定就能帮到你，披荆斩棘，一帆风顺，基业常青！

李　强

2016年6月10日

《众筹实战》发起人

感谢他们的鼎力支持，他们是这本书的起始之源

马铭蔓 长龙集团董事长，寡糖大咖代言人，80后杰出企业家。

任超一 中国品牌战略专家、《企管天下》栏目创始人、《一代师者》公益基金发起人、北京企业管理学院名誉副院长、创成咨询/乔君资本(中国)董事。

汪良明 毕业于上海第二军医大学军医系，在部队任军医多年。曾任中国中西医结合委员会医疗美容分会副主任委员，现任汉密顿生物工程公司首席细胞技术、临床研究应用专家。

邹珺 80后，现任福建省娸洁日用品有限公司总经理。

2009年初他自主创办娸洁公司并担任总经理，在市场经济的大潮中搏击风雨，历经磨炼，打造线上、线下全方位营销模式，主产品“娸洁”卫生巾荣获“中国卫生巾十大品牌”称号。在他的带领下，娸洁公司前景广阔，充满创新发展的活力。

吴有志 一个出身于农村家庭的60后，在政府部门工作多年，最终放弃了国家的铁饭碗，1993年开始下海经商，几经商海沉浮，坚持着子贡的儒商之道，最终创立了扬州市连源商贸有限公司。

易碧亚 60后的大学生，将学校中的坚韧不拔精神用到了工作当中。创办了武汉迈森豪餐饮管理有限公司并任总经理，武汉盛宇勤餐饮管理有限公司任董事长，武汉迈志达商贸有限公司任总经理。同时也是武汉市团餐协会副会长、湖北省团膳协会副会长。本人性格开朗，稳重、有活力，待人热情，真诚。热爱学习，不断完善自己的学识与修养。

游克群 新闻工作者，现为深圳丙升元集团董事局主席、上海市军地文化融合促进会副会长、广东省退伍军人促进会副会长、福建省福州国际经贸商会名誉会长。

邹斌 出生于70年代末，1995年走出大山拜师学艺，开始厨师生涯，2008年在“全球华人厨师节”中荣获“中华金厨奖”。2010年开创“土家风情”。

王封 北京东升海纳科技发展有限公司、搜乐商城总裁，清华大学高级管理人员工商管理硕士。

扫一扫二维码，了解众筹发起人更多信息

马铭蔓

任超一

汪良明

邹珺

吴有志

易碧亚

游克群

邹斌

王封

目录

第 1 章　众筹：玩转资本时代的全新融资法则

在经济社会里，梦想是昂贵的，因为梦想的实现不仅需要有想法、有魄力，更需要实实在在的资金支持。目前，国内互联网新兴的众筹平台已经成为玩转资本时代的一种全新融资法则，并已经帮助很多有梦想的人成功募资，实现了项目的创建和发展。此外，项目发起人在众筹过程中，不仅筹到了资金，更得到了人才、智慧、经验等多方面的帮扶和支持。我们有理由相信，众筹因其新颖、灵活、快速、开放等特点，未来的发展前景必将十分乐观。

1.1　众筹：集众人之智，筹众人之力，圆众人之梦

你的身边可能有这样一群人：他们头脑灵活，总是能策划出一些好的项目来，但由于资金缺乏、融资困难，最后梦想变成了空想。也许你的身边还有另外一群人：他们手里握有一定的闲散资金，想要投资一些项目，却苦于找不到合适的项目，于是导致资金闲置浪费。如今，再也不需要有这样的担心了，众筹平台将成为“好点子”和“人民币”的红娘，为它们架起连接的桥梁。

什么是众筹？顾名思义，众筹即大众筹资、群众筹资，是一种依托互联网的大众化融资方式，由发起人、跟投人、众筹平台构成。总体来讲，众筹具有门槛低、多样性、依靠大众力量、注重创业等特征，是一种向群众募资，以寻求支持为导向而发起的个人或组织行为。

通俗来说，众筹平台是一个实现梦想的舞台，在这里，不管你是一名普通人，还是企业大腕儿，只要你有想法、有创造力，都可以在众筹平台上发起项目集资。同样的道理，支持者往往也是普通民众，他们没有多么雄厚的财力，但利用手里的闲钱，同样可以根据自己的个人喜好进行投资。

巨刚是位知名的设计师，毕业于西安美术学院，一直从事与

酒业产品概念方面相关的设计工作，他打算通过众筹的方式推出一款有情怀的产品——巨刚众酒，这是他第一次尝试酒产品众筹。

当他把这个想法告诉朋友的时候，几乎所有人都认为这个项目不会成功，本来信心满满的巨刚心里也开始打鼓。经过仔细思索、认真分析之后，他在宣传文案中特意提到了“微醺”概念。在他看来，纯手工酿制、黄酒、哥窑开片瓷等元素都是为了“微醺”。通过自身的“手艺”和产品设计上的优势来“吸引”一批有共同志趣的人，这些人不一定酒量特别好，却有着品酒的雅兴，所以是“微醺”，巨刚认为这才是个人消费酒类产品的终极诉求。

完成项目策划之后，巨刚找到了中国最具影响力的众筹平台——众筹网。巨刚把提前策划好的宣传文案放到了众筹网上，设定的筹资目标为 99000 元。在项目说明书里，巨刚详细罗列了众筹成功后给予支持者的回报：

“支持 99 元，送纯手工酿制陈年绍兴黄酒 1 瓶（1 斤装）；

“支持 594 元，送纯手工酿制陈年绍兴黄酒 1 瓶（1 斤装），获赠老巨围炉煮酒雅集名额 1 个；

“支持 2940 元，送纯手工酿制陈年绍兴黄酒 30 瓶（5 箱），获赠老巨围炉煮酒雅集名额 5 个，为您私人订制个性化封酒签；

“支持 11880 元，送纯手工酿制陈年绍兴黄酒 120 瓶（20 箱），为您私人订制个性化封酒签，老巨会为您组织一场 20 人以内的围炉煮酒雅集。”

最终，令巨刚没有想到的是，到项目结束时，他共募集了 179883 元，超额完成了目标！

毫无疑问，创业是和平时期最绚烂的一种生活方式。以往，囿于资金、资源的限制，我们的梦想只是一个人的梦想，要么胎死腹中，黯然成空；要么艰难启程，铩羽而归。但众筹显示出了人人参与的强大力量——在众筹平台上，你的梦想将变成一群人的梦想。

以上案例可以让我们更直观地了解到什么是众筹以及众筹的运行方式，从中也可以看出，比起传统“高大上”的融资模式，众筹更像是“草根”与“草根”之间的互动——用一群草根的力量来支持一个草根的梦想。这种带有感情的投资方式使众筹有了更多的人情味。此外，通过众筹，项目发起人不但筹集到了所需资金，还能与参与者有效互动，这种互动就像是一次市场调研，不仅可以帮助发起人更好地对产品进行完善，还可以有效规避发起人因盲目而带来的风险和资源浪费。

众筹这一新型互联网金融模式进入我国的时间还不是很长，很多人对“众筹”并没有真正理解，甚至把众筹与捐款混淆在一起。从“巨刚众酒”的案例中我们可以清晰地看出二者的区别。捐款是不图回报的，具有公益性质，而众筹是一种带有感情的投资，它是要求回报的，是一种双赢的合作。

无论是项目发起人还是投资者，在玩众筹之前，首先需要搞明白众筹平台的分类。在我国，目前最为流行的众筹模式有四类：回报类众筹、股权类众筹、债券类众筹和捐赠类众筹。

1. 回报类众筹

投资者对项目或公司进行投资，项目成功后，项目发起人为投资者提供一定的产品和服务。回报类众筹是当前国内的主流众筹模式。

2. 股权类众筹

投资者对项目进行投资，获得一定比例的股权，即投资者出钱，发起人让出一定的股权给投资者。股权类众筹也是国内一种重要的众筹模式。

3. 债券类众筹

投资者对项目或公司进行投资，项目成功后，投资者可获得一定比例的债券，这种形式让投资者不仅可以收回本金，还能获得利息。

4. 捐赠类众筹

投资者对项目或公司进行无偿投资，不要求任何回报，这类众筹带有公益色彩，往往用于慈善活动。

随着移动互联网的不断发展，众筹作为新型的金融模式，以其新颖、灵活、快速、开放的特点赢得了大众的青睐，为更多小本经营和创业的人提供了实现梦想的可能，激发了更多人的创业意识和投资新理念。以上四种方式基本上对众筹领域进行了全面覆盖，无论是哪一种方式，都足以对创业者或者投资者产生巨大的影响。这种依托众筹平台的活动突破了传统模式的束缚，实现了“集众人之筹，筹众人之力，圆众人之梦”的效果。

鲁迅先生说过：“其实地上本没有路，走的人多了，也便成了路。”任何变革和推进都不是朝夕间可以完成的，都要经历漫长的等待和煎熬，众筹也一样。作为一个新生事物，目前众筹在国内的发展还处在初步阶段，但不管怎样，前景是非常可观的。我们有理由相信，未来，不管是投资人、创业者，还是股权众筹平台，都将迎来自己的黄金十年。

1.2　众筹崛起，互联网金融第三浪到来

在传统观念里，互联网和金融业可谓是泾渭分明、互不干涉，但随着余额宝、P2P、第三方支付、众筹等模式的出现，这种局面被彻底打破，“互联网金融”成为了时下最热门的话题。

那么，到底什么是互联网金融呢？其实，互联网金融就是传统金融行业与网络相互结合而产生的一个新型领域，与传统金融行业相比，互联网金融具有“开放、协作、分享、平等”的优势。

自改革开放以来，中国的金融市场发生了翻天覆地的变化，金融模式的创新成为了发展的必然趋势。近年来，中小型企业及创业者数量正在呈上升趋势，而传统金融模式经过多年的发展，已经基本建立起完善的资金募集和借贷筹资系统，包括信用评估、风险评估和资产抵押等。企业融资申请之后，相关部门会严格按照程序审核企业规模和业绩利润等，这就使得传统金融模式手续繁杂且审核期长，导致门槛较高，不够灵活。中小企业发展迅速，在融资借贷方面更需要灵活快捷的方式。在这种愈发强烈的需求之下，同时伴随着互联网经济的不断深入，具有强大竞争力的创新金融模式像雨后春笋一样不断生长，并呈现出强劲的增长态势。

2013 年，堪称互联网金融元年，这一年，电商、在线支付、P2P 等新

兴行业的出现，致使不少有实力的平台正努力拓展这一新的细分领域。众筹，在此背景下应运而生。

北美和欧洲是众筹平台发展最快的区域。据相关数据显示，截至 2013 年 6 月，全球共有近 2000 多家活跃的众筹平台在运营，大部分分布在北美地区和欧洲地区。这些平台合计募集了近百亿美元的资金，并支持了超过 300 万个项目。根据美国研究机构 Massolution 的数据显示，全球众筹融资产业规模从 2009 年的 36.1 亿美元飙升至 2012 年的 173 亿美元，3 年增长 380%。但是 2012 年亚洲地区仅占 1.2%。

而在国内，据中国电子商务研究中心监测数据显示，2014 年上半年中国众筹行业募集总金额 1.88 亿元。数据还显示，2025 年全球众筹市场规模将达到 3000 亿美元，发展中国家将达到 960 亿美元规模，其中有 500 亿美元在中国。

自 2011 年国内引入众筹模式开始，各个众筹网站发展迅速。目前众筹网累计投资人数超过 13 万人，在智能硬件、娱乐、公益等多个领域的项目筹集资金超过 5000 万元。

作为一种新兴的金融模式，一方面，众筹融资在国内有了一定的发展，众筹网、点名时间、大家投、天使汇、创投汇等平台都在不断发展壮大，但无论是项目数量还是筹资额度都无法与美国等发达国家相提并论，众筹在中国还有很大的发展空间；另一方面，由于众筹模式在国内刚刚起步，各个方面发展还不太完善，无论是项目发起方、项目支持方还是项目平台，都存在着较多隐患，在此背景下，如果国家能在对互联网金融松绑的同时加强监管，出台一系列法律法规，引导众筹模式朝着良性方向发展，把保护投资者的利益放在首位，净化市场环境，将会给众筹的发展壮大提供良好的土壤。

2014年3月5日，国务院总理李克强在政府工作报告中指出，要促进互联网金融健康发展，完善金融监管协调机制，密切监测跨境资本流动，守住不发生系统性和区域性金融风险的底线。让金融成为一池活水，更好地浇灌小微企业、“三农”等实体经济之树。

2012年，美国总统奥巴马签署了一项名为“Jumpstart Our Business Startups Act”的创业企业融资法案（下称“《JOBS法案》”），旨在通过放宽金融监管要求，鼓励新兴成长型企业融资，简化中小企业在美国证券市场上市流程，并降低了准入门槛。

对此，纽约证券交易所评论认为，该法案有助于吸引包括中国企业在内的更多中小企业在美国上市。《JOBS法案》主要面向新兴成长型公司，即在最近会计年度销售收入低于10亿美元的公司，照此定义，绝大部分希望赴美国上市的中小企业公司都适用该法案。

一方面，众筹、P2P、在线支付等新型模式是互联网金融模式发展的必然产物，这些金融模式的出现一定程度上冲击了传统金融行业。但就目前的发展来看，说互联网金融彻底颠覆了传统金融模式未免有些言过其实。互联网金融是在传统金融模式的基础上加入了互联网的元素，展现出了新的玩儿法，但从实质上来说，互联网金融产品基本上还在传统金融产品范围之内，加之互联网金融在国内才刚刚起步，还不能从根本上撼动传统金融模式的地位。由此可以预见，在未来的发展中，互联网金融将会与传统金融共生共存，并不会完全取而代之。另一方面，互联网金融模式的出现，确实给传统金融模式带来了一定的冲击，众筹、余额宝、P2P 等金融模式将会抢滩金融市场，调整中国资本市场的结构，改变传统金融业一家独大的状况。

在经过了如火如荼的飞速扩张之后，互联网金融今后该何去何从？这将是未来一段时间内我们不得不思考的重要问题。我们无法预知互联网金融是否会昙花一现，但可以确定的是，它的出现确实给我们的生活带来了极大的便捷。

总之，众筹、第三方支付、P2P 的快速崛起将互联网金融推向了一个新的高潮，在不知不觉中，互联网金融以迅雷不及掩耳之势席卷了整个中国，其速度之快令人咂舌。从目前来看，互联网金融的发展空间十分广阔，它的出现将打破现有的金融格局，成为金融、资本市场之外的第三大势力。

大浪淘沙方见真金璀璨，我们期望，在政府与社会的共同努力下，互联网金融能够一步一个脚印地成长壮大，并为中国金融市场注入新的活力。

1.3　创新扶持格局：小微创客的春天

“创客”一词来源于英文单词“Maker”，是指出于兴趣与爱好，努力把各种创意转变为现实的一个群体。而“创客”理念则是将创新创意大众化的一种思想追求。在 2015 年两会的政府工作报告中，李克强总理在谈到大力调整产业结构时指出，“2014 年我国着力培育新的增长点，众多‘创客’脱颖而出”，这是“创客”作为一个新概念首入政府工作报告，一时成为两会热词。

这是一个人人皆创客的时代，只要你有想法，能做出点好玩儿的东西出来，你就是一名创客。在过去，由于缺乏合适的平台和政策扶持，小微创客只能在夹缝中生存，很多非常有创意的点子和项目被扼杀在了萌芽之中，“全民创新”不过是一句空谈。

近年来，随着移动互联网的不断发展，特别是众筹的崛起，给了小微创客新的发展空间。只要拿起鼠标，任何人都可以在众筹平台上把自己的项目展示给大众，并向社会筹资。很多项目的发起者并不一定是为了销售产品或通过销售产品获得利润，他们只是想借助这个平台实现梦想，即使这个梦想看起来微不足道。然而当创客遇见众筹，便是梦想绽放的时候了。

遍览众筹平台五花八门的项目不难发现，这些项目涉及的领域包括科技、艺术、设计、音乐、影视、出版、动漫游戏、公益、公开课等，一个个看起来不太起眼的项目背后，是无数个小创客不屈不挠的创新精神和创新热情，灵感的火花在他们脑海中迸发和碰撞，将灵感化为行动，便是梦想的升华！在“人人创新，全民创造”的时代里，小创客便是这句口号的领军人物。

深圳市第二高级中学高二（9）班的吴子谦是一名科技达人，从3岁起，他就与发明结下了不解之缘，每天动手做点有创意的东西已经成为了他的一种生活习惯。他发明了能照明、能吹风的多功能伞，能精确测量电池电量的能量盒子，能自动给花浇水的自动浇花器，能感应天亮自动叫醒人的闹钟……甚至连某公司开发的听歌识曲软件也参考了他的想法。

当吴子谦接到美国一家知名学府抛出的橄榄枝时，创意小子又有了新的“点子”—通过众筹的方式筹集出国留学的全部经费。当然，吴子谦承诺，在毕业后的3年之内他将拿出工资的30%，还给当初帮他筹钱的人，别人给他投资1万元，将来他可能会还给对方3万元。吴子谦认为，别人对他的信任也是一种投资。“希望以后做个名副其实的中国创客，去创业，做很多好玩儿的东西，顺便玩玩摄影。”吴子谦有着远大的理想。

一部分小微创客成功地把自己的创意变成了产品，转变成一名创业者，他们在转变发展方式、调整产业结构、引领创新创业中发挥着独特的作用，但不可否认，这些创业者创办的大多数是小微企业，普遍面临融资难、人才缺乏等困难，一些富有创意的点子便只能无奈地昙花一现。

目前，我国还没有成立专门针对小微企业的政策性金融机构，尚未构建完整的小微企业信用担保体系，很多企业享受不到正规的金融服务，加之小微企业信用等级低、抵押担保的资产不足、经营稳定性差、贷款成本高等问题，导致融资难成为小微企业面临的突出难题。面对复杂多变的金融形势和严峻的金融环境，很多小微企业难以熬过“寒冬”。新兴互联网融资模式的兴起，让许许多多濒临倒闭的小微企业重新看到了希望，众筹融资便是其中的杰出代表。

通过众筹平台，许多创客的创意变成了实物，可对于胸怀大志的小创客来说，他们不想止步于此，他们希望自己的创意产品能得到更多人的喜爱，创业，便成为一些创客的必然选择。《连线》杂志前总编克里斯·安德森在新作《创客·新工业革命》中预测：未来 10 年，人们会将网络的智慧用于现实世界，“创客运动”将扮演助推器的角色，让数字世界真正颠覆现实世界，推动划时代全民创造新浪潮，掀起新一轮工业革命。

作为一种新兴的融资方式，众筹以其新颖、灵活、快速、开放的特点受到了许多普通创客及创业者的青睐。以众筹网为例，自 2013 年正式上线以来，为项目发起者提供募资、投资、孵化、运营一站式综合众筹服务，凝聚了一大批富有创新精神、有创业情怀的创业者，帮助无数普通人实现了梦想。众筹融资将中小投资者的小额资金汇集起来，化零为整，为小微创业者提供资金支持，帮助他们解决资金上的燃眉之急。可以说，众筹等新兴的融资模式恰到好处地弥补了传统融资模式的不足，为小微企业的生存与发展注入了新的活力。

3W 咖啡创始人许单单是一名传奇人物，借助众筹模式，他从一名普通的互联网分析师转型成为创投平台 3W 咖啡的创始人。

3W 咖啡采用的就是众筹模式，向社会公众进行资金募集，每个人 10 股，每股 6000 元，相当于一个人投资 6 万元。

通过微博，3W 咖啡汇集了一大帮知名投资人、创业者、企业高级管理人员，其中包括沈南鹏、徐小平、曾李青等数百位知名人士，股东阵容堪称华丽。最终，3W 咖啡引爆了中国众筹式创业咖啡在 2012 年的流行，几乎每个城市都出现了众筹式的 3W 咖啡。之后，3W 又很快以创业咖啡为契机，将品牌衍生到了创业孵化器等其他领域。

如何把小微创客的创意变成生产力？解决这个问题需要创客本身、政府和社会的共同努力，尤其是政府，需要在基础上乃至大方向上给予有益的支持，例如，政府要把小微创客视为国家优秀的储备人才，充分调动小微创客的积极性，充分发掘小微创客的发展潜力，让其转化为生产力。对待刚刚起步的小微企业，政府需要发挥宏观调控的功能，简化审批程序，提高行政审批效率，完善法律法规，构建众创空间，切实降低创业门槛和创业成本，构建有利于创新创业的社会大环境，让小微企业的发展形成燎原之势。

近年来，政府加大了对中小企业的政策扶持力度，特别是对创业初期的中小企业大力扶持培育，展现了对这一方面的高度重视，这对中小、微型企业来说无疑是个好消息。

2015 年 1 月 28 日，国务院提出的“构建面向人人的‘众创空间’等创业服务平台”的表述让人眼前一亮。国务院常务会议明确指出，要加大对“众创空间”的政策扶持。

一方面，简化登记手续，为创业企业工商注册提供便利。同时支持有条件的地方对“众创空间”的房租、宽带网络、公共软件等给予适当补贴，或通过盘活闲置厂房等资源提供成本较低的场所。

另一方面，会议明确要发挥政府创投引导基金和财税政策作用，对种子期、初创期科技型中小企业给予支持，培育、发展天使投资，并完善互联网股权众筹融资机制。

国务院的一系列扶持政策，无疑将带动更多社会资本参与“众创空间”建设和发展，形成更多的社会化、市场化、专业化的服务平台，完善创业服务生态，活跃创业氛围，加快形成全社会共同支持创业创新的局面。

互联网金融模式的出现以及政府的大力支持让广大小微创客迎来了春天，随着互联网金融模式的持续推进，小微创客必将成为市场经济条件下的一道亮丽的风景。

1.4 众筹“筹”什么？筹钱、筹人、筹智、筹未来

通过公众来筹集资金的众筹由来已久，甚至可以追溯到释迦牟尼时代。释加牟尼在创立佛教之前，曾过着苦行僧般的日子，他的衣食住行和创办佛教所需的资金就是来自于那些乐善好施的民众，他们不图回报，以虔诚与善意帮助释迦牟尼。这是最古老、最朴素的众筹方式。与此类似，我国古代的很多庙宇道观，其资金来源往往也是从信众当中筹集而来。

时代在发展，随着互联网金融的兴起，与原始的众筹相比，现代众筹有了更深的内涵和意义。

“想在大银幕上看到‘快男’的纪录片吗？如果大家不能在 20 天凑满 500 万元，就别谈了。”这是在 2013 年《快乐男声》决战当天，天娱传媒与众筹网宣布的一个“赌约”。最终，在距离项目截止时间还有整整 24 小时的时候，筹资目标达成，共有 2.8 万名支持者参与。

此前，国产动画片《大鱼·海棠》《十万个冷笑话》等项目也各自通过其他众筹网站拿到超过 100 万元的资金，但更多众筹项目集中在微电影和纪录片领域，像《快乐男声》如此“主

流”的项目还是第一次。

天娱传媒品牌中心经理赵辉一再强调，这部粉丝电影玩众筹并不是为了圈钱，该片仅素材采集就花费了 7 个多月，加上人员工资等费用，花费早就超过了 500 万元。原本纪录片只想作为内部资料使用，随着粉丝对快男的热情提升，加上今年夏天《小时代》的票房成功，让参与投资的天娱意识到，粉丝的热情或许可以将纪录片推向商业院线。“筹款如果连 500 万都达不到，那就说明这部纪录片上院线的商业价值不大。”赵辉坦言。

《快乐男声》众筹的成功，让我们不得不感叹众筹的巨大威力。不管发起者是否以圈钱为目的，但其最终的确是成功募集到了资金。此外，通过这次“醉翁之意不在酒”的众筹，天娱娱乐不仅成功检测了该部电影的市场反应，还为电影积累了大量的人气。

《快乐男声》众筹的成功在影视界引起了很大的反响，一些业内人士认为，这是一次“非典型性的众筹”，因为其宣传的意义远远大于投资的意义。其实不然，在互联网金融背景下，我们不能用狭义的眼光来看待众筹，互联网已经赋予了它更多的意义，众筹已经不再是过去那种单纯的“筹钱”活动。

1. 筹钱

当然，无论将来众筹有多少内涵，“筹钱”都是众筹的基本表现形式。从古代出于善意的众筹，到今天最为流行的回报类众筹、股权类众筹、债券类众筹和捐赠类众筹，每一种形式都离不开“筹钱”这一基本环节，特别是网络金融的兴起，促使一大批创业者投入众筹的怀抱，众筹以其新颖、灵活、快速、开放的融资特点为金融市场的繁荣做出了不可磨灭的贡献。创业者在创业初始，最缺的就是钱了，互联网的普及和众筹模式的兴起，给更多苦于资金压力的创业者提供了更多的机会和融资渠道，从这一点来说，这个时代的创业者要比之前创业的前辈们要幸运得多。

2. 筹人

如果非要排下顺序的话，“筹人”应该是第一位的。一个好的项目发布到网上后，首先需要找到的是一群志同道合的人。他们可能是互不认识的陌生人，但基于共同的兴趣爱好与价值观可以形成一个稳定的团队，这个团队里的每一个个体都直接或间接影响项目的进展。可以讲，没有“筹人”做基础，筹钱、筹智、筹未来将成为空谈。

3. 筹智

众筹筹智，顾名思义，就是聚集大家的智慧和创造力，为创业者创业提供帮助。智慧是人才最大的优势和资本，“筹智”就是创业者通过众筹的方式，筹集更多优秀人才的看法和见识，让这些优秀人才利用他们的智慧，帮助创业者解决他们暂时没有能力解决的问题，让他们的智慧价值得到充分的体现。而贡献智慧的高级人才，可以通过在创业项目中赚取股份和现金的方式成为创业团队的外部合伙人。

2011 年毕业于湖南湘潭大学的谢露银，在从事了几年珠宝类工作之后准备自己创业：她想筹备一个平台，让大家免费学习国学知识。在朋友的建议下，她特意在微信朋友圈发起了一个创业众筹研讨会。

来参加这次众筹的有将近 40 人，他们都是来自各个行业的创业者和主要负责人以及和她一样准备创业的人，这些人齐聚网来咖啡厅，充分利用自己的专业和特长，共同为谢露银出谋划策。

企业负责人从企业的整体管理和公司的文化建设方面提出建议，财务人员则提供一些财务管理方面的经验，也有人建议她结合以前从事过的珠宝工作来开展创业。

通过这次众筹活动，谢露银不仅收获了大家的智慧，为自己创业做了很好的铺垫，还结交了各行优秀的创业者和朋友。

谢露银的这次众筹，既是一个筹人的过程，也是一个筹智的过程。不同的创业者和企业家有不同的创业资源，而且，他们可以带动身边的朋友参与进来。大家可以互通有无，充分利用各自的优势资源，共同分享，相互合作，共同创业。

类似谢露银这样的筹人筹智的众筹活动，在“80后”“90后”的创业者中比较常见。一方面“80后”“90后”更具有分享精神，愿意分享自己的资源和优势；另一方面，在互联网时代成长起来的年轻人也更喜欢且更适应众筹这样筹智筹人的方式。

4. 筹未来

2014年9月15日下午3时，陈柏言历时3年完成的《后宫甄嬛传》画集在众筹网上线，计划募集5万元。然而，出乎所有人意料的是，该项目上线仅5分钟就超过了计划的募集资金。截止到2014年9月16日上午11时，共募集金额超11万元，超额233%完成募集目标。

对于画集在《后宫甄嬛传》播出3年之后仍受追捧，陈柏言则显得十分冷静：“不管是5分钟超募，还是半个月才达到目标，我一点儿都不在意，我在意的是有多少粉丝能够参与到这次活动中来，和我进行交流。我始终认为，粉丝对我作品的认可度，能给我带来更多的成就感。”

陈柏言坦言，之所以选择众筹模式，是因为作者可以更准确地提前获知粉丝的需求，减少了出版过程中因为供需不对等造成的资源浪费，从而可以将资源和资金用在最需要的地方，制作出高质量的产品回馈粉丝。

在一些人眼里，《后宫甄嬛传》恐怕又是一次文化界的“非典型众筹”。和《快乐男声》一样，项目发起者的根本目的并不是钱，而是以“筹钱”为载体，集思广益，了解消费者的真实需求，提前监测市场反应。这是一个“筹人、筹智，筹未来”的过程，俗话说，“三个臭皮匠，顶个诸葛亮。”智慧与智慧的碰撞往往可以为一个好的项目增光添彩，而大量的人气积累也为项目的成功实施奠定了坚实的基础。

众筹玩什么？玩创意、玩创业、玩资源、玩资本、玩智慧！众筹筹什么？筹钱、筹人、筹智、筹未来！这是一个人人玩众筹的时代，什么样的玩法才刺激？你的众筹，你说了算！

1.5　发起人：“小人物”也可以实现大梦想

“众筹”从字面的意思看，就是借助众人的力量，筹集群众闲散资金，以期达到为自己的项目引入资金的一种融资方式。众筹主要涉及三方主体：项目发起人、项目跟投人和众筹平台。

其中，项目发起人是有创造能力但缺乏资金的人，即资金的需求者。这类人的身份主要是小企业主、艺术家、设计师以及其他各类自由职业者。不过，在众多众筹平台的实际运作中，众筹项目的发起人并不仅仅局限于这些人，尤其是一些公益类的项目，他们的发起人在身份和理念上，已经颠覆了众筹最初的概念。

然而无论什么身份，这些项目的发起人常常都有一个共性，那就是他们很多都只是普通人。尽管他们生活中的一切都显得那么平凡，但他们有思想、有创意，而且，通过自己的个人魅力和善念，他们感动和引导了更多的投资者和支持者加入他们的项目，一起支持并完成他们的项目。

静谧的青藏高原上矗立着一座并不太知名的寺庙——杜呷寺，它默默地传扬着佛法与藏家人的善音。虽然这个小而破旧的寺庙在风雪中显得不那么牢固，却收养了近百名孤儿以及被遗弃的残疾儿童。孩子们虽在这里得到庇佑，但也生存得异常艰辛。

普通白领吴清无意中了解到杜呷寺和它的孩子们的故事，很受感动。吴清开始和杜呷寺以及公益组织建立联系，尝试进行个人的捐助。2014年年初对杜呷寺的一次实地考察，让她见识到了那里生活的艰苦程度，孩子们迫切需要帮助，但吴清也深知单靠一己之力并不能为孩子们解决实质问题。

于是，吴清想到了公益众筹。

2014年8月18日，经过吴清团队与众筹网平台的合作和共同努力，“让爱支撑杜呷寺孩子们的生活”公益众筹项目承载着人们的期许上线了。在短短的13天时间中，项目就筹集到了4万多元的公益资金，达成了预期目标。

在这个过程中，吴清的团队专门制作了纪录片《雪域的孩子》，通过社交媒体进行宣传，时时更新项目进展，通报真实情况。在项目成功结束之时，一共有179位投资者对项目进行了5万多元的支持，吴清和她的朋友们给投资人逐一拨通电话，确认信息表示感谢，并在微博和微信发表了《致公益众筹支持者的感谢信》。

吴清的一个善念和大胆尝试，让许多素昧平生但与自己一样关注杜呷寺的人们为这个雪域中的一抹沉静贡献了力量，让它从此不再孤单。吴清笑称自己只是一名小小的“创客”，小到只有一个小想法，却没有想到能够实现那么大的梦想，她认为这一切都要归功于众筹以及众筹平台。

在大多数人的潜意识当中，众筹项目的发起人都得是有大创意、大梦想的企业家或者是艺术领域有能力、有才华的精英类人才，只有这些人的创意或者作品展示到众筹平台上，才能得到大家的认可和支持，而自己作为一个普通人，是与此无缘的。

其实不然，众筹本身就是一个为普通大众提供资源支持的平台，在众筹平台上的项目发起人，往往也都是我们当中普普通通的一分子。就像上面案例中的吴清一样，只要你的创意能够得到大家的认可，无论是多么小的一个创意或点子，都能得到大家的支持。

而对于投资者来讲，他们之所以会出钱资助，是因为他们觉得你做的这个事情有意义、有价值。投资者投入其中，会得到某些方面的满足和成就感，这种满足和成就感，不一定都是物质利益方面的，有些时候投资者更为了得到一种精神层面的满足，甚至是为了自己的一个梦想而去投资一个项目。

吴清发起的公益项目，能够众筹成功，并非吴清本身有多强的能力和后盾，而是因为她的一片爱心得到了人们的认可和支持。现实当中，类似这样的众筹项目还有很多，有些项目甚至比这个项目还要小，项目的发起人也都是和你我一样的普通人。

2014 年，在中国台湾一家由普通上班族自费创立的众筹平台 Red Turtle（红龟）上，一所小学校的校主任发起的众筹项目是——募集 40 箱阿华田和 40 包麦片，送给没营养午餐吃的小朋友。这则消息被 Red Turtle 平台的成员张贴在 facebook 上，仅仅用了 28 分钟，就有物资机构以“秒杀”的速度全数支持。3 天后，食品如数送达小朋友手上。

这里列举类似的众筹成功的案例，就是想告诉人们，很多的众筹项目发起人都是普通的小人物。但是，小人物也一样可以拥有大梦想，并且可以通过众筹平台成功地实现。

互联网的崛起彻底打破了人类传统的生活方式和社交模式，人与人之间的交往不再受时间和空间的限制。在浩瀚无际的互联网中，每一个微小的个体都可以尽情地张扬自己的个性，展现自己的能力和优势。

众筹是个面向普通大众面向“小人物”的平台，每个普通的“小人物”都可以作为这个平台上的一分子，在这里展示自己的创意，实现自己的梦想。如果你有好的创意和想法，想要通过众筹的方式来实现，那么，通过网络把信息发送出去，瞬间就会引来无数人的关注。只要你的创意和想法能够打动人，能满足人们物质或者精神层面的某种需求，即使再微小的创意项目，都会得到有兴趣的投资者的认可和支持。

1.6　跟投人：支持别人的梦想，顺便获利

作为新崛起的互联网金融行业，众筹模式近来发展得风生水起，正在为越来越多的人所喜爱，成为互联网金融的新宠。这种“草根”融资的方式不仅打破了传统融资门槛高的僵局，还能有效使投资者和融资者两个渠道需求信息进行充分的交流，实现资金定价和收益的市场化，弥补传统金融效率低下的不足，同时给众多手中有资金的人提供了投资的渠道，哪怕是小额资金持有者。

在传统观念里，如果没有雄厚的资金还真做不了跟投人。对此，有心人士不用气馁，众筹会让每一个普通人都变成天使投资人。公众投资人是众筹平台上注册的众多的“草根天使”，在众筹平台上，跟投人往往都是普通的草根投资人，他们并不一定有多么雄厚的财力，也不具备专业投资人的投资眼光，只是根据自身的兴趣爱好进行投资，且投资的数目往往和自身的经济实力成正比。众筹平台上的项目发起人很多和跟投人一样，都是普通的“草根”，所以，从这个意义上来说，众筹就是用一群草根的力量来实现一个草根的梦想。

李健是一家小饭店的老板，经过几年的打拼，小饭店被他

经营得有模有样。最近，李健迷上了一种新的投资模式——众筹。李健参与的众筹五花八门，如万能手机支架、刷刷手环、寻找抗战老兵、《甄嬛传》画册等等。

李健说，自己经营的餐馆规模不大，没有足够的资金去炒股，但众筹不一样，小到几十元，多到几百元，都在自己的承受范围之内。“我这也算是做好事吧，如果一项发明众筹成功了，也有我的一份功劳呢！”李健笑言。

付出了就会有收获，众筹成功的项目都会给跟投人带来回报，比如“寻找抗战老兵”众筹活动，李健投资了30元，可以获得“寻找你身边的抗战老兵”主题纪念版明信片一张，礼物虽轻，但李健觉得这个活动非常有意义，礼物也很有纪念价值。李健说：“本来以为自己这辈子和投资不会沾半点儿边，没想到在众筹中，我也当了一把投资人。”

国内的众筹模式主要是产品预售和股权众筹，产品预售的众筹更多一些，其门槛也相对较低。对于草根投资人来说，几十元到几百元的产品预售投资风险小，在可承受范围之内，只要自己对项目感兴趣，就可以投上一笔资金，就当是提前付款了，而且项目成功之后，就能获得相应的回报。股权众筹的门槛则相对要高一些，为了确保投资人能够承受一定的风险，在投资之前，还是必须要通过众筹平台的资格审核，成为合格的投资人后才能对项目进行投资。

目前，很多众筹网站都实行“领投+跟投”的制度，即选出一位具备资金实力并且对投资有经验的人做领投人，负责协调投资人与项目之间的关系。这种制度有利于节省项目发起者和投资人的时间，毕竟众筹平台上的投资人太多，如果要创业者一对一地和所有投资者交流，是不现实的。

吉尔伯托·塔兰蒂诺（Gilberto Tarantino）是一名巴西人，最近他发现了众筹这种筹资方法。也正是众筹，使他成为了一家专业的苏格兰啤酒厂 BrewDog 的 6000 名投资者之一。

塔兰蒂诺很看重自己的身份，他每天都会花时间阅读 BrewDog 的博客，了解该公司发布的最新信息。塔兰蒂诺甚至还会定期通过电话、网络视频等方式与 BrewDog 联合创始人詹姆斯·沃特聊天。随着时间的推移，塔兰蒂诺发现自己喜欢上了这家公司，并且打算在圣保罗开设南美洲第一家 BrewDog 酒吧。“我不只是投资者。”塔兰蒂诺说，“我觉得我的角色是宣传手工啤酒运动，并加大 BrewDog 的品牌影响力。”

对于跟投人来说，投资不仅能得到回报，还能在参与的过程中获得满足感，一个项目顺利完成之后，这个项目也凝聚了自己的一份力量。“参与产品众筹，你能够以低于市价的价格购入一项创意类产品。而更多人感兴趣的不仅仅是产品，这里面有支持和投资的成分，他们非常期待跟创业者一起完成一件事。这是产品众筹与电商平台最大的不同——参与感。”追梦网联合创始人陈卫邦说。

对于创业者来说最缺乏的是资金，而对于跟投人来说，最缺乏的是好的项目，众筹平台打破了信息的不对称性，让彼此在众筹平台上相遇。创业者和跟投人往往都是“草根”出身，如果二者能在众筹平台上擦出火花，双方就将实现共赢。如今，越来越多的人开始了解众筹，并加入众筹，众筹平台上逐渐形成了一个投资群体，众筹平台可以让他们相互交流，这有助于投资者做出更理性的投资决策。

支持别人的梦想，自己顺便获利，众筹让普通大众享受到了当投资人的乐趣。

1.7　众筹平台：只要平台足够大，谁说大象不能跳舞

如果把发起人和跟投人比作一对青年男女，那么众筹平台无疑就是两人的“红娘”，她不仅负责让彼此找到对方，还会在两人交往过程中相互“协调”，促成一段好“姻缘”。随着众筹模式的崛起，国内的众筹网站像雨后春笋一样迅速冒出，像众筹网、天使汇及大家投等，就是大家比较熟悉的众筹网站。

众筹网于 2013 年 2 月正式上线，是网信金融集团旗下的众筹模式网站，也是中国最具影响力的众筹平台，可以为项目发起者提供募资、投资、孵化、运营等一站式综合众筹服务。目前，众筹网拥有包括智能硬件、娱乐演艺、影视图书、公益服务等在内的 10 大频道、4000 多个项目，并据此提供种类繁多的个性化定制产品和服务！

此外，众筹网平台上还会聚了众多有创新精神、有情怀的创业者，投资者的每一次投资，都可能帮助创业者解决资金上的迫切之需。

根据众筹网网站提供的数据，截至 2015 年 9 月 2 日，众筹

网共发布众筹项目 13252 个，累计筹集资金超过 4 亿元，累计支持人数超过 52 万人。自上线以来，众筹网完成了许多成功的项目，其中《爱情保险》是众筹金额最高的项目，累计众筹金额 6270680 元。《后宫·甄嬛传》画集的众筹速度最快，仅仅上线 5 分钟就获得了成功。2013 年“快男”主题电影《我就是我》的众筹吸引了 39563 人参与，是参与众筹人数最多的项目。

虽然众筹中的项目发起人与投资人往往都是“草根”，但众筹平台必须做到专业化。作为众筹的载体，众筹平台不仅关系到能否让项目发起人与投资人找到彼此，更重要的还是为双方营造良好的平台环境。众筹网站的成熟度与知名度往往关系到众筹项目的成功概率，所以，很多项目发起人都愿意把自己的项目放到有一定知名度、成功概率比较高的众筹网站。

和传统的融资模式相比，众筹属于后来者，很多人认为，小打小闹的融资项目可以选择众筹，但大的项目众筹则难当大任。其实，众筹的兴起时间太短，还处在起步阶段，拿众筹和已经十分完善的传统融资方式相比无疑有失偏颇，更何况，只要平台足够大，相信众筹也会给我们带来不一样的惊喜。

如果有一个项目想在一个月之内筹集到 3200 万美元你会怎么想？这个想法有点儿疯狂，但南非开源软件公司 Canonical 想要在众筹平台 IndieGoGo 上为其自有品牌手机 Ubuntu Edge 筹得这笔巨资。如果最终能筹款成功，则意味着每天都得筹集超过 100 万美元的资金。随后的事实表明，支持者们对这个项目表现出了前所未有的热情，仅仅 24 个小时就筹到了 340 万美元。遗憾的是，在接下来的日子里人们的热情开始消退，截止到最后日期，该项目总共筹得了 12809906 美元，仅达成目标的 1/3 多一些，并没能众筹成功。但这一数字成功打破了之前 Pebble 智能手表在众筹平台 KickStarter 上创造的 1026 万美元的筹款记录。

因为没有众筹成功，Edge 项目项目不得不把资金返还给支持者们。Canonical 公司创始人马克·沙特沃斯（Mark Shuttleworth）在项目截止日期之前接受了卫报记者专访，谈到如果本项目失败了，“毫无疑问它依旧会创造迄今为止筹款金额最高的纪录，当然，也会是距离目标筹款金额最远的项目”。

让人意想不到的是，众筹平台 IndieGoGo 却因此而一战成名，引发了媒体与群众的广泛关注，成为了这场“最成功的失败众筹”的最大获益者。虽然 Edge 的众筹最终没有成功，但众筹平台的巨大威力还是让人惊叹，毕竟 12809906 美元也不是一笔小数目。

Ubuntu Edge 的众筹案例充分说明，众筹不仅是蚂蚁玩的游戏，只要平台足够大，群众热情度足够高，大象也可以在这个平台上跳舞。

此外，众筹具备的优势却是传统融资模式所不具备的。

很多创业公司必须依靠融资才能活下去，而传统融资模式门槛高，刚刚开始创业的小公司连金融机构的门都进不去，更别提融资了。众筹不一样，即使你的发明看起来微不足道，也可以放到众筹平台上，等待有缘人慧眼识金。有了众筹平台的帮助，任何有想法的人都可以启动新产品的设计生产，这就为每一个草根创业者提供了实现梦想的机会。因此，众筹平台不但能登大雅之堂，还可以更加亲民。

随着“互联网+”概念的日渐深入人心，互联网金融已是历史发展的必然趋势，在这种形势下，众筹必定可以借助互联网的东风快速崛起。众筹的优势已无须赘言，眼下比较引人关注的反而是众筹引发的各种争议，比较典型的就是众筹与非法集资剪不断理还乱的关系。可以很明确地说，众筹不是非法集资，但众筹属于公开向不特定人群募集资金，很容易涉嫌非法集资。面对这样的问题，一方面，国家需要出台相应的法律法规进行完善，并对此加强监管；另一方面，作为众筹的重要载体，众筹平台还需要更加规范的运作。

无论是项目发起人、投资人还是众筹平台，都是众筹活动的主体，小小的“创客”也可以有大梦想；“草根”投资人不但可以获利，还可以帮他人实现梦想；而众筹平台则保证了众筹活动的顺利开展。在“互联网+”模式下，只要保证规范运作，众筹将前途无量。

1.8　众筹与传统融资模式的优劣之处

众筹是在互联网时代，区别于传统融资的一种新型的融资模式，也是募资人通过众筹平台集合众多个人投资者进行小额投资，来达到为项目筹集资金的目的的一种新型融资手段。众筹模式的兴起，给传统融资模式带来了冲击，但是，众筹并不能代替传统的融资模式，因为二者在功能特点上各有千秋。那么众筹与传统融资模式相比，有哪些优缺点呢？首先，我们来看一看众筹融资模式的优点。

1. 融资门槛低，有利于初始创业者融资

对于创业者来说，很多的 VC 未必会看好你的项目，而且，很多创业者甚至连产品模型都没有，有的仅仅是一个没有实际产品的 idea。这样的创业者，如果不是创意特别独特，就很难吸引到 VC 的注意力。所以，多数的创业者都很难从 VC 那里融到天使资金。

而众筹平台的门槛要低得多，而且，当前众多的众筹平台主打的卖点就是“为创业者圆梦”，也确实有一些众筹平台为创业者融到了初期资金，并推出了既定的产品。究其原因，一方面是因为支持者众多，所以，在投资额度上众筹项目的投资者没有门槛的限制，那么，众筹项目给投资者带来的压力要小得多，这样让投资者更容易决定投资；另一方面，项目在众筹平台上发布，会引起众多有共同兴趣的人的关注，这些关注者往往只是为了自己的兴趣对众筹项目进行一定的投资。所以，在众筹平台上的项目，能得到更多人的支持，也更容易成功一些。

2. 众筹在融资的同时，兼具了市场调研的功能

因为项目通过众筹获得的资金是直接来自消费者的，消费者投资你的产品，代表了消费者对这个产品的认可。这种认可虽然不是很确切，但是，消费者的反馈就相当于一份市场调研报告，在一定程度上能够反映出这个产品在将来大范围投放市场后的结果。

这也是众筹模式的隐性价值所在，也就是让消费者先自己掏腰包，产品方再去制造产品。如果项目融资成功，在产品研发和生产过程中不出现什么问题的话，那么，产品推出之后，最先会得到前期支持者的认可，这相当于在很大程度上降低了创业成本和风险。

3. 在众筹平台上发布项目，等于给项目做了一次免费的广告

一方面，在众筹平台上发布产品，等于在平台上为产品做广告。在发布项目的时候，项目发起人会对即将众筹的产品做一个详细的介绍，包括产品的功能、效果及后期推广和回报，其详细程度比专门的广告还要详细。这样，一旦项目融资成功，推出上市，那么，那些在前期看到产品介绍而没有参与融资的人，看到你的产品得到了很多人的支持，融资成功并且推出上市，他们对产品也已经完全接受了。无须多言，这些人都是产品的潜在客户。

另一方面，即使没有融资成功，项目和产品也得到了展示。这样的展示，能够为项目下一步融资找到潜在的投资人。

我们看一看众筹融资模式的缺点。

1. 造成了生产压力

众筹产品，就是用众筹投资者的钱去生产投资者看好的产品。这样，如果项目众筹成功，那么，接下来，产品方就必须要在规定的时间内完成产品的研发和生产，来实现对产品支持者的承诺。也就是说，众筹在让你筹到钱的同时给你带来了订单的压力。这种压力在实体产品中表现得尤为突出。如果产品研发或生产过程中出现问题，无法兑现承诺，则会在很大程度上影响到产品生产者的信用。

2. 缺乏创业指导

与传统的融资方式比较，众筹门槛比较低，投资者也基本上都是普通人。这些普通的投资者大多没有相关的经验，他们对产品未来的判断更多的是感性的。所以，产品融资成功后的真实的市场反馈，未必如前期预见的那样好，在后期可能会存在更大的风险。而传统融资方式中，投资者都是“过来人”，他们有的是本身就有创业经验，有的是有宽广的行业人脉和观察积累所以对于行业和产品的风险判断，都有自己独到的见解。一个好的 VC 能给创业者提供帮助，帮助创业者规避风险，让创业者少走弯路。这些是众筹平台上的支持者们所不能做到的。

3. 众筹平台上的投资人不够专一

一般来说，众筹平台上的项目支持者，在投资的时候更感性。所以，他们往往不能够持续关注一个项目的后续发展。在前期融资成功后，投资人往往不再继续投入资金，这样的后果往往会造成项目资金链断裂。而传统融资方式则没有这方面的隐患，VC 一旦看好某个项目，会保持对项目的持续性关注。如果项目发展顺利，他们会继续投入，项目发起人可以持续得到 A、B、C 轮的融资。

众筹模式的出现，改变了投资人的投资方式，让更多普通的投资者也参与到创业项目中来，在为初创企业解决了融资难的问题的同时大大地降低了投资人的投资风险。互联网时代，在万众创新、大众创业的浪潮中，众筹融资模式的出现，对于创业者来说，无疑可对创业成功提供很大的帮助。

第 2 章 从萌芽到全民参与，众筹的前世今生

从 1602 年荷兰人开创性地使用众筹的方式，到 21 世纪众筹在全世界范围内的发展和兴起，众筹已然有了 400 多年的历史。但是，众筹真正的繁荣和发展还是在最近几年，从北美和欧洲开始，众筹模式在规范化和规模化的同时，在全世界范围内得到了迅速发展。通过众筹的方式进行融资和社交，已经发展成为一个全民参与的方式。

2.1　1602 年，众筹的萌芽

随着互联网金融的不断发展，众筹模式在世界各地开展得如火如荼，这种打破传统融资模式的新型互联网金融手段正在受到越来越多人的喜爱。众筹是从什么时候开始发轫的呢？很多人认为，美国 Kickstarter 网站的成立是众筹最早的雏形。其实不然，早在 400 多年前的 1602 年，众筹模式就已经在荷兰人的推动下开始悄然萌芽了。

著名央视纪录片《大国崛起》是这样描述荷兰的：在欧洲西北部，有一个和英国隔海相望的国家，她的面积只相当于今天的两个半北京，她的名字叫作荷兰。在 800 年以前，这里是一片没有人烟，只有海潮出没的湿地和湖泊。从 12 世纪到 14 世纪，才逐步形成了人类可以居住的土地。直到今天，荷兰仍有 1/3 的国土位于海平面以下。如果没有一系列复杂的水利设施阻挡，荷兰人口最稠密的地区每天将被潮汐淹没两次。

就是这样一个地方，在 300 年前，也就是 17 世纪的时候，却是整个世界的经济中心和最富庶的地区。一个仅有 150 万人口的荷兰，将自己的势力几乎延伸到地球的每个角落，被马克思称为当时的“海上第一强国”。

比起葡萄牙和西班牙，荷兰是一个没有强大王权的国家，直到现在人们还很好奇，一个面积只相当于两个半北京的小国，到底是凭借什么力量能在全球建立起牢固的商业和殖民霸权，并且由此获得了爆炸式的财富增长，她依靠的究竟是什么呢？毫无疑问，荷兰的崛起原因是多方面的，但我们可以透过冰山一角发现一些线索。

1600 年，英国人成立了全球第一个“东印度”公司，但遗憾的是，该公司在时间上虽然是第一个，但在人类历史上并不具有里程碑的意义，反而是后来者荷兰通过模仿英国的公司制度在历史上留下了惊艳的一笔。

1602 年 3 月 20 日，在共和国大议长奥登巴恩维尔特的主导下，荷兰人将英国的“公司”模式进行了复制，成立了世界第一个股份有限公司——联合东印度公司，这是人类历史上第一个联合股份公司，而与英国用“私募”的方式组建公司不同，荷兰人是用“众筹”的方式组建公司，即向社会大众募资。

荷兰莱顿大学历史系教授维姆·范登德尔这样描述这次募资活动：“它（联合东印度公司）是第一个联合的股份公司，为了融资，他们发行股票，不过不是现代意义的股票，人们来到公司的办公室，在本子上记下自己借出的款项，公司承诺对这些股票分红，这就是荷兰东印度公司筹集资金的方法。”

荷兰人是众筹模式的鼻祖，他们首次运用“众筹”的方式组建公司，让普通大众也拥有了参与公司投资的机会。毫不夸张地说，如果没有荷兰人的首次众筹，也就没有现代公司制和现代金融。荷兰人不仅创造了一个前所未有的国家，还创造了一个前所未有的金融模式。

任何新生事物的诞生都会遭到质疑，众筹也不例外。当荷兰东印度公司通过众筹模式成立的时候，遭到了葡萄牙和西班牙的嘲笑，它们无法接受普通的民众都可以做股东，更不相信荷兰东印度公司可以挑战它们的海上霸权。

在嘲笑者的眼中，这些“草根”股东就是一群乌合之众。而现实狠狠地给了嘲笑者一记耳光，荷兰面向大众进行股票众筹，目的是为了替荷兰东印度公司建造大船募集资金。成千上万的荷兰普通民众参与了这次募资活动，甚至连阿姆斯特丹市市长的女仆都成为了东印度公司的股东之一。最终，东印度公司从普通民众那里筹到了 650 万荷兰盾，相当于现在的 300 万欧元，这在当时可不是一笔小数目。

通过向全社会融资的方式，荷兰东印度公司完成了对外扩张的原始资本积累。在其成立后的短短 5 年时间里，它每年都向海外派出 50 支商船队，这个数量超过了西班牙、葡萄牙船队数量的总和。到 1669 年，荷兰东印度公司已经成为世界上最富有的私人公司，拥有超过 150 艘商船、40 艘战舰、5 万名员工与 1 万名佣兵。这些财富就是用不被葡萄牙和西班牙看好的那一群“乌合之众”积少成多的资金创造的。

让人感到不可思议的是，在荷兰东印度公司成立后的 10 年间，公司并未向投资人返还一分钱的利息。在 10 年之后，公司才第一次为投资人返还了红利，而这样的方式并没有引起投资人站出来提出异议，除了公司良好的经营状况让投资者十分有信心之外，更重要的是，包括市长家女仆在内的投资者们都为能和平日里高不可攀的资本家们一起成为大公司的股东而感到满足，这种满足感是多少金钱都无法换来的。大众参与筹资成立的荷兰东印度公司成为了历史上第一家上市公司。1609 年，人类有史以来的第一个股票交易所在荷兰阿姆斯特丹正式诞生，人们可以随时把荷兰东印度公司的股票抛售出去变为现金。股票交易所的诞生吸引了大量的外国人，荷兰也成为了当时欧洲最活跃的资本市场。

大量资金的涌入让荷兰人富了起来，面对财富的爆炸式增长，1609 年，荷兰人创造性地建立了世界上首家银行，这标志着荷兰人对经济的探索已经进入了现代经济的核心领域。荷兰人将有限责任公司、证券交易所、银行与信用有机地统一成一个相互贯通的金融和商业体系。到 17 世纪中叶，荷兰在全球的商业霸权牢固地建立了起来，此时的荷兰东印度贸易公司贸易额占到了全世界总贸易额的一半。

一次并不被看好的群众募资活动，就像南美洲亚马孙河流域热带雨林中的蝴蝶，偶尔扇动几下翅膀，就引起了美国德克萨斯州的一场龙卷风。众筹模式的萌芽就像是那几只蝴蝶，它帮助荷兰人缔造了现代化的公司制度，使得民间分散的小额资金转化成了拥有巨大威力的资本，让荷兰迅速崛起。最重要的是，众筹的萌芽让荷兰人搭建出了现代金融生态体系，为现代公司的构建奠定了坚实的基础。

2.2 Kickstarter：全球第一家众筹网站

众筹模式在古代就已经开始萌芽，但真正有所发展是在最近几年。

美国众筹网站 Kickstarter 虽然不是最早以众筹概念出现的网站，却是最先做成的一家，曾被时代周刊评为最佳发明和最佳网站，以至于人们普遍都认为 Kickstarter 是全球第一家众筹网站。

2009 年 4 月，Kickstarter 正式上线，网站支持和鼓励具有创新性、创造性和创意性的活动，致力为有创造力的人士打造一个面向公众募集资金的平台。Kickstarter 筹项目类型包括电影、音乐、美术、科技、出版等。Kickstarter 网站面向大众筹资的模式打破了传统的融资模式，为社会上的“草根”创业者提供了融资的平台。

网站的创意来自于其中一位创始人 Perry Chen，他是一名热爱艺术的华裔。虽然他的正式职业是期货交易员，但他经常主办一些音乐会，遗憾的是，因为缺乏资金，他不得不取消了一场原打算在新奥尔良爵士音乐节上举办的音乐会。

这次糟糕的经历让 Perry Chen 萌发了一个想法：能不能建立一个募集资金的网站？Perry Chen 回忆说：“一直以来，钱都是创意事业面前的一个壁垒。我们脑海里常会忽然浮现出一些不错的创意，想看到它们能有机会实现，但除非你有个富爸爸，否则不太有机会真的去做到这点。”

Kickstarter 可以和购物网站一样，为消费者提供一件产品，两者的不同之处在于，购物网站希望消费者能掏腰包把产品买下来，而 Kickstarter 想让消费者忘记购买产品这回事儿。在 Kickstarter 网站里，你的钱不仅可以得到自己想要的产品，更重要的是还能成就别人的梦想。如果自己参与的众筹项目成功了，消费者会感到十分的满足，因为这份成功也有他的一份。互联网时代的营销讲究参与感，在产品还没有成型之前就让消费者提前参与进来，这种凝聚了消费者心血的营销才更容易打动消费者。

在过去，一个好的创意或者点子往往囿于资金的问题而胎死腹中，或者项目获得了资金，但千辛万苦做出的产品在问世后并没有得到消费者的认同，造成了巨大的资源浪费。Kickstarter 网站的出现很好地避免了以上两种情况的发生，一个创意在 Kickstarter 网站发布之后，由对这个设计感兴趣的人用“投资”的方式来决定是否要完成这个作品。对项目发起人来说，这是一箭双雕，不仅可以通过 Kickstarter 网站的平台筹集资金，还做了一次提前的市场调查，无形中降低了很多风险。

毫无疑问，Kickstarter 是一个不平凡的网站，是一个充满着梦想与希望的舞台，在这个舞台上，任何梦想都闪耀着灿灿金光，任何互动都充满着暖暖的爱意。即使 Kickstarter 网站上的每一个项目出发点都是为筹集资金，人们也不愿意用平庸的商业指标来衡量这里发生的一切，因为每一个梦想都是伟大的，每一个支持别人梦想的人也是伟大的，而这个平台让两种不同的伟大在这里相互碰撞，最终诞生了一个又一个奇迹。

美国 19 岁的女生梅根·格拉塞尔（Megan Grassell）是少女文胸公司 Yellowberry 的创始人，这家公司主要向十几岁的女孩出售适合她们年龄的文胸。在谈到创办少女文胸公司的动机时，梅根·格拉塞尔这样说道：“我跟我妈妈和妹妹在商场买内衣，妹妹正在发育阶段，我们想为她购买她人生中的第一件内衣，但是找了很多家店都没有找到。只找到一些适合慢跑的运动内衣或是非常性感的带衬垫的托举式内衣，我就很纳闷，怎么就找不到色彩缤纷的可爱的少女内衣？然后我意识到，市面上根本就没有这样的内衣。一个星期后我突然想到，既然别人不生产这种内衣，那就让我来吧！我要为少女们制造内衣。”

和所有刚开始创业的公司一样，格拉塞尔遇到了最大的麻烦——缺少资金。创办公司需要大量的资金，作为一名初中生，她显然没有足够的资金来支撑她创业的梦想：“从六、七年级开始，我每年暑假都去打工。最开始是在加油站加油，后来在一家叫 Nora's 的餐厅当服务员，这家餐厅很棒。我把赚到的钱都存下来了，用这些钱使我的产品进入原型设计阶段。”

一开始，格拉塞尔试图接触零售商店并与之洽谈合作事宜，屡屡受挫后，她决定转而通过互联网进行销售。格拉塞尔很聪明地选择了 Kickstarter 众筹平台，她的筹资目标是 2.5 万美元，但实际上筹到了 4.2 万美元，这次众筹是 Kickstarter 最成功的项目之一。凭借这笔资金，Yellowberry 的发展逐步走上了正轨。

在美国，融资的渠道非常多，人们之所以愿意选择众筹的模式，和美国人的情怀是息息相关的。在众筹平台上，美国人并不多么在意能否得到产品，而是纯粹地想要帮助别人实现梦想，这也是 Kickstarter 的不同之处。与其他融资渠道相比，Kickstarter 有了更多的人情味。

在 Kickstarter 网站之后，涌现出了一大批的模仿者，很多人想要借鉴 Kickstarter 的成功模式在众筹网站领域开辟新的利润渠道。作为众筹鼻祖的 Kickstarter 自然不甘落后，仅 2013 年，便有 300 万支持者为 Kickstarter 的项目贡献了 4.8 亿美元。时至今日，Kickstarter 依然是众筹界的大佬，它有着最出色的众筹项目以及最广泛的用户，而且它面向的是整个世界。Kickstarter 已发展成为美国乃至世界众筹模式的典型代表，它最厉害的地方就在于，不仅可以提升生产效率、满足各种需求，还能帮助普通人实现梦想。

2.3 《JOBS 法案》：大洋彼岸吹响众筹号角

2013 年被称为中国互联网金融元年，这一年以余额宝、P2P、众筹等为代表的互联网金融发展得如火如荼，特别是众筹，不仅成为了中小微企业融资的新平台，还催生了一大批小微企业的诞生。一时之间，众筹成为了金融市场的新宠儿。

然而，市场繁荣的背后仍存在隐忧，人们对众筹也有着颇多的争议，由于没有明确的法律条文，众筹经常与“非法集资”的概念混淆不清。如今，国内众筹处于无准入门槛、无行业标准、无监管机构的“三无”状态。合法还是不合法？如何规避众筹项目带来的社会风险？这一系列问题在中国的法律框架下尚未得到解答，严重阻碍了众筹在中国的发展，而在遥远的大洋彼岸美国，一部有关众筹的法案早已正式出台。

无论是在哪一个国家，中小企业在国民经济中的地位都不容小觑，就连美国也不例外。过去，美国经济在资本市场与小型公司的高效对接中获得了巨大成功，而金融危机过后，全球经济低迷。美国国内失业率居高不下，使其中小企业的发展受到了很大的冲击。和中国一样，美国传统金融门槛高，只有大企业才能玩得转，其高门槛、高标准的特性让很多中小企业望而却步。加之金融危机后，美国的银行和个人信贷紧缩，中小企业间接融资渠道收窄，美国的金融市场又无法凭自身解决中小企业融资难的问题。近年来，人们一直对政府“监管过度”导致中小企业锐减的问题耿耿于怀，希望政府放松监管的呼声也越来越高。为了给国内中小企业的发展营造良好的环境，也为了吸引更多外国企业与投资者的到来，一场金融改革已经势在必行。在此背景下，《JOBS 法案》应运而生。

美国政府希望完善小型公司与资本市场的对接，鼓励和支持小型公司发展，通过放松监管解决中小企业融资难的问题。2012 年 3 月 8 日，美国众议院通过了《JOBS 法案》，其内容全面系统，包括对认定的新兴成长企业（EGC）简化 IPO 发行程序、降低发行成本和信息披露义务；在私募、小额、众筹等发行方面改革注册豁免机制，增加发行便利性；提高成为公众公司的门槛等。2012 年 4 月 5 日，美国总统奥巴马正式签署了《JOBS 法案》，使其成为了法律。

《JOBS 法案》最突出的有两点：一是 IPO 减负；二是非公开融资改革。这是一部致力改善小企业融资状况的“资本市场监管自由化”导向的法案，对以众筹形势开展的网络融资活动，包括豁免权利、投资者身份、融资准入规则、与国内相应法律的关系等方面都做出了具体的规定，被公认是众筹行业最为成熟的法律。

《JOBS 法案》一经出台，就赢得了众多创业者和投资者的一片欢呼声。《JOBS 法案》为众筹提供了稳定的法律环境，那些想要创业的年轻人纷纷选择在众筹平台上融资，期望通过众筹解决创业资金的问题。和传统的融资渠道相比，众筹平台更加开放，只要项目好、有人支持，创业者就可以通过众筹平台获得项目的启动资金。

创新的前提必须要有通畅的融资渠道，为创业者解决融资难的问题。如果风投家的眼光足够好，说不定还能在众筹平台万千项目中发现一个极具潜力的创业项目，最终培养成为像苹果、谷歌那样的超重量级公司也不是不可能。《JOBS法案》的出台为下一个“苹果”“谷歌”的诞生提供了可能。

毫无疑问，众筹就是这样的平台。《JOBS法案》出台后，美国中小企业的融资渠道变得更加宽敞，这势必会催生更多创新型企业的诞生，并为美国的经济发展注入新的活力。

在《JOBS法案》推出之前，众筹平台上项目发起者回馈支持的方式往往是产品本身或是相关服务，而《JOBS法案》推出之后，项目发起者终于可以以现金的方式回馈支持者了。新法案的出台势必会带来一个出售股份的热潮，比起股份，投资者们不会再热衷于以往项目发起者给的小恩小惠，这也让同一类型的众筹项目面临更加激烈的竞争。

当然，并不是所有人都乐意拿自己的股份来换钱，Double Fine创始人Tim Schafer坦言，他曾考虑过售卖一些股份，但让他觉得两难的是，为了100万美金而放弃掉自己心爱的Double Fine是一件非常不值得的事情。“我们已经通过提供午餐机会和赠送T恤获得了三轮投资。”Tim Schafer说道。

《JOBS法案》的出台将让美国的金融市场更加繁荣，拓宽了中小企业的融资渠道，对市场的繁荣有着十分重要的意义。美国发达的金融市场将会对全球的众筹监管产生示范作用。此外，美国《JOBS法案》给了我们很多的启示，在互联网时代，包括众筹在内的新兴金融的发展必须要与经济、行业、法律、监管的方方面面密切配合，我们在充分利用互联网带来技术变革促进创新的同时，不应该忽略其他因素对新兴金融的制约，只有不断地营造良好的发展环境，才能真正为新兴金融的发展提供动力支持。

如今，众筹界对中国的“JOBS法案”翘首以待，期望出台相应的法律条文来促进众筹的发展。

2.4 众筹进中国，走出本土化之路

众筹的萌芽最早出现在1602年的荷兰，众筹最早的网站出现在美国，而众筹最火爆的地方是在中国。

一直以来，中小企业在中国国民经济中占有举足轻重的地位，在促进经济增长和扩大就业方面有着独特的优势，中小企业天然的经营灵活性与反应敏捷性是中小企业的得以生存发展的两大优势。然而，囿于所有制和内部管理规模的限制，再加上传统金融高门槛、高标准的特点，中小企业融资难已经成为制约其发展的顽疾。而众筹模式的出现，就成为了解决该顽疾的一副良药。

业界普遍认为，2013年是中国的互联网元年，而2014年才是众筹在中国迅速扩张的一年。各家众筹网站经过了初期的试水，厚积薄发，各显身手，一时之间，众筹发展得可谓是风生水起，活跃异常。然而，火爆的背后，众筹在中国也逐渐表现出了它的水土不服。

在中国，提到众筹就不得不提非法集资。非法集资往往是以更高的回报承诺吸引投资者，与之相随的就是高风险和诈骗。在很长一段时间内，人们对此都谈之色变。刚刚进入中国的众筹，和如此敏感的词语扯上关系，对其发展前景来说，实在是不妙。

众筹在中国的发展只有短短的几年，但很多众筹平台都已经开始谋求转型。迫使众筹平台做出这一决定的原因很多，但有一个重要的因素我们不应该忽略，那就是众筹在中国一直游离在合法与不合法之间。中国人民银行《2014 年中国金融稳定报告》将众筹融资界定为“通过网络平台为项目发起人筹集从事某项创业或活动的小额资金，并由项目发起人向投资人提供一定回报的融资模式”。“从刑事法律关系的角度看，众筹项目人和互联网平台承担的刑事责任风险很大。”宁夏天纪律师事务所主任杨金钟提出，“可以说任何一个众筹项目，如果想追究刑事责任，几乎没有法律障碍。”

众筹并不等同于非法集资，非法集资的目的性很明确，就是为了筹钱，出资人基本不会参与到项目的管理当中，而众筹则是“集众人之智，筹众人之力，圆众人之梦”，项目发起人不仅仅是为了筹集资金，而是聚集大家的智慧做出一个产品，然后通过众筹平台将产品和更多的人联结，众筹强调的是一种参与感。而且众筹网络平台具有很强的监管机制，对项目的发起、操作流程、结果都有具体的要求，众筹是一种典型的民间小额资金的融资模式。

在美国，众筹模式主要有股份制、募捐制和奖励制等多种形式，而在中国，众筹模式还是以预售制与奖励制为主，股权众筹相对较少。这是因为美国在 2012 年出台了《JOBS 法案》，把众筹纳入了法律条款，而在中国，由于缺乏相关的法律条文，股权方面的尝试隐含着一定的法律风险。虽然众筹在中国已经火了起来，但国内的众筹平台依然表现得战战兢兢、如履薄冰。

目前，众筹在国内面临的挑战主要有两个方面：一是相关法律的不完善，这在很大程度上制约了众筹的发展，由于担心操作过程中会触碰到相关的法律，国内的众筹平台总是显得小心翼翼、缩手缩脚；二是缺乏良好的信用环境，项目发起人和投资人彼此都缺乏足够的信任，项目发起人担心项目被山寨，知识产权得不到保护，投资人担心项目发起人卷款逃跑。

由此我们可以看出，众筹的发展在中国遭遇了许多的困难，如果把其他国家的经验直接照搬过来，显然会让众筹水土不服。众筹要想在中国站稳脚跟，就必须走本土化道路，根据国内的实际情况稳扎稳打，走出一条具有中国特色的众筹之路。

“前三年的众筹经验告诉我，Kickstarter 的模式并不适合中国。”点名时间的创始人张佑毫不客气地说道。

“点名时间”是中国最早的众筹网站，但在 2014 年年初，点名时间宣布转型为智能硬件预售平台。张佑坦言：“相比国外，国内的众筹用户更实际，他们希望众筹的项目能够有实物回报，而且不同的投资者对众筹的理解有差异。”

在张佑看来，Kickstarer 上聚集着一群理想主义者，他们对改变社会有着伟大憧憬，在购买时感性因素超越了理性。但是国内用户更加理性，他们不希望自己的投资得不到回报。因此，用户的心态决定了项目成功的可能性。

当然，除了这个原因之外，政策与法律因素也是点名时间选择转型的重要原因。众筹平台还有一定法律风险，众筹还属于国内法律的灰色地带，目前还没有对众筹行业形成标准的法律体系。平台上一旦出现虚假项目，其所募集的投资者资金和资金池很可能涉嫌非法集资。

如今，无论是政府还是众筹平台都不应该回避众筹面临的各种问题，更不能因噎废食，放弃众筹。一方面，众筹应该走本土化之路，在实践中逐步的完善自身，另一方面，政府应该借鉴美国的《JOBS 法案》，加紧出台相应的法律法规，把众筹纳入法律框架，为众筹的发展保驾护航。作为当前最活跃的互联网金融模式，众筹在中国的发展才刚刚开始。

尽管在中国市场上，众筹的发展还不是很成熟，与传统融资相比较，众筹融资的方式也存在着它的弊端。但是，总体来说，对于企业，尤其是小型微型初创企业，通过众筹融到第一笔资金，使项目得以启动，确实是一个快捷可行的办法。

在目前的中国，小型初创企业，往往因为项目小，很难找到天使投资人为其投资，而通过众筹的方式则可以快速融到资金，让企业发展迈出第一步。当然，因为众筹投资者多数没有创业和企业管理经验，在对项目的考量和后期企业的发展上，可能无法给企业以专业的指导，这也是众筹投资者和众筹项目的发起者需要注意的地方。

2.5 全民参与：中国众筹走向大众化

自 2011 年进入中国一来，众筹就以迅雷不及掩耳之势迅速发展了起来。据不完全统计，截至 2015 年 6 月 15 日，我国已有的众筹平台达 190 家，剔除已下线、转型及尚未正式上线的平台，共计 165 家。

2011 年 7 月，中国国内第一家众筹网站“点名时间”上线。在随后的两年时间内，各种不同类型的众筹网站相继建立起来。2014 年，随着阿里、京东、浦发银行等重量级选手的入局，众筹这一大众募集平台也从小众化走向了大众化。

中国国内的众筹模式有多种形式，尤以奖励型和股权型两种形式最为重要，其中奖励类众筹模式更是处于优势主导地位。截至 2014 年年底，中国奖励类和股权类众筹平台总数已达 116 家，一年内新增平台 78 家。其中，股权类众筹平台由 2014 年 1 月的 5 家增至年底的 27 家。

虽然数量不及奖励型众筹，但从融资规模来看，股权类众筹平台的融资规模明显高于奖励类众筹平台。据相关数据显示，2014 年第一季度国内众筹募资总金额为 5245 万元，股权型众筹募资 4725 万元，奖励型众筹募资仅 520 万元。到第四季度，国内众筹募资总金额累计突破 4.5 亿元，其中奖励型众筹融资 1.0435 亿元，其中股权型众筹融资 3.4682 亿元。股权众筹的融资金额明显高于奖励型众筹。2015 年 3 月底，京东也上线创建了股权众筹平台，京东的加入，对于股权众筹的发展必将有巨大的推动作用。

天使汇众筹平台，是继点名时间和众筹网之后中国的第三大众筹平台，也是目前国内最大的股权类众筹平台。天使汇的经营理念：让靠谱的项目找到靠谱的钱。

天使汇成立于 2011 年，这个平台的目标是通过互联网帮助中小企业以最快的速度完成融资，并能够最大限度地获得资金以外的附加价值。附加值包括从企业初创期到成长期的在线众筹股权融资；从成长期到 Pre-IPO 阶段的股权转让服务；为投资者提供最佳的直接投资机会。切实帮助更多的创业者实现自己的创业梦想。

天使汇是一个实名制平台，投资者与创业者可以互相评价，通过大数据，涵盖项目发起方和投资方在融资前期、中期、后期的所有行为。

到 2015 年年初，天使汇平台入驻的创业项目达到 1.5 万个，有 900 位认证投资人，130 多个项目完成 3 亿元人民币的融资金额。其中比较著名的有嘀嘀打车、黄太吉、面包旅行等。

从众筹在中国的发展趋势来看，在“众”的方面发展速度要远远大于“筹”，也就是说，众筹在中国的发展，虽然募集到的资金与世界其他国家相比还有一些差距，但是，众筹涵盖的范围和所覆盖的人群异常广大。自进入中国以来，众筹很快就形成了一个席卷互联网的潮流，其所涵盖的范围，延伸到了生活的各个领域，并借此迅速发展成为垂直类众筹平台。

从艺术领域到影视、音乐、出版，从智能科技、生态领域到房地产领域，都有各自的众筹平台出现。从众筹“漫画”、众筹“微电影”到众筹“买房”“买地”，甚至在2014年，网信金融众筹网旗下的股权众筹平台“原始会”上线了一则融资1000万元的光伏电站众筹项目。目前，各个领域的垂直类众筹平台还在呈持续发展的态势。

相对于专业领域的垂直类众筹平台的发展，可以运作多类型众筹项目的综合类众筹平台的发展则相对较慢一些，但是，因为涵盖面比较广，尽管平台数量不及垂直类众筹平台多，在融资项目和金额上却并不逊色。淘宝、百度等巨头的加入，更让综合类众筹平台的发展瞬间提速。

截至2015年8月底，在淘宝众筹平台上线的众筹项目已经超过2000个，累计筹款金额超过5.8亿元，其中科技类众筹项目所占比例接近90%。有近100个众筹项目获得风投，有的项目甚至估值过亿。2015年8月31日，淘宝众筹平台上线了一个名为“谜·零碳度假营地”的项目，仅仅8个小时就完成了10万元的众筹目标，这也是国内首个发起众筹的智能科技类度假项目。

国内众筹在融资的同时有着商业模式上的突破。一方面，移动终端和互联网技术的普及，建立了投资人和项目发起人有效的实时沟通渠道和平台，这样的渠道和平台贯穿于整个众筹项目周期。在这个过程中，众筹项目能构建起有效的在线社会化网络，能为投资人和项目发起人提供共同交流的社区，并使其借此相互传递信任，而这个在众筹项目完成过程中不断积累壮大的社区，毫无疑问也将是一个无形的珍宝。另一方面，众筹的蓬勃发展，将在整个社会建立起一种创业文化，包括推进共享办公室（蜂巢）、孵化器、加速器等，为投资人和项目发起人提供辅导和互相学习的机会，架起他们之间的沟通桥梁。通过众筹这一模式，人们的社交范围有了更进一步的深入和扩展，人与人之间的相互了解和信任有了更进一步的加强，这反过来又对众筹的发展起到了促进的作用。

如今，众筹模式进入中国已经有四年多的时间，市场在日趋成熟，公众对众筹这一模式也有了进一步的认知和认可。相信在接下来的时间里，众筹将会以更快的发展速度，在更深的层面和更广的领域内，推动全民创新及创业的发展。

第3章 众筹的世界布局

众筹真正的发展起源于2009年的美国，目前在北美和欧洲已经形成了比较成熟的市场，而在其他发展中国家，众筹正在崛起状态，未来还有很大的发展空间，尤其是亚洲市场。除了中国内地，在台湾地区的发展也呈上升势头。

3.1　众筹在国外的发展及现状

众筹在国外的发展比中国要早，公认的世界上第一家众筹网站是 2009 年创建于美国的 Kickstarter 众筹平台。而且，时至今日，尚未有一家众筹平台超过它。

而在此之前，除了 1602 年众筹平台在荷兰的萌芽，一个非常典型的众筹案例就是 1884 年纽约州自由女神像的众筹项目。

世界闻名的自由女神像，是法国为纪念美国独立 100 周年送给美国的礼物。但是，因为资金短缺问题，法国送来的礼物一直无法顺利地安置在纽约港口。当时的纽约市市长格罗弗·克利夫兰先生决定用大众集资的方法来做成这件事。

当时波士顿和圣弗朗西斯科等其他城市知道这一消息后，决定帮助纽约市安置好这个具有纪念意义的雕像。著名新闻家约瑟夫·普利策也通过其旗下报业发放宣传单，鼓励纽约市民为自由女神像的底座捐款，以维护纽约市的荣耀。

令人振奋的是，这个项目得到了纽约市民的积极响应。项目发起后的 6 个月内，共筹集资金 100091 美元，换算到当下市值大约是 220 万美元。而捐款人更是多达 12.5 万人，从小孩子到老人，从商界大佬到普通百姓，甚至是生活在社会底层的贫民，都为这个项目出了一份力。

筹款之巨、人数之多，这次众筹活动即使是在今天也堪称奇迹。到目前为止，也只有 Kickstarter 平台的个别项目可以与之匹敌。最终，举世闻名的自由女神像通过大众集资竖立在了纽约曼哈顿外海的自由岛上。而且，它不仅成了纽约市的城标，也成了美国的象征。

Kickstarter 和 IndieGoGo 是世界上最大也是发展最快的两个众筹平台，也是美国回报型众筹平台的典型代表。同时，这两个平台得也大大推动了互联网融资的发展。当然，在美国之外的其他地区也存在着很多这种类型的众筹平台。

2010 年建立于澳大利亚的 Pozible 也是一家回报型的众筹平台。创建之初，它用的是 FundBreak 这个名字。Pozible 在 2012 年一共募集到了 580 万美元的筹款，支持了 1903 个项目的发展。

虽然，众筹已经在很多国家快速发展起来，但是，总体来说，众筹的发展基本上还是以北美和欧洲为主。截止到 2012 年，北美和欧洲占据了全球 95% 的众筹市场。在北美和欧洲的众筹平台上所筹集到的资本规模，也远远远大于全球其他地方。

2012 年北美的平台共筹集了超过 16 亿美元的资金，实现了 105% 的年增长率，在 2011 年，这个增长率仅为 86%。而欧洲的众筹平台，在 2012 年共筹集了 9.45 亿美元，实现了 65% 的年增长率，也超过了其 2011 年 42% 的增长率。

此外，北美和欧洲也是众筹平台发展最快的区域。从调查结果看，全球 84.6% 的众筹平台主要分布在这两个区域。而亚洲和南美洲，则分别占全球众筹平台总量的 6.7% 和 4.3%。此外，大洋洲占 2.4%，非洲占 1.9%。

不过，在亚洲和大洋洲，众筹正在加速发展。2012 年，这两大洲的众筹额度分别是 5000 万美元和 1 亿美元。南美洲、非洲和亚洲受益于小额信贷创新的激励，对众筹可能会采取更加温和的管理方式，他们希望通过这种新的金融工具来加速创业型风险投资在本地的发展。在南美洲和非洲，众筹活动正处在萌芽阶段，预计其发展速度会超越那些众筹发展趋向成熟的地区。数据表明，北美和欧洲以外的众筹市场，在 2011 年的年增长率为 59%，到 2012 年达到了 125%。这也从一定程度上证明，在金融市场发展相对落后的地区，众筹显然更有可能展示出它的颠覆性。

从全球来看，数量空前的众筹平台正准备或者已经开始运营，从中我们也可以一窥未来的众筹市场：北美（包括美国和加拿大）是一个较为年轻的市场，因为众筹经济回报的法律规范和框架还在等待最后的裁决（前文曾提到众筹以北美和欧洲为主体，而且美国还颁布了《JOBS 法案》），因此，很多的众筹平台处于准备启动的状态；与北美类似，亚洲、南美洲和非洲等地区，由于众筹法律规范的不确定性，同样限制了新的众筹平台的发展；相比较而言，大洋洲在众筹法律监管方面的不确定性，要比北美、亚洲、南美以及非洲少一些，所以，大洋洲可以被认定为一个众筹融资比较成熟的市场；至于欧洲，由于围绕众筹的法律规范已经明确，各方面发展也比较完善，所以平台众多，新的众筹网站只能依赖自身的竞争优势进入这个市场。

总体来说，全球的众筹市场正在不断扩大，到 2016 年，全球众筹融资规模预计将达到近 2000 亿美元，众筹融资平台将达到 1800 家。根据世界银行的预测，到 2025 年，全球众筹市场规模将达 3000 亿美元，其中中国的众筹市场规模就有 500 亿美元。

对于商业企业来说，众筹还是一个相对比较新的概念。整个众筹市场则从以慈善基金为主，逐渐发展为以支持有回报的企业投资机会为核心，而全球的众筹资本分布也会因为商业企业的进入而发生变化。未来的众筹市场将会变得更加灵活多样，而项目发起人也可以拥有更多的选择机会，他们可以从众多的众筹平台中做出适合自己的选择。

总体来说，众筹不应该是一个短暂时髦的新概念，而应该是一种科技与社会相结合进而产生的新的思维方式。移动互联网时代物物互联、人人互联的大环境，让人与人之间的交流变得更直接、更容易，大家彼此分享自己的想法也变得容易得多，这为众筹的持续发展奠定了基础。众筹通过聚集社会资本来提供解决问题的财政支持，让社会的闲散资源得以充分利用，这种基于众人参与的众筹模式，让社会资本的使用效率达到最大化。所以，这种基于大众并回馈于大众的众筹模式在未来将会有非常巨大的发展潜力和应用市场。

3.2　解读国外众筹模式

在众筹模式上，国外和国内相差不大，大致也是分为 4 类：募捐型、奖励型、借贷型和股权型。不同的众筹项目根据自己的实际需要，会使用其中一种或者几种类型的众筹模式。

1. 募捐型众筹

在各个众筹项目的分类中，募捐型众筹都得到了应用。其中使用最多的是社会事件类的众筹，此外，创意型的众筹项目也比较喜欢使用此类模式，尤其是音乐类和表演艺术类的项目。而商业和企业类的众筹则是使用这种模式最少的。

在过去的几年中，募捐型众筹是筹集资金最多的，并且，募捐型众筹在近些年非常有效地帮助社会解决了一些社会问题和灾难救助。但是，在 2012 年，这一众筹模式的使用较上一年只有 45% 的增长率，其筹集资金总额为 9.79 亿美元。

2. 借贷型众筹

借贷是一种最简单的金融工具，借贷的还款金额和时间由借贷协议来约定。相对于其他金融工具，借贷所带来的潜在回报并不是很高。所以，使用借贷型众筹的主要是一些稳定的中小型企业。商业和企业领域使用借贷型众筹最多，其次是能源和环境领域，而社会事件和创意类型领域，由于无法保证实际的回报率，所以很少使用这一众筹模式。

总体来说，借贷型众筹是筹集项目最多的，其 2012 年的筹款总额达到了 120 亿美元，实现了 110% 的年增长率。这些筹款主要来自于众筹的小额贷款和本地企业的中型贷款项目。

3. 股权型众筹

由于受到法律的限制，股权型众筹的发展相对缓慢一些。但是，这种形式的众筹在一些国家是得到许可的。在美国，全国性的众筹可能会在美国证券交易委员会（SEC）根据《JOBS 法案》第三章确定明确的法规后得以实现。在法律许可使用股权型众筹的国家中，股权型众筹在 2012 年共筹集到资金 1.16 亿美元，实现了 30% 的年增长率。

股权型众筹主要应用在商业企业的众筹活动中。所以，商业和企业类是使用这种众筹模式最多的分类，社会活动类紧随其后。

4. 奖励型众筹

奖励型众筹是最受媒体关注的一种众筹形式。这种众筹形式在艺术、企业活动、商业活动等各个领域的应用都很平均，但是，在能源和环境保护领域是一个例外，在这个领域，奖励型众筹还处于发展初期。

相比较而言，奖励型众筹更容易受到初创公司和小企业的欢迎，因为这种模式的众筹让那些受到公众欢迎的产品和服务从原型设计到市场的距离及过程大幅度地缩短了。最早使用奖励型众筹的主要是音乐人、作家和表演者，以至于这一模式几乎成为了这些人的专利。

在目前的众筹市场，有接近 55% 的众筹平台只提供 4 种众筹模式中的 1 种，而 37.5% 的新平台会使用同样的方式进行运营。但是，更多的众筹平台正在设计各种新的众筹模式，如通过将多种模式相结合的方式来实施众筹。同时，众筹作为一种融资工具正在得到越来越多的关注，所以，提供有经济回报模式的众筹平台将会越来越受欢迎。

目前众筹平台还有一个发展的趋势：更多的众筹平台正在向专业和纵深方向发展，也就是说，一个众筹平台只关注某一特定领域的众筹，为这一特定领域的受众提供更加专业的服务，同时，这样更容易让对某项事业感兴趣的参与者重复参与其中，也能降低众筹平台获取用户的成本。比如，提供奖励型众筹的平台把主要的关注点放到游戏、唱片、表演、时尚、新闻以及食品饮料等行业，只在这些领域提供更专业的服务。

众筹平台可以通过创造一个环境或者平台来聚集对某项事业感兴趣的人，通过网络平台以及用户之间的相互联系，来吸引更多感兴趣的人参与进来，而不单单是通过活动或项目发起人来吸引参与者。当越来越多的人找到相同的兴趣点的时候，相关的众筹活动就变得更容易实施了。

这 4 种类型的众筹模式，总体可以分为两大类：有经济回报型和无经济回报型。通过研究可以发现，这两种模式在社会事件类的众筹项目中给项目带来的推动力是平均的，也就是说，不同的众筹模式对大众有着几乎相同的吸引力。

而商业及企业类众筹以及能源和环境类众筹则更多的由有经济回报的众筹活动所驱动。究其原因，对于商业活动，也许项目发起者在筹资之前就已经想好了如何利用筹集到的资金进行投资，进而获得并带来回报，所以，他们更多的是选择回报型的众筹模式。而对于环境问题，则是由于项目发起人很难定义具体的回报，所以，只能选择用经济回报的方式来实施众筹。

至于艺术方面的众筹，一般电影和表演类的项目，这两种方式都会使用。而音乐和唱片类的，则主要使用没有经济回报的奖励型众筹模式。

总体来说，这两大类众筹模式相比较，有经济回报的众筹要比没有经济回报的实施起来更难一些。因为他们要根据每个投资者的风险承受能力来制定众筹方案，同时要考虑如何满足项目发起人的各种需求。而在众筹的过程中，还很容易牵扯上复杂的法律问题。所以，除了没有经济回报型的众筹模式之外，很多的众筹平台正在尝试以更新的众筹模式来满足用户的需要。

3.3　国外垂直类众筹平台

国外垂直类众筹平台及行业众筹平台已经在众筹市场占据了一席之地。一些大的众筹网站把注意力集中在很多比较流行的行业，运用投资回报的模式对这些行业中的项目进行运营。目前国外比较流行的垂直类众筹平台主要有以下几类

1. 地产行业众筹

国外地产行业众筹平台一直为大众所关注，人们对其寄予的期望值也很高。但是，目前地产行业众筹只对一些有经验的投资者和获得授权的投资者开放。

在这个领域，Realty Mogul、Fundrise 和 Prodigy Network 是几个比较知名的众筹平台。当前，地产众筹模式正在朝着一个新的方向发展，它允许投资者选择一个特定的地产项目进行投资，这样，投资者在投资早期就可以和项目形成互动，避免了信任问题的出现。

Prodigy Network 是一个全球运营的众筹平台。这个平台计划在哥伦比亚的 Bogota（波哥大）建立当地最高的建筑。最终，有超过 3100 个的投资者投资帮助这个项目，筹资金额为 1.7 亿美元。Prodigy 声称这是其所完成的资金最高的众筹项目。

研究机构 IBISWorld 曾断言，在世界地产业，地产众筹平台可以容纳超过 5.2 万亿美元的资金项目。所以，地产众筹的发展前景不可小觑。

2. 替代能源众筹

替代能源众筹项目在世界各地的发展不是很均衡。很多平台都以实物回报的方式或是为环境保护做贡献为理由来推广这个众筹项目。

荷兰的一家众筹平台 Windcentrale 便声称，在 2013 年 9 月，1700 位荷兰人共买下了 6648 股投资，在短短 13 小时之内完成了一个“风力涡轮机”筹建项目。在这个项目里的每 200 欧元投资所产生的电量，在荷兰可以支持一个普通家庭一年的用电。

在英国，SunFunder、Mosaic、AbundanceGeneration 和 Trilionfund 是几家比较著名的太阳能开发平台。但是，这几家平台大多数都处在负债的状态。只有 SunFunder 很努力地为项目筹资，向第三世界国家那些落后和贫困的地区提供可用能源。

3. 硬件众筹

在硬件和科技产品领域，很多高质量和高口碑的产品都在众筹预销售的策略中获得了很大的成功，但是有的时候也面临市场需求得不到满足的情况。

目前，很多硬件、科技产品公司不仅利用众筹平台进行预销售，还把实现大规模生产的目标乃至项目营销，与众筹集资捆绑在一起，以此降低风险。

Dragon Innovation 是一家坐落于波士顿的公司，它和 GE、Arrow Elec-tronics 这些大公司都有紧密的合作。HWTreck 是中国台湾地区一家和世界各地很多厂商都有合作的硬件制造协同平台。这两家公司都在运作硬件众筹项目。

4. 电影和影视众筹

电影行业因为它的高回报率和口碑，让这一项目更容易取得众筹的成功。Kickstarter 和 IndieGoGo 这两大平台都和大型的电影公司有合作，并分别在自己的平台上为这个类别单独开设了页面。

在 Kickstarter 上，电影和影视属于两个不同的类别。在 Kickstarter 总共 9 亿美元的集资总额里，电影和影视行业就占了 1.8 亿多美元，超过了总额的 20%。而且一些在 Kickstarter 上集资成功的影片还获得了奥斯卡大奖，这一事实更使人们认识到，众筹给这个行业带来了什么样的冲击和改变。例如，曾在 Kickstarter 上成功集资 52527 美元的电影 Inocente，就赢得了奥斯卡最佳纪录片奖。

虽然，IndieGoGo 没有公布电影类别集资的比例，但分析人士称，电影类别在 IndieGoGo 上也是占了相当一部分比例的。在 IndieGoGo 上，电影类最成功的众筹项目是 Bouncebank，它最终的集资金额高达 63.8 万美元。

电影众筹可以有效地降低风险，并保持创新。对于电影众筹，导演只要对特定人群发起一个话题就能得到大众的集资。

5. 音乐、演出众筹

音乐、演出众筹的运行模式是，众筹资金以门票的方式卖出，如果卖出了足够的门票，即表示众筹成功。众筹演出的项目不仅仅局限于音乐类演出，还包括图书俱乐部、烹饪、商业汇演等一些聚会类的活动。

曾经在南美洲树立品牌的巴西众筹平台 Qucrcmos，在北美洲又建立了 WeDcmand 平台，来进行关于音乐和演出方面的众筹。在演出集资之前，他们先通过网络，测试观众对相关剧目的兴趣度，如果观众感兴趣，他们才开始发起项目，这样一来，项目成功的概率就比较高了。

6. 图书出版众筹

图书出版类的众筹在国外是比较被认可的，国外很多图书出版类的众筹项目都会在 Kickstarter 和 IndieGoGo 上进行。2013 年，众多的设计师、开发者和创业者们都纷纷投奔 Kickstarter，为他们各自的项目筹集资金。据统计，2013 年共有 6000 多个出版项目登陆 Kickstarter，所有众筹出版项目加起来一共筹得资金 2100 万美元（比 2012 年增加了 600 万美元），每位赞助者平均赞助金额为 3540 美元。其中最大的一个项目是一个叫作《解剖大师》的图书手绘本项目，这是一个由来自迪斯尼、梦工厂、皮克斯、惊奇漫画等顶尖公司的多位动画大师、插画师、漫画作家联手绘制的图书项目。这个项目在 Kickstarter 平台上共筹集到资金 532614 加元，投资这个项目的赞助人共有 6974 位。

在英国有一家仅仅做图书出版众筹的公司——PubShush，PubShush 有一个特定的在线工具来帮助作家们完成众筹项目的全过程，并在这个过程中和作家们一起工作。

7. 教育类众筹

教育类众筹在国外可以得到大多数人的支持，在国外也有一些运行比较好的教育众筹网站。Pavc 就是一个很优秀的教育众筹平台，在这个平台上，投资者可以直接向他们认为有潜力的年轻人投资，帮助他们完成学业。而他们一旦进入专业领域或开始工作，他们就需要向投资者偿还投资款本金和利息。

因为是直接对人的投资，所以这一众筹项目也引发了人们的争议：有批评的言论把这样的项目比作奴隶制度，但是，更多的人认为直接投资给有潜质的学生，更能有效地激发年轻人的野心和潜能。

8. 网络应用众筹

网络应用众筹需要集资的金额比较大，所以，从事这一项目的众筹平台还不是很多。但是，等到互联网已经完全普及的时代，网络应用众筹应该会有一个好的发展前景。大众融资平台 Appbackr 称，一般的网络应用开发需要集资 100 万美元用于开发和市场推广，而融资后不到 6 个月的时间投资者就能得到回报。

9. 啤酒业众筹

与国内不同，在国外啤酒和饮料行业中，众筹这种集资方式似乎是必不可少的。在这个领域的众筹中，有一个典型的例子就是苏格兰的一家小型啤酒公司 BrewDog，这家小型公司通过私人众筹成功地进行了多个集资项目。2014 年完成的两个集资项目，他们分别筹集了 300 万英镑和 400 万英镑。

以上这些垂直类众筹平台，是目前国外比较流行的众筹平台。而且随着社会的发展，社会分工越来越精细化，会有更多新兴的行业产生并加入众筹平台。

3.4 全球各具特色的众筹平台

在国外的众筹市场，除了常规的几种众筹平台之外，还有一些看起来有些另类的众筹平台。这些另类的众筹平台，不仅满足了一些特定领域用户的融资需求，也为尚显单薄的众筹市场增添了一抹色彩。

1. IndieGoGo：不限定客户类型的众筹平台

IndieGoGo 是仅次于 Kickstarter 的世界第二大众筹平台，成立于 2008 年，他们的目标是成为大型而多元的投资公司。IndieGoGo 的与众不同之处在于，与其他类型的众筹平台都有特定的服务对象不同，IndieGoGo 不限定他们的客户类型，他们不对在其网站上发布的项目进行审查。正如 IndieGoGo 的创始人兼 CEO Slava Rubin 所说："从肝脏移植到购买新专辑或者开饭馆，我们都可以满足客户的资金需求。"

与 Kickstarter 相比，虽然在筹集金额上屈居第二，但是，IndieGoGo 完成的众筹项目数量是 Kickstarter 的 1.3 倍。在 IndieGoGo 的历史上，有过特斯拉博物馆（130 万美元）和为受学生欺凌的校车监护人筹集善款的 Karen Klein 计划（约 70 万美元）两个项目。同时，相较于 Kickstarter 的封闭性，IndieGoGo 是一个对外完全开放的众筹平台。

2. Crowdcube：以股票为基础的众筹平台

Crowdcube 创建于英国埃克塞特大学创新中心，是全球首个股权众筹平台，创始人是 Darren Westlake 和 Luke Lang。因为创立了企业经营者筹集资金的新模式，所以被英格兰银行描述为传统银行业的颠覆者。Crowdcube 是一个以股票为基础的众筹平台，在 Crowdcube 平台上，企业家们可以绕过天使投资和银行，直接从普通大众那里募集到资金。而项目的投资者，除了可以得到投资回报，还可以与创业者进行交流，更重要的是，他们能够成为他们所支持企业的股东。2013 年 2 月，Crowdcube 的这种模式被 FCA（金融市场行为监管局）认定是合法的。

3. Seedrs：科技创业版的 Kickstarter

Seedrs 是一家针对平民百姓的众筹投资平台，被网友们称为“英国版”的 Kickstarter。Seedrs 平台于 2012 年正式上线，致力为英国的网友们提供类似 Kickstarter 模式的投资方式。不过与 Kickstarter 不同的是，Seedrs 将目光瞄准了新兴的高科技领域，致力打造一个科技创业版的 Kickstarter。

因为针对的是普通民众，在用户投资之前，Seedrs 会对其用户进行一份投资风险的测试，表明用户知晓投资所存有的风险。普通大众在 Seedrs 平台上投资项目后，将有机会获得一定比例的税款减免。在税率较高的英国，这一点对英国民众非常有吸引力。

4. Lucky Ant：利用区域优势的众筹平台

与其他众筹平台以项目吸引投资者不同的是，Lucky Ant 众筹平台充分利用了众筹的区域优势，通过向一定区域内的用户推出本地企业，让用户向企业提供赞助并获得相应的回报，吸引用户支持他们所在区域的项目。

5. Rock The Post：与社交融合的众筹平台

在互联网时代，社交是一个绕不开的话题。Rock The Post 将众筹的概念和社交网络整合在一起，实现众筹和社交的融合。在 Rock The Post 平台上的用户可以相互关注并分享所支持项目的详细信息。用户可以自己创建网络社区，通过向某些企业提供资助、建议或物质材料等方式获得回报。

6. Gambitious：针对游戏的众筹

荷兰的 Gambitious 是一个专门针对游戏项目的众筹平台，在这个平台上，游戏玩家与游戏开发商通过众筹的模式联系在一起。

游戏玩家可以通过 Gambitious 平台，向自己喜欢的电子游戏创意提供赞助，并在游戏公开发行之前制造相关话题，推动游戏上市。投资者可以购买他们所支持游戏的股权，一旦游戏开始盈利，投资者将参与分成。Gambitious 平台的这一模式，为不擅长融资的游戏开发人员提供了更多的筹资机会。

7. AppStori：应用程序的众筹平台

AppStori 是一个针对智能手机应用程序的细分型众筹及协同开发平台。在 AppStori 平台上，应用开发商和消费者在应用制作的早期阶段就开始进行合作。而且，“应用开发商和企业家们在研发应用时所建立的关系不会随着集资活动的终结而结束，也不会在应用面向市场时而结束。”AppStori 联合创始人 Arie Abecassis 说，“AppStori 平台就是为启用并发现移动应用而设计的。”

与其他类型的众筹平台相比，AppStori 的整体服务收费标准要高一些，如果某个项目在这个平台上众筹成功，AppStori 会收取所集资金的 7% 作为佣金。而且这笔款项不包括 Amazon Payments 所收取的 2% ～ 3% 的服务费。

8. ZIIBRA：涉及音乐的众筹平台

ZIIBRA 是一个专门针对音乐人和热爱音乐的投资者的众筹平台。ZIIBRA 总部设在华盛顿州西雅图，ZIIBRA 的经营理念：to help keep creativity alive and well（帮助保持创造力的存在）。在 ZIIBRA 平台上，投资者可以了解到那些工艺背后的故事。ZIIBRA 给那些热爱音乐创作的人提供工具和宣传的平台，也给那些希望支持创作人的投资者提供一个了解和支持他们的平台。在 ZIIBRA 平台上，艺术家们可以上传他们近期将要发布的歌曲并进行预售，从而把自己的作品推向市场。

9. ZaoZao：面向亚洲设计师的众筹

众筹平台 ZaoZao，是总部设在香港的创业公司。ZaoZao 是为了帮助亚洲独立设计师将其作品推向市场而量身打造的一个众筹平台。如今，ZaoZao 已经发展为亚洲第一个时尚用品众筹平台。

ZaoZao 的运营模式与 Kickstarter 类似，在这个平台上，对用户提交的申请会进行严格的筛选。在这个平台上发起项目众筹的设计师可以在网站上自建页面并上传自己设计的作品，但是，并不是每个上传作品的设计师都能把作品在 ZaoZao 上展示，只有那些被认为是最佳的作品才会在网上进行展示。而且，在时间、数量上，ZaoZao 会对产品的展示做出严格的限制。对于可以在 ZaoZao 平台上展示的作品，ZaoZao 会极力帮助设计师把作品推向市场。

当然，有特色的众筹平台还不止这些，而且，随着众筹市场的成熟，还会有更多更有创意的众筹平台出现。

3.5 台湾众筹的动态和发展

众筹在中国台湾被译作“群众募资”。群众募资有捐赠、预购、回馈、借贷及股权等 5 种模式。5 种模式中，有些模式已经扩张到风生水起的程度，有些模式仍处于发展当中。

除了 FlyingV 这一全台最大的群募平台以外，由众多网络好手打造的 VDemocracy 平台，则专门承接社会议题。VDemocracy 的运作分散了一部分众筹资金的流向，使众筹资金没有一股脑儿地集中到单一的社会运动领域。

2014 年 11 月，台湾主播亚菲专属 MV 众筹成功，成为第一位众筹成功的台湾主播。紧随亚菲众筹成功之后，台湾另一位美女主播也跟着发起了她的 MV 众筹。

除此之外，在台湾，更多众筹平台的运营模式还是以公益性质为主。Red Turtle 就是台湾第一个以公益集资为主的众筹平台。

2014 年，台湾一系列的社会运动，激起了台湾上班族自费创立了公益众筹网站 Red Turtle，召集大家一起改变社会。这个众筹平台上的众筹项目主要专注于“儿童教育”“弱势关怀”“动物保育”及“环境保护”四大领域，用“杠杆原则”让有志于公益事业的人更容易找到目标人群或完成集资。

Red Turtle 的定位是以人为本，借助网络的力量，让全社会都看到那些需要被关注的人、事、物。Red Turtle 也是第一个在台湾推出以公益集资为主的众筹平台。

在 Red Turtle 上线的第一周，就有 3 个公益项目达成集资目标，成功率为 100%。其中，一个叫作“卑南勇士，桌球巨梦”的项目，仅仅用了 4 天时间就完成了 16 万元的集资目标，成功地帮助脊髓受到损伤的卑南勇士陈富贵筹集到运动器材和培训费用。

Red Turtle 的发起人林群洲表示，Red Turtle 的经营绩效看的是社会贡献的“公干能力”。后期会一直保持这个平台的公益色彩，对于公益众筹项目，不收取任何手续费，并且坚持“专款专用”，募集到的资金会悉数用到专案项目上，不会被用在平台运营或者人事成本的花费上。

像 Red Turtle 这样的公益众筹平台在台湾发展得很快，甚至已经成为了社运能量的宣泄口。在 FlyingV 平台上众筹的项目“太白粉路跑”“太阳花”等都属于公益性质。这些公众自发的众筹平台和众筹项目，让台湾的政府部门有些着急，他们想着用什么样的方法来“规范”这样的活动，但是，翻遍了所有的法令，仍没有找到一件适合“众筹”这一新生事物的法规。

与 Red Turtle 平台上的项目一样，许多募资案例，像“太白粉路跑”“看见台湾”露天首映会等众筹项目，因为与政治无关，难以适用政治范畴上的法律，所以，政府的权宜之计是由金管会（金融监督管理委员会）柜买中心与众筹平台签约。

2014 年年底，台湾“行政院”决定以兴利的角度来全面推动虚拟世界发展法规调适方案，由金管会研议，除了创柜（创意柜台）板以外，开放民间群众募资平台的发展，通过网络平台，由民间直接向社会大众募集小额资金，帮助小型网络公司或新创公司创业。

未来，他们希望由金管会研议有关股权模式的群众募资。股权模式是投资型的金融工具，募资者可在网络上提出创意或产品设计方案，项目筹资完成后，项目发起人以股份或红利的方式回馈投资人。

创柜板其实就是一种股权模式的募资平台，一般创柜板会选择那些规模较大、体系发展比较好的中小企业或新创事业来辅导并投资。但是有些公司很小，并不希望到 OTC（柜台交易市场）申请筹资，因此，他们迫切希望台湾也能够建立 Kickstarter 这样的群众募资平台，然后直接在网络上向公众进行小额募资。

负责督导的专案政委蔡玉玲表示：其实欧美很多国家已经开放了众筹平台。2012 年，全球通过众筹平台募集到的资金有 27 亿美元，2013 年达 51 亿美元。在国内，像捐赠、回馈等国内民间平台已在运行。例如，台湾青年葛如钧就是通过网络募款获得了去美国太空总署（NASA）创办的奇点大学求学的机会。

在台湾，众筹平台的大致运作方式：有点子但是缺乏资金者，在众筹平台上将自己的项目计划以短片等形式在网络上公布，邀请公众以网络支付工具集资，计划完成后，项目发起人向集资者赠送约定的小礼物。众筹平台则收取 8% ～ 10% 的手续费。

与欧美等国外众筹平台相比，台湾的众筹事业正处于刚刚起步阶段，未来还有很大的发展空间。2014 年下半年和 2015 年，各个领域的众筹项目都开始进入迅猛发展的状态。

2014 年，由台湾漫画大师蔡志忠在众筹网发起的“蔡志忠大师在‘国学汇’等您”项目，计划筹资 10 万元，截至 12 月，共筹集资金超过 30 万元，项目筹资额度超过 300%。由于该项目是文化、资本、公益的三方联谊，对于发展文化产业、弘扬传统文化有着很好的推动作用。

因为众筹市场还不是很成熟，同时受限于政府法律层面的不太开放，所以，目前的发展还是以公益性质的项目为多。

2015 年 8 月，台湾明基友达基金会推出“你下载，我捐钱”活动。通过与 App 合作开拓众筹捐助，推动“互联网 + 公益”计划的进行。在这次活动中，公众通过手机下载 App，向明基友达公益基金会捐赠 0.5 元，用以支持“中途之家”脊髓受伤患者的康复计划。通过众筹融资的方式，“中途之家”项目的部分受助者已经开始自主创业。

随着市场的成熟和相关法律法规的完善，其他领域的众筹平台和项目也将快速发展起来，尤其是与商业运营密切相关的股权型众筹，在政府的参与和支持下，会发展得更快。

3.6 国外众筹成功项目

在众筹发展比较早的欧美等国家，已经有很多领域的项目众筹成功，其中，以美国最大的众筹平台 Kickstarter 上众筹成功的项目居多，在此，下面将列举一些非常知名的、曾经引起业界轰动的众筹项目出来，供读者朋友们参考。

1. Pebble E-Paper 智能手表——融资最多的众筹项目

Pebble E-Paper 智能手表是在 Kickstarter 众筹平台上融资最多的一个项目。Pebble 智能手表的目标融资金额是 10 万美元，但是，在短短的 28 小时之内，就融到资金 10 万美元，最终募集到的资金 10266845 美元，共有 5.7 万多人参加了这个项目的融资。

Pebble E-Paper 智能手表的项目发起人团队曾经为黑莓团队设计过 inPulse 智能手表，也就是 Pebble E-Paper 智能手表的前身。此次产品在功能上做了进一步升级，用户只需通过蓝牙将 Pebble 和 Iphone 或安卓手机连接，就可以在 Pebble E-Paper 智能手表上接收到文本消息和手机来电提醒。

Pebble 智能手表众筹项目是在 Kickstarter 平台上以售卖产品的方式进行众筹的一个项目，众筹开始前，项目发起方设计了详细的众筹方案，设置了多个档次的投资金额和回报方案。所有参加 Pebble 智能手表项目众筹的投资人都得到了 Pebble 智能手表。其中，最早的 200 块智能手表是限量的，售价只有 99 美元。

Pebble 智能手表以前期预售产品进行的众筹方式，对于每个投资者来说，都没有投入太多资金，不需要承担很大的风险，所以，参与投资的人数众多，融资金额也远远超出了预期。这样的模式在众筹领域中是一种非常典型的模式，也是很多众筹项目都会应用的模式。

2. OUYA 游戏机——24 小时融资神话

OUYA 是在 Kickstarter 众筹平台上引起过轰动的一个项目。OUYA 游戏机以预卖产品的方式进行众筹，众筹预订的目标融资金额是 95 万美元，但是，该游戏机的粉丝们的热情非常高涨，在众筹开始的短短 24 小时之内，就募集了预定融资额，在之后的一个月时间内，共募集到资金将近 860 万美元，共有 63416 位投资者参与到这款产品的众筹中，创造了一个众筹融资的神话。OUYA 游戏机的售价是 99 美元，大部分支持者通过提供 99 ～ 150 美元的支持资金，获得了一台初代 OUYA 主机。

OUYA 游戏机是一款基于安卓系统的开源游戏机，它的外型酷似一个电视机顶盒，体积不大，但是功能强大，是网络游戏领域内具有标志性意义的众筹项目产品。其以研发和预订相结合的方式，对产品进行了一次事前营销，使得产品在尚未正式上线之前就已经有了很高的知名度，是一次非常成功的众筹事件。

3. 阿曼达·帕摩尔的唱片众筹——为艺术而众筹

阿曼达·帕摩尔（Amanda Palmer）的唱片众筹项目，项目发起人阿曼达是一个独立音乐人。在该众筹项目发起之前，阿曼达和她的乐队已经出过一张专辑，并在短短几周的时间内卖到了 2500 张，但是，阿曼达认为这是一张失败的唱片，她想通过众筹的方式做一张成功的唱片。

项目前期预定的融资金额是 10 万美元，阿曼达希望用募集到的资金出版她的唱片和相关的艺术书籍，以及与侠盗猎乐团的巡演。令阿曼达没有想到的是，她预订的 10 万美元的融资额在一天之内就融到了。该项目最终融到的资金达到了 1192793 美元，成为了当时音乐领域融资金额最高的项目。

阿曼达唱片众筹项目，共得到了 24883 位投资者的支持，阿曼达对项目能够众筹成功感到非常高兴，认为该项目的成功，会成为未来音乐行业发展的趋势。

阿曼达的唱片众筹项目的成功，与她前期与粉丝们的互动是分不开的。阿曼达和她的乐队在美国的各个城市都举办有支持者聚会，粉丝们可以随着乐队一起进入后台，乐队还可以去粉丝家里举办派对，一起聊艺术、吃晚餐，粉丝们可以和乐队一起拍写真集。在众筹项目发起的当天，阿曼达还举办了一个“大神级别的粉丝互动”，在 Kickstarter 的支持者们晚间聚会结束后，阿曼达把衣服脱掉，让每一位支持者在她身上画画，以赢得支持者们的信任。

阿曼达项目众筹成功，在业界引起了不小的轰动，她的项目最终超出预期数倍的高融资金额，给了众多独立音乐人极大的信心，她的“大神级别的粉丝互动”自我营销方式，对于众多的独立音乐人也具有借鉴意义。

4. Veronica Mars——破纪录的电影众筹项目

Veronica Mars(《美眉校探》)电影项目是一个完全由粉丝众筹而来的电影项目，Veronica Mars 电影项目发起人 Kristen Bell(克里斯坦•贝尔)是一位年轻的影视明星，拥有大批忠实的粉丝。项目的另一发起人罗伯•托马斯，则是电视剧 Veronica Mars 的制片人。电视剧 Veronica Mars 在播放到第三季的时候因故停播。二人发起 Veronica Mars 电影项目，希望通过众筹发方式，融资拍摄一部与电视剧 Veronica Mars 同名的电影。项目预定的目标融资金额是 200 万美元，而实际的融资金额达到了 5702153 美元，支持人数达到 91585 名。该项目 30 天就完成了 200 万美元的融资金额，成为 Kickstarter 平台上最快达到融资目标的项目，也是 Kickstarter 上支持人数最多的众筹项目，打破了 Kickstarter 众筹平台上个人融资的最高纪录。

对于克里斯坦 · 贝尔来说，这次电影众筹的成功，是在忠实粉丝们的支持与帮助下的一次成功，通过电影 Veronica Mars，克里斯坦 · 贝尔声名鹊起，迅速走红。她的形象就如她扮演的角色一样，不仅深入大众心中，还为她带来了众多的奖项。更有意思的是，这次电影项目的众筹成功，还引发了 Kickstarter 众筹平台对于名人效应的一次现场讨论，影星 Zach Braff 也紧随其后，通过众筹拍摄了一部电影。

5. Pono 播放器——音乐众筹

Pono 播放器的项目发起人是尼尔•杨(Neil Young)——一位摇滚歌手、音乐人、导演、编剧。尼尔 · 杨发起这个项目的初衷是要制作一款颠覆 MP3 的音乐播放器，然后把高品质的音乐呈献给听众，拉近听众和音乐之间的距离。同时，尼尔 · 杨想要为 Pono 播放器打造一个专属于 Pono 的高品质音乐库，来满足人们对高品质音乐的需求。

该项目预定的目标融资金额是 80 万美元，实际金额达到了 5514779 美元，远远超过了预期目标。项目发起人仅仅用了 35 天的时间，就吸引到 16253 名支持者来投资这一项目。

该项目的成功之处不仅仅在筹资上，还在于项目发起人充分调动了听众的参与感和意义感，让每一个投资人都感觉到自己能够改变人们对音乐的看法，觉得自己做的事情非常的有意义。项目进行期间，发起人通过更新主页，让粉丝充分参与进来，并与粉丝们形成完全的互动。在营销方面，项目发起人还联手大牌艺人金属乐队、赫比·汉考克（Herbie Hancock）、艾尔顿·约翰（Elton John）、佩蒂·史密斯（Patti Smith）、汤姆·佩蒂（Tom Petty）等制作签名版播放器，这些无疑都推动了播放器项目在众筹中的成功。

6. 其他领域的众筹项目

除了一些引起轰动的项目之外，在北美、欧洲包括南美地区，众筹涉及的领域越来越广，如科技、艺术、出版、摄影等，很多项目不仅达到，甚至远远超过了预定的融资金额，而且支持者的人数远远超过预期。在此，下面再列举一些比较有人气并广受欢迎的项目。

（1）科技众筹：Form 1 3D 打印机

Form 1 是 Kickstarter 众筹平台上，首款针对实验室、学校以及设计师等专业人员设计的高分辨率 3D 打印机，Form 1 致力为 3D 打印机的专业使用者提供可以更加细致作业的立体原型和模型制作机器，而不是只针对那些一时兴起的 3D 打印爱好者。Form 1 3D 打印机预订的目标融资额度是 10 万美元，而实际融资额达到了 2945885 美元，达到了预订目标额度的将近 3000%。而 Form 1 3D 打印机售价仅为 3299 美元，是普通投资者真正“买得起”的 3D 打印机。

（2）出版众筹：Planet Money T 恤

Planet Money T 恤众筹项目，是由美国国家公共电台 (NPR) 和美国生活 (This American Life) 广播栏目合作发起的一个出版类众筹项目。这是一种新颖另类的众筹模式，项目发起方从一开始就在设计一款超酷的 T 恤，打造一个 T 恤之旅。每个支持者都有得到特制 T 恤的机会，同时帮助发起人完成一些调查性的报告。该项目的预定融资金额是 5 万美元，实际融资额度达到了 590807 美元，共得到 20242 位支持者的投资。

（3）摄影众筹：ARKYD 太空望远镜

ARKYD 太空望远镜是一款可以由用户自行控制并拍摄太空照片的太空望远镜，该项目的发起人称，ARKYD 太空望远镜是世界上“首个能为大众所用的太空望远镜”，该项目的支持者除了能够得到一个可以显示照片的车载屏幕外，还能够得到一张太空照片，这一点非常受支持者们的喜欢，以致因为项目太受欢迎，ARKYD 团队不得不把回馈支持者的日期延长。

该项目前期预定的目标融资金额是 100 万美元，实际融资金额是 1505366 美元。因为这样的项目大受欢迎，ARKYD 团队还开发了与此相关的其他 ARKYD 产品以及一个 A3 测试太空船，并采用了同样的众筹方式。

（4）漫画众筹：The Order of the Stick 再版项目

The Order of the Stick 是一部非常受欢迎的喜剧漫画作品，曾经捕获过一大批死忠的粉丝的心。2012 年，The Order of the Stick 系列漫画的印刷版停止，但是，漫画的创作者 Rich Burlew 不甘心就此退出市场，决定通过 Kickstarter 众筹平台重新启动这一项目，把该漫画系列重新出版出来。

The Order of the Stick 漫画项目预定的目标融资额只有 57750 美元，但是，项目启动众筹之后，粉丝们的热情大大超出了预期，最终融资金额竟然达到了 1254120 美元。项目融资大获成功，漫画的创作者 Rich Burlew 自然全力兑现当初对投资者们的承诺，对不同层次的支持者都给予他的漫画作为回报。

（5）剧院众筹：营救即将消失的古董级 Catlow 剧院

Catlow 剧院是位于美国伊利诺伊州巴灵顿的一家古老的剧院，在美国的历史上有着非常高的历史地位，同时票价却非常低廉。因为年代久远，剧院的设施设备已经无法跟上时代的发展，无法让观众的观感得到满足。Catlow 剧院于是希望通过众筹的方式募集到足够的资金，对剧院进行重新翻新，增加一个可以播放数字电影的数字化投影仪以及一个宽屏幕，以便播放新的电影。

该项目的目标融资金额是 10 万美元，实际融资金额是 175395 美元。这样，Catlow 剧院不仅可以升级投影系统和屏幕，还用募集到的额外的资金对剧院进行了翻修，新增了供暖系统。

第 4 章 众筹狂飙，那些你没玩过的全新玩法

随着众筹平台的不断成熟，在最基本的四种众筹模式的基础之上，众筹开始向纵深方向发展，出现了更多人们没有见过甚至想象不到的全新玩法。农业、商业、科技、艺术、出版、影视甚至房地产业……众筹几乎遍及了各行各业。

4.1　科技众筹：你的一小步，世界的一大步

自古以来，科技进步推动着着社会的发展，每一次科学技术浪潮过后，人类的发展都会出现质的飞跃。如今，政府鼓励科技创新，但能拿到国家专项基金的科技项目少之又少，对很多创新意识很强的草根来说，想通过自己的双手和优势开启创业企划，如果没钱没渠道，再好的项目都只能胎死腹中。但众筹的出现让这一切出现了转机。

众筹平台不仅可以让专注于科学技术的项目发起者筹集到启动资金，还能在平台上为项目做一些宣传。毫不夸张地说，如果一些特别有潜质的科技项目能在众筹上取得成功，不仅对科技创意者是一种极大的鼓舞，还有可能对整个行业和科技的发展都起到巨大的推动作用。就像爱迪生发明了电灯、瓦特发明了蒸汽机一样，一项小小的发明就有可能让整个世界进入一个新的时代，这就是科技的力量。

在众筹网站的所有项目中，科技类项目占了很大的比重，很多众筹网站都以“鼓励支持创新，帮助创业者圆梦”来吸引科技类创业者的目光。当科技遇上众筹，将引爆新一波的科技浪潮。未来，有了科技众筹之后，推动科技发展的将不再只是像苹果、三星这样的大公司和大的科研机构，小创客也将通过众筹的帮助真正加入科技创新。

众筹网是目前国内最具影响力的众筹平台，其宗旨就是为平台上每一位项目发起者提供集募资、集资、孵化、运营等一站式服务。一直以来，科技众筹都是众筹网重点关注的领域，许多科技众筹项目在平台上都取得了成功，比如映趣科技的 inWatch Z 智能腕表、MY WAY 电动滑板车、智能无线门禁广告、柠檬时代团队发起的高校 App、青铜器团队发起的商用 3D 打印机等等，这些项目均以很快的速度超额完成了众筹目标。众筹网正式运营以来，已成功上线近 100 个优秀科技众筹项目，筹资总额逾 300 万元。

点名时间是中国第一个发起和支持创意项目的平台，在 2013 年转向专门为智能硬件提供服务之后，点名时间的科技类项目成功率达到 80%，每个项目平均能够筹得 4 万元人民币，其中最高的单一项目筹资额更是达到了 170 万元人民币。

淘宝众筹也把目光重点锁在了科技众筹领域，其免费模式直白地向科技工作者发出了邀请，为众多创新产品进入阿里巴巴的大门做好了铺垫。2014 年淘宝众筹里的科技项目比重为 25%，筹资金额占了整个平台的 90%。截至 2015 年 3 月，淘宝众筹一共收到了 1.2 万余个项目申请，筛选上线 877 个项目，其中有 60% 以上的项目是创业者、创新者做的。这一数字足以说明科技众筹在阿里巴巴的重要性。未来淘宝众筹还会将重点放在扶持科技、设计类的创新项目。

帮助科技众筹项目发起人实现从产品创意到市场化的自然过渡，将创业理念变成实际产品已经成为很多众筹网站的服务宗旨。

科技正在改变着人们的生活，推动着社会的进步，未来的科技众筹将有很大的发展空间。据世界银行预测，到 2025 年全球众筹市场规模将达到 3000 亿美元，其中中国将达到 500 亿美元，科技众筹作为重要板块，其发展潜力不可估量。对于科技众筹项目和发起人来说，众筹网站不仅能为他们提供筹资平台，还能帮助他们完善产品、开拓销售渠道，目前，越来越多的草根创客已经把众筹当作实现梦想的第一站。

随着众筹的不断发展，越来越多的公司希望把自己的创新产品通过众筹平台展示给大众。在众筹平台上，科技产品不是吸金力最强的，却是最引人注目的，一些好的创意和点子通过众筹平台与大众零距离接触，掀开了盖在科技产品头上的神秘面纱。人们逐渐发现，科技与普通民众的距离竟然可以如此之近。

2012 年，由 Oculus 公司设计的一款名为 Oculus Rift 的头盔在 Kickstarter 正式上线，这款头盔是专门为游戏玩家设计的，Oculus Rift 将电脑 3D 游戏带入了一个新的层次，戴上头盔，玩家将进入一个从未体验过的游戏空间。在这款高科技产品正式筹资之前，很多投资者并不看好，原因是按照以往市场经验，消费者很难接受这类技术难度过高的前卫科技产品。

其实早在 Oculus Rift 之前，与之类似的产品就在市场上出现过，但价格非常昂贵，平均价格在 2 万美元左右，而且主要用于科研和军事训练。很多人认为，把如此昂贵的高科技化产品运用到游戏中是不现实的。

然而，Oculus Rift 低廉的价格出乎所有人的意料，Oculus-Rift 将研发成本降到了最低，但绝对不应影响玩家的舒适度和游戏体验。经过 1 个月的众筹，该项目获得了 9522 名消费者的支持，收获 243 万美元众筹基金，顺利进入开发、生产阶段。Oculus Rift 的成功在电脑游戏领域开拓了一个新的生态体系。

科技众筹的核心是什么？筹人、筹智、筹资、筹渠道、筹未来！未来的科技将不再犹抱琵琶半遮面，或许一个好的科技创意就会不期然在我们的眼前出现，并大大推动社会的发展。

放眼望去，各大众筹平台上的科技众筹项目百花齐放，其中不乏具有创意和预见性的好项目。对于很多草根创客来说，众筹平台已经成为他们通向梦想的康庄大道，至于他们能否在这条大道上有所斩获，就要看他们自己的努力程度了。对于一个创客来说，一个科技项目的成功只能算迈出了第一步，但这个创意对全世界来说，是迈出了很大的一步。

4.2 公益众筹：积沙成塔，世界因你而改变

公益众筹是指公益机构、组织或个人在众筹平台发起的公益筹款项目，出资者对项目进行资金支持。众筹是实现梦想的舞台，公益是点燃爱心的火把，当众筹与公益邂逅，不再有任何功利的色彩，一切都是为了爱。

作为新兴的公益模式，公益众筹还处在起步阶段，通过公益众筹获得的善款金额约占网络捐赠总额的 1%。据 2014 年 8 月 22 日发布的《中国公益众筹研究报告》相关数据显示：从筹款的金额来看，公益众筹成功项目共有 164 例，筹得善款 669 万元。同时，2013 年发布的《中国网络捐赠报告》相关数据显示，全国的网络捐赠超过了 5.2 亿元，所以这个比例仅占到整个网络捐赠的 1.34%。显然，如何让公益事业在众筹的平台上汇聚更多的人力和财力，还需要更多的探索和实践。

2014 年 12 月苏宁易购上线公益频道，借助电商平台做公益。2015 年 4 月 16 日苏宁上线众筹平台，专门设置了公益频道，推出了扶贫、救助、助学等一系列公益项目。一般众筹平台只负责把项目发起人与投资人联结在一起，自身并不会亲自参与到项目中，但苏宁众筹公益频道不仅要做第三方众筹平台，还表

示要与双方一道履行社会责任。

2015 年 4 月 25 日，尼泊尔发生了 8.1 级地震，导致重大人员伤亡，灾区群众家园被毁，流离失所。地震发生后，苏宁在第一时间联合中国扶贫基金会发起“我们和你在一起—— 尼泊尔及西藏灾区人道救援”的众筹项目，在这个项目中，苏宁承诺 1 ∶ 1 认捐，最终网友筹资 528909 元，项目筹集善款总额则达到了 1057818 元。

为了让上线的公益项目更加透明，在项目上线之前，苏宁会对项目发起人的资质、项目目标、执行计划、回报等内容进行审查，确保项目的真实性。支持者可在公益专题下选择自己感兴趣的项目进行认筹，苏宁会及时告知支持者项目进度，确保项目的公开透明。

虽然公益众筹也属于众筹的一种，但其与商业众筹有着本质的区别。商业众筹是为了满足个体的筹资需求，支持者会在项目成功后获得一定的回报，而公益众筹则是为了帮助社会弱势群体，解决社会问题，支持者很少得到实质的物质或者资金回报，基本上都属于捐赠行为。目前，公益众筹的渠道有两种：一种是通过综合类众筹平台发起项目，如众筹网、追梦网等，另一种是通过专业的公益众筹平台发起项目，如创意鼓、积善之家、新公益等。据统计，在 164 个成功筹款的公益项目中，有 95% 是来自于综合类的众筹网站。

众筹在国内的发展时间还不是很长，再加上做公益需要对公益流程有着详细的了解，所以目前国内公益众筹还处在初级阶段，众筹成功率并不是很高。公益众筹听上去很美，但并不是说只要把公益项目放到线上，就可以躺着筹钱。众筹项目的成功与否还要取决于线下的运营能力、跨界整合能力、项目包装的能力等许多方面。

2015 年 1 月，深圳的爱心人士庄先生在参观了揭阳市惠来县览表村的图书馆之后，发现这个图书馆特别简陋，且藏书不多，于是便萌生了资助的想法，随后，他在网上发起了众筹。庄先生设置的筹资目标为 10 万元，投资人出资选项从 30 元到 1 万元不等，并拿出公司的 16400 包系列坚果产品回报给投资人。

为了能吸引更多的投资者，庄先生煞费苦心，不但图文并茂地介绍了图书馆的情况，还出具了自己公司的产品检验报告和资质荣誉。然而，项目进展得并不顺利，截至 2015 年 3 月 3 日，只有 32 位支持者，累计资金 3289 元，与预定的 10 万元筹资目标还有很远的距离。

无独有偶，一个名为“一元众筹拯救民间剪纸艺术”的众筹项目也进行得不尽如人意。为了吸引投资者的眼光，蚂蚁众筹平台还准备了 10 台 iPhone6、30 台 iPad Air、100 个充电宝以及 500 个佛山精美剪纸，用于活动结束后的抽奖。然而，截至到项目结束，该项目也未取得成功，支持人数只有 751 人，筹资 1189 元，离项目 8.4 万元的目标相距甚远。

公益众筹虽然是公益性的活动，不是商业众筹，但需要商业性的运营思维。公益众筹的认筹主体往往是对网络比较熟悉的年轻人，如果众筹项目还在走传统的悲情化宣传路线，往往不能取得很好的效果；反之，项目发起人应该在项目设计上以新颖的形式吸引公众的目光，这样做的效果相对来说要好得多。此外，众筹平台只是公益众筹的一种工具，项目能否成功，还要看公益团队的运作是否能跟得上，这就需要线下的服务体系去做支撑和推广。

从目前来看，虽然公益众筹在国内的发展并不尽如人意，但其优势仍不容小觑。首先，众筹平台的低门槛让很多心怀公益梦想的年轻人找到了释放梦想的舞台，客观上增强了社会的公益力量。其次，公益众筹的透明度比较高，可以推动公益事业向着更加透明、规范的方向发展。

总之，理想很丰满，现实很骨感。公益众筹在国内的发展之路还需要公益发起人、众筹平台和支持者的共同探索，当然，最重要的是广大群众的积极参与。一个人的力量很有限，但千万人的力量就可以聚沙成塔，解决一定的社会问题。如果说众筹网站是一个温床，那么由发起人播撒爱心的种子，经过支持者的阳光照耀，那些需要关爱和帮助的弱势群体就能早日感受到社会温暖。在这条路上，全社会都任重而道远。

4.3　出版众筹：集众人之力，累积文化的力量

如今，互联网思维已经席卷了我们生活的每一个角落，在互联网时代，许多看起来“高大上”的事物与我们的距离越来越近，比如出版。

随着社会经济的不断发展，出版行业打破了出版社一家独大的出版格局，呈现出了百花齐放的繁荣景象，但这种景象背后是危机重重——无序竞争、恶性竞争、跟风书、盗版书……这一系列的问题正在严重影响着中国出版市场的健康发展。有人戏称出版业为“最穷的垄断行业”，不论民营还是国有，图书出版业对青年人的吸引力渐渐失去，留不住精英人才，很大一部分原因是传统出版的工资与待遇都不尽如人意，无法留住青年人才，再加上互联网的崛起，也给传统出版业带来了不小的冲击。这一系列的问题预示着中国出版业已经置身在一个巨大变革的时代洪流之中。比如，“互联网思维”已经以迅雷不及掩耳之势蔓延到出版行业。

在过去，很多好的图书囿于出版经费、人脉关系等客观因素而无法出版，但在互联网的帮助下，这个问题可以迎刃而解。在互联网时代，出版不是一个人或几个人的事情，而是让更多的人参与到项目中来，在以前看起来是复杂的出版，在众人的参与下却变得简单快捷。互联网是一个化腐朽为神奇的地方，传统出版业在互联网的舞台上又找到了新的玩法——出版众筹。

“社区沉淀下来大量互联网行业资深人士在这个平台上分享的关于创业的答疑解惑，如果将这些精华集结成书并分享出去，大有价值。”知乎网媒体合作总监成远在谈到为什么要出版《创业时，我们在知乎聊什么》一书时如是说道。只不过，这一次该书的出版没有走传统渠道，而是选择了众筹。

知乎的众筹目标是募1000位联合出版人，每位联合出版人提供99元筹款，合计众筹9.9万元。作为回报，这些“联合出版人”将获得典藏版《创业时，我们在知乎聊什么》，众筹者的姓名将被印在属于自己的典藏版《创业时，我们在知乎聊什么》封面上。

在这次出版众筹的过程中，知乎作为内容方，中信出版社作为出版方，美团网则作为众筹支持平台。这是知乎首次发起和联合出版社进行实体图书出版方面的尝试，也是国内互联网乃至国内出版行业罕见的以众筹的方式进行的出版。

让成远有些意外的是，这种大胆的出版尝试竟然取得了意想不到的效果：项目上线仅仅10分钟左右就完成了预设目标，共有1000人参与了此次众筹。除了筹集资金之外，对于出版众筹这种方式带来的好处，中信出版社负责《创业时，我们在知乎聊什么》的出版人李穆表示：“众筹出版是一种让读者选择、分类特别强的方式，这让出版社很清楚地知道这本书的受众群在哪里。”

在传统出版领域，一本书的出版有着复杂的流程：作者把完稿交给出版社，出版社完成编校、审读、印制后交给电商和零售商，最后到达读者手中。我们不难发现，在这个流程中，作为主体的作者与读者被隔开了很远。在市场经济条件下，任何商业行为都必须充分尊重消费者的消费需求，而传统出版无形在中隔断了与消费者的交流渠道，出版方、作者、读者之间的联系并不紧密，缺乏与读者的有效互动。

与传统出版相比，众筹出版在这方面有着得天独厚的优势。众筹可以缩短出版方、作者与读者之间的距离，产生紧密互动，满足读者更加个性化的需求。在众筹中，出版方可以根据支持者的反应预测项目是否足够吸引人，并找到潜在的消费群体。

除此之外，众筹出版能够达到提前对图书进行宣传推广的效果，读者的参与增加了图书的附加值。在以往，如果出版商不看好的项目很难见到天日，但在众筹平台上，“粉丝”的力量有可能拯救一本潜在的优秀出版物，毕竟，最后埋单的是消费者，不是出版方。由此可以说，众筹出版的方式为出版业带来了新的机遇。

由于众筹在国内的发展还不是很成熟，加上项目运作的一些不足，众筹在国内的成功率还不是很高。以众筹网为例，截至 2015 年 9 月，出版众筹板块共上线项目 406 个，仍在众筹中的项目为 76 个，已成功项目为 330 个，加之由于时间未到但众筹进度已经超过 100% 的 11 个被列在“众筹中”的项目，众筹网出版板块的成功率达到83.99%。从这些数字中我们可以看出，虽然出版众筹在中国的发展时间还不是很长，但有着广阔的发展空间。

出版众筹的出现给传统出版业带来了新的生机，但并不是所有的图书项目都适合众筹，也不是所有的项目都能众筹成功。众筹网出版高级合伙人路佳瑄认为，出版众筹在未来发展的障碍主要有两个方面：一方面，部分项目创意不足，没有能够打动人的项目文案或增值回报；另一方面，传统出版机构虽然对出版众筹跃跃欲试，但大部分仍没有做好真正的准备。

“比如一个项目成功后，可能有300、500或者1000多个支持者，怎么维护这些支持者，使其成为真正的粉丝，而不是仅有一次购买行为的购买者，在这方面还有很长的路要走。”路佳瑄说。

在互联网时代，没有夕阳产业，只有夕阳模式。虽然传统出版行业的结构并没有发生根本性的改变，但是传统出版格局正在互联网的冲击下发生着微妙的变化。无论是出版众筹还是其他新的出版模式的出现，都说明中国出版业正在用互联网的思维改造自己，这是巨大的进步。毫无疑问，传统出版还有着不可替代的作用，有其自身的优势，希望在未来的发展中，传统出版与众筹出版能够优势互补，逐步优化出版流程，走出一条健康、持续、繁荣的发展之路。

4.4　娱乐众筹：全民狂欢，和喜欢的人一起疯狂

在互联网时代，众筹的玩法越来越多，科技、公益、出版等传统领域都开始玩众筹。娱乐作为人们生活中不可或缺的组成部分，也开始涉足众筹。所谓娱乐众筹就是指通过互联网方式发布娱乐筹款项目并募集资金，比如电影众筹、游戏众筹，等等。2014 年，百度和阿里分别推出了“百发有戏”和“娱乐宝”两款众筹影视理财产品，由此可见，众筹正在向娱乐打开大门。

如果你听到身边一位并不是特别有钱的朋友说他投资了周润发主演的电影，千万不要以为他在说大话，因为这有可能是真的。在人们的思想观念里，投资电影的都是一些富商巨贾，和普通老百姓扯不上任何关系，而今天，因为众筹的出现，普通百姓也可以成为一部电影的投资人。

2014 年 3 月，阿里巴巴推出“娱乐宝”，投资者只要出资 100 元即可投资影视剧作品，并且享有到剧组探班、参加明星见面会等权益。不仅如此，阿里巴巴还将投资项目直接对接国华人寿旗下的国华华瑞 1 号终身寿险 A 款，如此一来，投资人还能得到 7% 的预期年化收益。

娱乐宝一经推出便受到了网友的追捧，仅仅一个月不到的

时间，娱乐宝首期4个投资的项目均已销售完毕。2014年4月，娱乐宝与游族影业达成合作，共同众筹投资拍摄电影《三体》。与以往的电影制作不同，《三体》的制作每一个环节都将由娱乐宝的粉丝公司参与完成，这将是中国第一个真正意义上有粉丝全程参与的电影。据统计，2014年在娱乐宝平台上电影项目共12部，投资总金额高达3.37亿元，所投电影项目强力撬动中国电影票房近30亿元，占中国总票房10%，同时触达粉丝2000多万人次。

百度也不甘落后，继阿里巴巴提出"娱乐宝"之后，百度迅速推出了一款名为"百发有戏"的金融产品。虽然"百发有戏"与"娱乐宝"在产品设计、投资项目等方面各有不同，但都属于娱乐众筹。"百发有戏"首批影视理财产品《黄金时代》上线，不到两分钟，就有超过3300人付款，计划募集资金1500万元，最终募集超过1800万元。然而，《黄金时代》的票房并没有取得预期的收入，首日票房仅1060万元，上映10天票房收入也仅为4310万元。这个数字远低于此前百度大数据对其2亿～2.3亿元的预测。

尽管阿里巴巴和百度的娱乐众筹之路走得并非一帆风顺，但还是挡不住其他互联网公司进入娱乐众筹市场的热情。一时之间，娱乐众筹产品花样百出，让人眼花缭乱。2015年，由黄晓明和陈乔恩主演的偶像剧《锦绣缘•华丽冒险》收视夺冠后，海蝶音乐迅速启动了《锦绣缘•华丽冒险》原声大碟众筹活动；面对来势汹汹的娱乐众筹，许多明星也来凑热闹。2014年年底，林青霞为自己的新书《运来运气》进行众筹，虽然女神已青春不再，但追忆往昔的情怀还是吸引了一大批粉丝的目光。

娱乐自身的特性决定了其与其他众筹的不同之处，娱乐众筹不仅是为了筹集到资金，更重要的是借助众筹平台宣传众筹项目，娱乐众筹的实质是缩短消费者与项目发起者之间的距离，从而撬动粉丝经济，营销才是娱乐众筹的最终目的。比如电影众筹，很大程度上它只是电影宣传的一种工具。比如由华谊兄弟出品，周迅、黄晓明、谢依霖、隋棠联袂主演的 2014 贺岁开篇爱情喜剧《撒娇女人最好命》，在上映之前，该电影也玩起了众筹，如淘宝众筹送出巨大粉丝福利“黄晓明粉丝见面会众筹”，购票影迷可获得不同权益，众筹超过 2000 元即成功召开见面会等，这些举动与其说是筹钱，不如说是为了制造噱头，他们更看重的是投资这部分产品的人在电影上映前期带来的话题，以及通过大数据来预测电影票房更多的发展空间。

小水曾是韩国最大的“造星工厂”SM 的练习生，因为家庭变故回国，成为了一名网络主播。虽然在网络直播间内小水能够尽情地展示自己的才华，但她心里无比渴望能有一首真正属于自己的单曲和专辑。YY 娱乐发起的娱乐众筹正好为像小水这样的主播提供了一个自己争取制作单曲出专辑的平台。

本次众筹粉丝在为主播投出“心意票”的同时，需要累积足够的礼物数才可以。在众筹发起的 5 日里，参与投票的人数超过了 27 万人，平均每日进出 5 组主播直播间的人数达到了 70 万，最高人数达至 110 万。小水的粉丝仅用两天时间就帮他们的偶像达成了两个阶段累计 10 万票、100 万个礼物的任务，相应专辑和单曲也进入了紧锣密鼓的录音期。虽然小水在韩国出道的梦想没有实现，但众筹平台让小水的梦想获得了另一种意义上的新生。

无论是把娱乐众筹当成宣传手段，还是真正需要通过众筹获得资金，娱乐众筹都已经成为娱乐领域里的一个重要板块。诚然，就连百度和阿里巴巴这样的互联网大佬都会在娱乐众筹中步履维艰，但是任何新事物都需要在不断的失败中吸取教训，才能找到真正适合它的发展道路。娱乐的独特属性决定了它可以引发全民的狂欢，因为娱乐总是与粉丝紧密相连，粉丝的巨大威力与众筹平台的结合，将使娱乐众筹绽放出不一样的光彩。

4.5　艺术众筹：在路上，梦想从不凋零

艺术源于生活而又高于生活，离人们的生活很近也很远。在普通人的眼里，艺术是特定人群玩的东西，普通人根本玩不起。而对于艺术和玩艺术的人来说，最苦闷的事情就是没有好的平台把自我展现在大众面前。

众筹的崛起为艺术带来了春天，艺术众筹不仅让玩艺术的人梦想不会凋零，还能让普通人真正走近艺术。众筹最初就是艰难奋斗的艺术家们为创作筹措资金而依赖的一种手段，而后逐步演变成了初创企业和个人为自己的项目争取资金的一个渠道，所以，艺术有着天然的众筹基因。众筹平台可以让艺术和大众之间无间隔、无距离，让大众也有机会分享艺术的成果。

2015 年 3 月 20 日，画家何成瑶在众筹网平台正式启动她的最新行为艺术—“出售我的 100 小时”，在此次众筹中，何成瑶规定：当网友众筹总额达到 50 个小时以上，她将在网友指定购买的时间段里，一秒钟记录一个点，以这些点画出一幅“时光秒轮图”样式的观念作品。众筹金额规定为 2000 元 1 小时，最多销售 100 个小时。仅仅在两天之后，支持累计金额便达到了 20 万元，何成瑶“出售我的 100 小时”众筹项目取得了圆满

> 成功。
>
> 这样的众筹项目在国内艺术节还属于首创。何成瑶表示:“这次艺术创作，最终将由我和所有的众筹参与者一起完成。”按照约定，何成瑶将在4月1日到5月1日之间完成支持者购买的观念作品。
>
> 购买了何成瑶“1小时”的买家小鱼（化名）表示，之所以购买，首先是觉得何老师的这个行为艺术的主题寓意好，形式也很新颖、有意思，“我很愿意成为这个艺术事件的参与者，也很看好何老师的这次创作。”何成瑶的成功在业界引发了强烈的反响，一些业内人士开始效仿何成瑶，试图通过艺术众筹的方式寻找艺术的新出路。

艺术众筹最大的亮点就是让高高在上的艺术转变为对艺术感兴趣的普通大众都可以参与的形式，带领大众进入艺术圈。一直以来，艺术与普通人之间总有着难以逾越的鸿沟，普通大众往往把艺术当作“高大上”的奢侈品，基本抱着远远观望的态度，更不要说掏腰包投资艺术了。而艺术众筹让这一切变成了可能。艺术众筹打破了艺术流通的传统模式，让大众有机会近距离地接触艺术、投资艺术。艺术众筹是互联网时代之下能让艺术更好地贴近普通大众的一种行之有效的模式。

在互联网时代，艺术家们如果闭门造车，不注重与广大群众建立联系，就会脱离实际，或者说不接地气，最终被时代所淘汰。艺术众筹为众多艺术家提供了一个展示自我的平台，在这个平台上，艺术家不仅可以通过众筹筹资，还能对艺术品牌和作品做深入的宣传，可谓是一箭双雕。艺术众筹有效地把艺术、互联网、消费等元素融合在了一起，为实现艺术价值创造了新的商业模式。

2014 年 5 月 3 日下午 3 点，由北京凤凰东方艺术品投资管理有限公司旗下艺术众筹平台艺米范发起的众筹画廊艺米空间开幕式盛大启动。但让人疑惑的是，本次开幕式没有展出任何艺术作品。因为在策划人焦振宇看来，凝聚了众多艺米人梦想的艺术空间，其本身就是一个由诸多艺术家共同创作的作品。

与传统众筹不同，艺米空间采用众筹与有限合伙制相结合的形式，面向艺术家、线下与参与者签订合伙协议，参与者既是本项目的有限合伙人（投资人），又是众筹画廊艺米空间合作代理的艺术家。

艺米空间的负责人雷倩在介绍艺米空间时说："艺米空间其实是新兴的艺术众筹网站艺米范的线下实体空间，在目睹了 798 艺术区很多画廊的驻留不稳定问题后，这种新的画廊模式因为有大家一起参与，其经营会向着更加明朗的方向迈进。画廊的定位首先是要生存下来，盈利和维护合伙人的权益是要放在首位的，对于推出的项目会有学术上的把控，但画廊一定会从商业上着手。艺米空间作为全国首个艺术众筹画廊，是艺术空间运营的一种伟大尝试和新起点，相信在众多艺米人的努力之下，艺米空间这种众筹的新模式今后还会在各地开花，甚至成功后还可能会被复制到海外，从而跨越艺术的疆界。"艺米空间是全国首例艺术众筹画廊，通过将众筹与艺术有效融合起来，真正实现了艺术的自由化。

如今，艺术众筹开始在国内兴起，先后出现了出售艺术家时间、艺术作品等多样化的众筹项目。作为互联网时代的新产物，艺术众筹或将改变艺术家的创作模式，为艺术带来无限的张力。目前，国外具有很大艺术价值的项目都是在众筹平台上发起的。纽约的艺术、创意众筹平台 Kickstarter，创建至今 5 年募集资金已达到 10 亿美元，这个数字对国内的艺术圈来说是个不小的诱惑，很多艺术家们纷纷试水众筹，期望在众筹的舞台上获得新生。虽然艺术众筹在国内还处在起步阶段，但随着人们生活水平的不断提高，对艺术的渴望也越来越强烈，艺术众筹在国内的发展前景还是不可估量的。

类似于娱乐众筹，艺术众筹的发起者往往不是为了筹集资金，而是聚集更多的人气。借助众筹的平台做宣传这条路能否走得通，谁也不敢做出保证，毕竟众筹本身是商业行为，如果沦为宣传工具，就失去了其原本的性质。虽然艺术众筹在艺术圈火爆异常，但事实上，艺术众筹在国内的发展道路到底该如何走，目前来看还是个未知数。

4.6　农业众筹：开心农场不再仅存于互联网

随着生活节奏的不断加快，生活在大城市里的人们越来越渴望返璞归真的生活方式，试想一下，在寸土寸金的大城市里，如果能拥有一块属于自己的菜地，菜地里种满了各种果蔬，生活该是多么的惬意！不过，这个愿望虽美，却很难实现，所以人们只好把这样的情怀寄托在了网络游戏中。在虚拟的世界里，人们把自己当成了农场主，种蔬菜瓜果，施肥捉虫，玩儿得不亦乐乎。幸运的是，随着农业众筹方式的出现，人们不再需要在虚拟的世界里寻找寄托，因为开心农场已经不仅存在于网上。

北京，一座繁华的商业大都市，高楼林立，车水马龙，与田园风光扯不上半点儿关系，但就在这座钢筋混泥土的丛林中，有一片生机盎然的菜园悄然出现在了 CBD 的屋顶之上。

2014 年，北京万通立体之城投资有限公司在众筹网发布了一个名为“屋顶菜园”的项目。顾名思义，“屋顶菜园”就是在屋顶种菜，以 1 平方米为 1 个种植单元供众筹者购买。

万通集团主席冯仑对这个项目青睐有加，他认为这个项目代表了万通的发展趋势。为了表示支持，冯仑向“屋顶菜园”

投资了 4 万元。最终“屋顶菜园”项目获得了超过 21 万元的众筹资金。作为对冯仑 4 万元投资的回报，冯仑获得了屋顶菜园 4 平米种植区终身地主身份，他不但可以在这块土地上种菜，还可以收获整年内产出的蔬菜、花卉。最诱人的是，作为屋顶菜园的一名地主，冯仑可以免费参加在屋顶露天空间举办的种植分享会、星空音乐会、萤火虫酒会等。

到了冬天，屋顶菜园歇业了，但万通新的众筹项目又开始悄然酝酿，他们打算预售“室内种植系统”，如果众筹成功，团队将为投资者解决肥料、种苗等问题，教会投资者种植有机蔬菜，让投资者在自己家里拥有自己的有机农场。

网信金融集团首席执行官盛佳表示：“众筹不光是筹钱，还可以提供很多的服务。参加农业众筹不仅可以获得农场的作物，还可以去生态游，我们和一些北京当地的其他农场都有合作。包括这次的空中菜园项目，办公楼有一个菜园，吃完了饭可以上去转一圈，或者结合菜地的游戏，同事之间玩真的偷菜。”

农业众筹最早起源于美国，比较有代表性的网站是土地流转平台 Fquare 和 Agfunder。在 Fquare 平台上，用户可以通过购买选定的某区域的某块土地的股票来间接拥有一片土地。Agfunder 则类似于中国的众筹网、点名时间，只不过它主打的是农业领域。

农业众筹传入中国之后受到了人们的热烈追捧，据农业众筹平台“众田啦”统计，在多个众筹平台上发布的农产品众筹成功率超过 84%。中国的食品安全问题早已是老生常谈，农药残留、转基因、毒大米……触目惊心的食品安全问题使得人们迫切需要一条途径来解决这个问题，而农业众筹的出现则使得这个想法变成可能。

农业众筹让消费者参与到了农耕生产中，实现了透明生产，保证了农产品的质量和安全性，这对迫切希望避免食品出现安全问题的广大人民群众来说是个不小的诱惑。更何况，农业众筹不但可以让人们吃到放心的农产品，还能让现代都市人享受到桃花源般的生活，这更加深了人们对农业众筹的喜爱。此外，由于是订单生产，农业众筹使得传统农业链发生了一些改变，消除了许多中间环节的消耗，节约了成本。

那么，农业众筹究竟该怎么玩才合适？目前，农业众筹在国内主要有 4 种形式：农产品众筹、农业技术众筹、农场众筹和公益众筹。万通开展的“屋顶菜园”和“室内种植系统”就分属于农场众筹和农业技术众筹。

本来生活与众筹网联合推出了一个农产品众筹项目——“尝鲜众筹，延安宜川红富士”。与一些稀有水果相比，苹果种植面积大，范围广，大众接受度高，人们随处都可以买到，但延安宜川红富士在人们的生活中并不常见，该项目正是抓住了这一特点，以尝鲜为噱头，吸引消费者的注意。目前，该项目已经在众筹网获得了成功。

随着农业众筹认知度的提高，农业众筹概念日渐火爆，但需要警惕的是，农业众筹还处在萌芽阶段，农业项目投资大、周期长、风险高，如果盲目跟风，就有可能达不到预期的收益。以众筹网为例，虽然与本来生活联合推出的“尝鲜众筹”取得了成功，但在项目运营过程中，众筹网发现农业众筹产业链相对过长，具有不可控性，也不符合众筹网的整体风格，便没有再继续尝试下去。

农业众筹满足了都市人群渴望天然健康农产品的愿望，有着较大的发展空间，借助众筹平台推动农业发展已渐成时尚。然而，如何规避农业投资大、周期长的风险是急需解决的问题。农业众筹要想走上健康、持续的发展道路，必须要有巨大的资源整合能力做支撑，比如政策的引导与支持、物流冷链的搭建等等。

中国作为一个农业大国，农业在经济发展中具有举足轻重的地位，可以预见，只要政府加以正确的引导和扶持，农业众筹在国内的发展前景将十分可观。

4.7　商铺众筹：一点一滴，打造黄金旺铺

只需要花几千元就可能买一套千万级别的别墅，就能投资地产项目，拿到投资收益，这是真的吗？没错，这是真的，只不过购买别墅和投资地产需要大家“凑份子”，你只是众多投资人中的一个，这就是众筹新模式——房地产众筹。

所谓房地产众筹，即房产开发商、经营商、投资商通过互联网平台为其经营或准备经营的项目筹集资金。房产众筹由美国网站 Fundrise 率先发起，该网站提供用户住宅地产、商业地产及旅游地产等各种类型的不动产项目，投资门槛只有 100 美元，一经上线便受到了人们的热烈追捧。这股众筹风潮同样席卷了中国的房地产行业，团贷网旗下的“房宝宝”第一期别墅众筹，需要众筹 1491 万元，短短 2 小时便被 443 位人士完成。该套众筹别墅最终以 1600 万元价格售出，实现年化收益 40%。

商铺众筹是房地产众筹中的一种，顾名思义，商铺众筹就是聚合众人的力量一起买商铺，根据投资额度占有众筹标的物的产权份额，并成为房产共有人。商铺的价格一般都比较昂贵，特别是在一些大城市，在过去，商铺一般都是由个人或某个机构出资购买，这种高资本不动产的消费行为让许多人望而却步，而商铺众筹打破了这种购买模式，大家可以通过众筹

的模式对商铺进行购买，通过稀释产权的方式降低了商业地产的投资门槛。

铺宝宝是由麒麟众筹推出，成都市铺宝宝商业地产投资管理有限公司运营的，主打国内一线城市商业地产房源并精挑细选成熟运营中商铺的房产众筹产品。与当前国内只有针对住宅产品进行众筹的品牌不同，铺宝宝专门针对完全符合市场投资产品特征的商业地产产品——商铺。

为保障投资人权益，铺宝宝每一个众筹商铺均为成熟商圈、核心地段、具备服务型业态基础的稀缺商铺。第一期众筹房源位于成都市金牛区解放路一段 23 号，市场价格是 62100 元 / 平方米，而铺宝宝的众筹价格是 57132 元 / 平方米。

在运作上，铺宝宝商铺众筹有一套完整的流程。铺宝宝公司收集房源之后按标准筛选房源，以一定的折扣预订房源，然后通过众筹网公开房源，对这个项目感兴趣的投资人可以通过投资认购产权，最后签订购房合同。简而言之，就是投资者“凑钱”买房，待房子升值后再出售，从而获得投资回报。如果投资人不再想拥有这份产权，可随时将自由份额产权对内或对外转让，转让产权后承接方将会被登记为铺宝宝产权持有人。

铺宝宝利用新市场提供的市场机会，构建了产销一条龙的盈利机会。铺宝宝模式，将国家法律对产权共有的解释“两个或两个以上的公民、法人共同拥有该房屋的权利和应承担的义务”发挥到极致，铺宝宝模式说白了就是人们对房产投资理财的新模式。

有的人想在繁华地段开一家店，但又没有足够的资金购买商铺该怎么办？有的人手中有闲散资金，想做一些小型投资，但不敢乱投该怎么办？不用着急，这两种人都可以选择商铺众筹。

不过商铺众筹的模式与铺宝宝挣差价的模式有所差异。商家要先选择好自己中意的商铺，然后到众筹网站发起商铺产权众筹，对此感兴趣的投资人可以与其他投资人合伙投资，众筹成功后，众筹资金从第三方金融机构转入开发商账户，商家取得店铺使用权，产权则由第三方机构为全体众筹者代持。商家在经营过程中取得的收益要根据众筹协议定期与众筹者分享，这样一来，投资者不仅是房东，也是股东，同时解决了商家的融资问题，达到了多赢的目的。

随着房价的不断飙升，房租也随着水涨船高。因此，房租增长太快，买铺资金压力过大，也逐渐成为很多商家的痛点，而商家的这一痛点让合众筹平台及中渝香奈公馆看到了商机。

2015 年 4 月，中渝香奈公馆联手全球化众筹平台“合众筹”召开“互联网 + 新牌坊合伙人”媒体推介会，欲以众筹的模式解决商铺投资者与经营者的烦恼。

中渝香奈公馆手上有一条约 46 米宽、250 米长的步行商业街资产，该步行街与 200 多万平方米的中渝国际都会临街相隔，地理位置非常优越。想要到香奈公馆步行街开店的商家，选好店面后，发起店面产权众筹，“合众筹”根据商家以往商誉及自有资金情况配售众筹资金额度，为商家融资。合众筹副总裁熊丙强调，中渝推荐参与众筹的商家，不能是首次创业者，至少开有一家店，且过去一年都在赚钱。这样做的目的是为了保证投资人的利益，因为众筹成功后，投资人获得商铺产权，商家获得商铺的使用权，但商家根据众筹协议及自身经营情况，定期与众筹者分享收益。

目前，房地产众筹模式很多，有产权众筹、股权众筹、债权众筹等，但无论是哪一种众筹模式都需要面对一个现实：房地产众筹在国内还处在起步阶段，在相关法规、市场规则不完善的情况下，由此产生的法律、投资风险需要投资者特别注意。房地产众筹项目一般都不承诺保本、保息，所有投资风险都要由参与众筹者自己承担。因此，在关注收益的同时，参加房地产众筹的投资者更需要三思而后行。

第 5 章 破译黑天鹅——看高手如何玩转众筹

众筹本身就是一个具有潜力、创造性且兼具风险的平台。因此，成功玩转众筹，靠的不仅是运气，更需要科学合理的规划。这就需要提炼项目亮点，确定筹资金额、目标支持人群、给投资者的回报等，而所有一切都得有一个前期的设定和预估。

5.1 如何规划众筹项目

先谋而后动，方能把握全局，成竹在胸。卡耐基曾经说过，“不为明天做准备的人永远不会有未来”。谁都想得到来自上帝的奖励，但是，成功的大门永远只为那些做好准备的人敞开。做众筹也是一样的道理。因此，在设立众筹项目之前，我们必须要对众筹项目做一个完整的规划。

1. 寻找项目自身的亮点

创意聚焦众人目光。要想成功运作一个众筹项目，首先就要在众筹网站的引领下，找出自身项目的亮点，将其独创性充分发挥，并凸显出其最大优势。

那什么样的项目比较容易受到大众的关注呢？首先，项目本身要有创意或者拥有属于自己独一无二的特色，如科技类产品中的可穿戴设备。穿戴技术的神秘特性，予人方便的设计理念，相信很多人都会喜欢并且大力支持。

其次，项目创意要符合当下的社会潮流，比如最近全国雾霾严重，随着呼吸道疾病的大面积爆发，人们越来越关注地球生态，提倡环保理念。为了家人的健康和自己的身体状况，环保的相关话题受到大家的瞩目和一致追捧，甚至很多名人、企业家、政府官员、明星也纷纷加入其中，这股热潮越发让环保题材变得更加吸引人眼球。

此外，除了上述提到的项目特色和话题，精神层面的亮点也逐渐成为项目规划不可或缺的重要因素之一。随着经济的发展，人民物质生活水平不断提高，其精神需求也越加明显。比如，很多人不再将精力全部集中在改善自己的生活水平上，而是更愿意去帮助那些仍然处于较低生活水准的人们。这个过程中，不仅能释放出捐赠者人性善良美好的一面，让被帮助的人感受到社会的温暖，更能用正能量促进社会的和谐发展。众筹平台上发起的爱心公益项目，就适时地结合了这些爱心人士的力量，为社会弱势群体解决了他们生活中的实际困难。

2. 确定项目支持者的范围

在众筹项目中，有一个 4% 定律，即每一个项目都有自己 4% 的客户群，要想得到更多群众的支持，就一定要利用这个 4% 定律来定位客户范围，通过这些真正愿意消费的群体加大影响，产生聚合效应，这样就有可能大大提升项目的成功率。

众筹作为一个划分客户群的平台，能让项目发起人更精确地锁定目标群体，即产品的核心消费者。在完成这些划分数据的过程中准确定位市场和营销方案，确保更好地完成之后的推广。在明确客户群体后，可以采取名人效应等方式来实现有利传播，如让明星作为项目代言人加大后续支持者的信任，或利用名人效应来扩展粉丝群增加支持人数等。

2015 年 5 月，著名钢琴家郎朗先生携手上海市慈善基金会及世合理想大地共同发起慈善义演音乐会。音乐会所得款项全部用于救治患有白血病、先天性心脏病、地中海贫血、脑瘫等重症疾病的儿童。该众筹项目于 2015 年 5 月 27 日发起上线，目标筹集资金是 5 万元。项目发起后，至 6 月 11 号，已经筹集资金 51883 元，圆满达成了目标。到 6 月 19 日，音乐会举办前一天，筹集资金增至 103817 元，达到了预定目标的 208%，最终统计活动支持人数为 510 人。

这次众筹音乐会，把目标支持者锁定在了郎朗的粉丝和热爱公益关注儿童健康的爱心人士身上，利用郎朗的名人效应以及人们的爱心，完成了预定目标 208% 的筹资金额。

3. 合理设计目标筹资总额

筹资总额就是通过项目一共要筹集的资金。筹资总额设定的合理与否，将直接决定项目能否成功。有些项目发起者可能觉得目标金额越多越好，但事实并非如此。如果项目筹资总额过高，很可能出现项目回报内容与资金的不相符，或者潜在人群不足以支撑起整个项目预期等情况，最终导致筹资乏力。

在国内，众筹平台项目筹资总额一般为 10 万～ 1000 万元，合理设计筹资总额对于提升项目成功率起着关键性作用。根据美国众筹数据统计，成功率最高的项目筹资总额为 1000 ～ 9999 美元，成功率最低的项目筹资总额平均在 100 万美元以上，由此看来，金额越高，项目的成功率也就越低。

目前，国内众筹平台项目筹资总额大都设立在 10 万元以下，项目方通常会根据实际情况制作一份项目资金需求表，来确定项目资金最低额度，并在设立目标筹资总额时，将最小额作为参考进行最终的发布。较低的金额比较容易在筹资期限内达到成功线，这样不仅能继续筹集更多的资金，还能激发更多的潜在支持者。

当然，高额的目标筹资也不是不能设立，如果你的项目创意新颖，题材突出，又有一定的媒体热点，倒不妨可以尝试一下。一旦成功，不仅能捧得一个大满钵，众筹平台还会大力宣传为项目造势，增加其曝光度，真可谓是一举两得。所以，合理的设计目标筹资金额才是有效帮助众筹项目成功的关键。

4. 设置合理的筹资档位

根据国内知名众筹平台——众筹网的数据分析，支持者对于一个项目的平均投资额在 200 元左右。

在确定目标客户群的过程中，可以对划分的种类做一个详细的层次分析，结合项目本身的特点与设立的筹资金额，设置合理的筹资档位。在定价时，还要充分考虑支持者的心理接受底线，除了特定的核心群体，对于每一个档位的设置都要以尽量促使潜在支持者更容易做出投资的决定为前提。绝对不能因为定价过高，导致支持者们望而却步，影响项目的筹资进度，进而导致项目的流产。

5. 设置合适的回报方案

资本的本性就是盈利，作为众筹投资人，投资的目的就是为了得到回报，无论是精神层面还是物质层面。所以，众筹项目的发起人在发起项目之前，一定要把自己对投资者的回报设定好。尤其是需要物质回报的，项目发起方要根据自己的项目情况及预定盈利多少，设定好给投资者的回报方案。方案既要让投资者觉得有利可图，也要保持自己本身的利润。

在设置回报方案内容上也要充分考虑客户群的需求适当地给予回报，不能为吸引和满足客户需求而不考虑后果地给予过高回报，否则势必造成物极必反的怪象。国外曾经有一个项目，因为高额的回报率吸引了众多支持者。项目虽然快速而顺利地启动了，但最终因实际收益不足支付预期方案中设计的回报额，以致两年后都无法兑现预期承诺回报，进而导致支持者怨声载道，发起人也因此麻烦不断，使得原本可以成功的项目备受质疑。

6. 提前设定预备方案

在实际操作中，众筹项目会出现筹资成功后未能如期交货或者无法生产的尴尬情况，为了降低这种情况产生的不良影响，项目发起人应在发起文案中写明风险提示，让投资者能够知晓风险，理性对待可能发生的不乐观情况。因为某些特殊情况导致交期短暂延后的，项目发起人可以及时与投资者联系，积极告知项目近况和项目延期的原因，如果真的发生产品无法交付的尴尬情况，项目发起人应该与投资者积极沟通，及时退款或者附加一些小礼品作为对投资者的补偿。

为了规避这种情况发生，众筹平台也应该发挥其监督者的作用，比如通过规定展示样品、平台自行跟踪项目发布项目进度服务、协助项目发起人生产产品等方式来保护投资者的利益。

凡事预则立，不预则废。前期规划是项目成功至关重要的一步，每个项目发起人必须科学合理地做出规划，为成功奠定坚实的基础。

7. 写好项目计划书

要想让自己的项目能够众筹成功，需要事先写一份详细的众筹计划书。只有做好充分的计划准备，才能更好地实行众筹。

一份优秀的项目计划书，首先需要明确的是，产品众筹的目的是什么，想要筹得多少资金，打算用这笔资金做什么？项目方案中的其他内容，都是以这些基本点为中心来进行展示的。通常产品众筹计划要涉及一下几个方面。

（1）摘要。对即将发起众筹的项目进行一个简单介绍，让意向投资人能够在最短的时间内对项目的商业价值有一个大体的评估和判断。

（2）项目或产品介绍。对众筹项目或者产品做一些具体详细的描述，包括企业背景、产品的创意、质量、意义等，让大家认可或认同你的产品，从而产生投入资金的意愿。

（3）市场销售渠道。需要众筹的产品在众筹平台上发布之后，就要对产品进行推广。相应的营销方案包括在微信上推广或者与媒体合作等，都要在前期设计好，并在众筹平台上予以公布，让潜在的投资人看到。产品的推广和营销与后期产品的收益和盈利是密切相关的，而收益和盈利关系到投资人的资本是否能够收回。

（4）产品或服务的定价。产品的定价，关系着产品未来的市场和利润，将这一点列出并让投资者了解到，能让他们对产品的未来有一个初步的判断。

（5）发展战略和风险分析。任何产品和项目都会有风险存在，在项目计划书中，要把风险提前告知投资人。风险告知，既是对投资人的保护，也是发起人本身的诚信问题。一定不要因为害怕失去投资人的关注而不提及项目风险，否则，万一出现风险，就会害人害己。

（6）产品回报。具体分析预测一下产品未来的销售情况，设定好几个档次的回报方案。这是投资者决定是否投资的最直接依据，回报方案可以多设定几个档次，以方便投资者选择不同的投资额度进行投资。

5.2　如何在众筹平台上发布项目

有了好的项目、好的规划和适合的平台，对于项目发起人来说就等于是万事俱备，只欠东风了。那么东风是什么？其实就是在众筹平台上发布项目，使之由理想变成现实。

下面以众筹网为例，讲述一下如何在平台上完整地发布一个项目。

1. 用户注册，成为网站一员

要想成功发布一个项目，首先就需要注册，成为众筹网站的会员。具体来讲，我们需要登录众筹网，点击右上方的快速注册，进入注册页面（见图 5-1）。

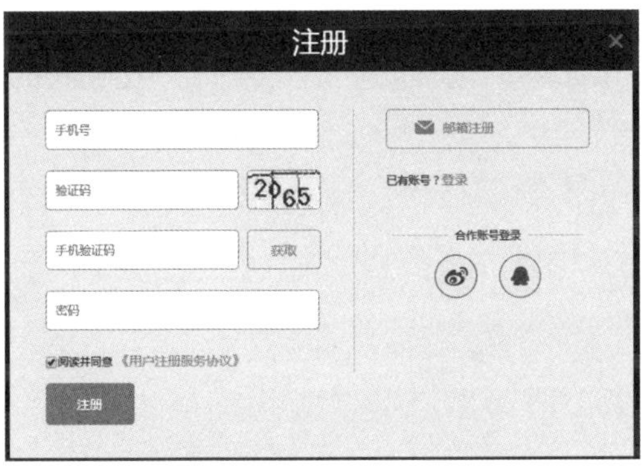

图 5-1　众筹网注册页面

通常来讲，我们可以使用手机号进行注册。当然，如果你还想用其他形式进行注册，不用着急，众筹网也可以通过合作账号的模式，使用微信或者QQ来完成。为了方便，我们暂且使用手机注册的模式进行登陆。

具体操作上，我们可以根据图中白色栏的提示，输入手机号码，填写完验证码后，点击获取，手机会收到一条短信验证码，将这列数字填入第三栏，最后进行密码设置，完成注册（注意：一般同意之前，众筹网都会默认对方已经阅读并同意用户注册协议，此协议具有法律性质，须注册方认真阅读并做详细了解）。

2. 完善个人设置

为了提升项目成功率，可以在个人设置栏中建立属于自己的特色档案。比如，通过手机号注册成功之后，可以给自己取一个性化的用户名。在网址一栏可以添加企业网站，个人说明中也可以加入一些宣传信息，当然还有上传自己喜爱的头像等。这些设置都能在一定程度上为项目加分。

3. 点击发起项目

填写好个人或者企业基本信息后，我们就可以根据自身项目类型选择合适的众筹类型（见图5-2）。如果是回报型、募捐型的可以选择奖励众筹，股权型众筹则选择第二类。选择完毕后，点击“发起我的梦想”。

图 5-2 发起项目页面

当然，做完这些，对于发布一个完整的项目来说还远远不够。完成此项操作之后，我们还需要进入项目发布的后续 4 个过程——填写项目信息、项目详情、回报设置、发起人信息以及进入完成阶段彻底结束发布命令。这些步骤操作完毕后，通过审核，项目才能成功发布在众筹网上。

4. 填写项目信息

在填写项目信息的界面中（见图 5-3），项目发起人需要根据每一个标题灰色字体的要求和提示，比如第一个标题中项目名称不能超过 40 个字，第二标题筹资金额不少于 500 元等等，进行填写。

需要注意的是，项目名称这一栏的填写也至关重要。项目是否能吸引众人眼球，潜在支持者是否会有兴趣点击，与此关系非常密切。项目信息中，如果项目自身具备足够的创意与亮点，还可以通过视频进行宣传，结合视频的传播力、公信力、营销力和成交力四大优势给项目带来与众不同的动态介绍。

此外，在填写募集天数时，项目发起人还需要了解众筹模式的规则，即在截止日期到来之时，如果募集资金没有达到最低额度（目标金额），众筹项目即为失败，所有支持项目的款项将原路返回给支持者。另外，只要募集天数一到，项目支付也会立即关闭，即使还有支持者对项目感兴趣，也无法再做投资。

图 5-3　众筹网上的项目信息界面

5. 项目详情的填写

在项目信息的倒数第二栏，需要填写项目详情，这里一共要填写 4 个详情，分别为“关于我”“我想要做什么”“为什么我需要你的支持及资金用途”以及“可能存在的风险”（见图 5-4）。

填写前，项目发起人可以参考栏目中给出的建议，这些建议都能有效地帮助发起人更好地完成详情的填写。如果发起人希望做得更加完美，还可以通过浏览大量的成功案例，学习其撰写方式和特色，以便吸引更多支持者的眼球，这些做法都能帮助项目更快获得成功。

图 5-4　众筹网上的“项目详情”界面

6. 设置回报方案

回报方案即我们要以怎样的方式回报给支持者、投资者，这部分的设计和填写也在很大程度上决定着潜在目标人群是否支持我们。

在设置回报方案页面（见图 5-5），我们可以根据页面右方的“温馨提示”以及每一项的具体要求进行填写。同时，填写这部分内容时要注意以下 3 个方面。

图 5-5　众筹网上的“设置回报方式”界面

（1）回报档次的设置

众筹项目发起人在设置回报方案时，回报的档次最好是 3 个以上，多设一些回报档次，能给支持者提供更多的选择可能，进而提高项目的支持率。在项目众筹初期，获取粉丝们的支持比获得资金来得更重要，人气的高低决定项目后期的发展。从一元到几百元再到几千元，不同档次的设置，能让更多人加入支持者的行列，使项目在短时间内取得成功。当然，回报档次也不是越多越好，一方面，信息量过多容易让浏览者眼花并产生厌倦之情；另一方面，过多的档次也会在项目进展后期给发起者带来更多的负担。具体来讲，一般以 3 ～ 6 个档次为佳。

（2）回报产品的选择

回报产品最好是项目的衍生品，与项目内容有关的回报更能赢得大家的支持。发起人需要注意“温馨提示”中的提醒，如果回报项目以外的产品，最好选择与项目题材相关的产品，这样不仅能再次衬托项目，而且能给支持者更多的归属感。

（3）回报时间的选择

规划项目时，要合理预判交货期，结合产品实际的生产进度，合理设置回报时间。回报时间既是对支持者的承诺，也是对企业品牌形象的一次考验，一定要慎重对待。

7. 填写发起人信息，提交审核

注意，在填写真实姓名或者公司全称时，这些信息必须与结款时的银行账户名称保持一致，填写时千万要仔细核对，以免之后无法收到款项，影响整个项目的进程。填写完所有信息后，提交审核，就完成整个项目的发布了。

项目完成提交后，众筹网会有两道审核关口：第一道，初审关，网站会对文字及图片进行查验，另外还会根据网站的电子服务协议内容来审核项目是否符合规定，所发布的内容是否属于允许范围，一般初审会在当天完成；第二道，复审关，这个流程相对之前的初审更加专业，需要通过专业的行业运营团队进行相关调查、评估，在这个过程中，通常会对项目发起人个人信息的真实性进行核对，对项目的可行性进行考察，对回报方案及交付风险进行评估等多方面来完成对项目的审核，一般需要 2 ～ 3 天的时间。如果项目顺利通过两道审核关口，那么恭喜你，众筹项目就正式上线了。

5.3 产品介绍：如何才能一秒打动人心

众筹，作为国内刚刚崛起的一种资源整合方式，却有着惊人的发展速度。其中回报型众筹作为众筹网站的主打类型已经有了相当多的分支体系，农业、科技、公益、出版等板块都纷纷加入了回报型众筹的行列。整体来讲，回报型众筹即以产品预售的形式，在网站上通过产品介绍，让参与者对项目做充分了解，从而赢得参与者的支持，最终促成项目获得成功。

毫无疑问，产品是连接项目发起者和支持者的重要纽带。但是在项目开始前期，在支持者真正拿到回报产品之前，支持者唯一的了解渠道就是产品介绍。也就是说，要想获得支持，产品介绍起到的作用就不容忽视。那么怎么介绍产品才能打动参与者并吸引他们出钱支持呢？下面从 4 个方面来进行阐述。

1. 产品的整体介绍，让参与者有个大致的了解

作为回报型的预售产品，在做产品介绍时，一定要标明产品材料、产品产地、售后服务、生产厂家、产品性能等基本信息。虽然预售的产品大多数还在生产阶段，信息不能完整体现，但这些并非一定都要详细地表达出来，当然，同类产品的优势和自身特色信息等重要方面自是必须详细进行描述的，这些都是产品的亮点和获得参与者支持的关键因素。在文字表述时，应注意简洁有力，做到不啰唆、不冗长，同时突出重点。

2. 描述产品的注意事项

不同的产品都有各自不同的特点，所以，在对产品的描述上肯定不尽相同。但是，所有进行众筹的产品在描述上都有一个共同的目的，那就是要吸引投资者的注意力，引起他们对产品的投资兴趣。所以，在描述上，自然就有一些需要共同注意的事项。我们结合实例来具体说明一下。

2015 年 8 月 7 日，在众筹网上有一个叫作“健康云闹钟”的众筹项目发起上线。项目的目标筹集款项是到 2015 年 9 月 21 日筹集资金 1 万元。截至 9 月 8 日，项目支持人数为 42 人，筹集款项达到 9417 元，支持率达到 95%。

（1）描述产品的亮点

一个产品最吸引人的是产品能给用户带来什么，也就是你的产品的亮点在哪里。所以，作为众筹项目的发起人，在描述产品时一定要把产品最吸引人的地方描述出来，让人们看到你的产品能够眼前一亮，觉得这个产品正是自己需要的产品。这样，他才有意愿支持你去开发生产这个产品。

在上面案例中，“健康云闹钟”的描述是这样的：“它是一个可以搜集健康数据的家庭智能终端，自动连接到血压计血糖仪，一键把每次测量的结果发送给您的家人和我们的健康顾问，同时把健康团队的指导意见语音播报。”几句简单的描述，就把这个终端的智能功能做了一个准确的描述，同时，“自动”和“一键”两个关键词，把产品的亮点——解决血压血糖病患者的家庭成员和医生对他们的病情无法做到时时了解的难题——这样一个功能表达了出来。

（2）针对目标人群进行描述

每个产品都不可能满足所有消费者需求，都有自己的特定目标人群，尤其是需要借助众筹来完成的产品，基本上都是为了满足某些人的需求的。那么，众筹项目发起人在描述产品的时候就要针对产品的目标消费人群，进行一些有人情味、有个性的描述，把目标消费者的需求部分突出来描述，让这些人感觉到这个产品就是为自己生产的。这样，这些目标人群中的成员就会有动力和积极性来支持你完成这个项目的研发或生产，成为众筹项目的潜在投资人。

在上面案例所说的“健康云闹钟”项目介绍中有一句描述是这样的：“闹钟变身父母身边的小护士。”一句话直接把产品的目标人群——有些年纪的“父母”这一代人道了出来，并且以“小护士”这样一个温情的词语，激发起为人子女的人群关注这个产品的兴趣。

（3）描述产品时要图文并茂

众筹项目发起人在描述自己的产品时，一定要做到图文并茂。一方面，在当今图文视听的时代，纯文字的东西容易引起视觉疲劳，多数人对纯文字不感兴趣；另一方面，色彩亮丽的图片在给予人们视觉冲击的同时，能够让人们对产品有一个更直观的感觉和认知。人们能够看到自己支持的产品是一个什么样的东西。这样，他们在投资支持时才能有兴趣。

（4）让描述更接地气

众筹项目投资人在介绍产品的时候要接地气，也就是能够让人看得懂、听得明白。众筹项目将要面对的投资人多数都是普通百姓，专业性的东西人们都不太懂。尤其是一些科技类的产品，很多在业内很普通的术语，在普通人看起来也如天书一般。所以，项目发起人在描述产品性能特点的时候，要尽量选用通俗的语言。把专业领域的东西用最通俗、最平实的语言表达出来，让人们知道你说的是什么、知道你在做什么样的产品就可以了。

还用上面的案例来说，“健康云闹钟”是一个高科技的智能终端，但是，在产品描述中，并没有什么专业性的术语，人们看到的只是这个产品对血压、血糖病患者的关爱和作用，是产品作为患者贴身小护士的功能以及给患者和家人医生带来的便利。这就使得这款产品显得十分的直观，从而在随后的众筹开始后就吸引到了许多人的注意力。

3. 项目的风险提示

众筹并非一般的销售，很多产品在未生产阶段就会以众筹的方式进行筹款，所以本身带有一定的风险性。在做产品介绍时，如果只注重表述产品本身能给购买者带来的收益，而没有做任何风险提示的话，势必会让购买者产生很大的顾虑与疑问，这会让产品介绍显得非常轻率，万一产品因一些不可抗力而导致延长交付甚至无法生产，就会给项目品牌带来极坏的影响，因此，风险提示等于是为产品介绍买了一份保险，给产品介绍加了一道安全阀门。这是描述产品时需要注意和必须重视的环节。

4. 产品描述上方式要更加新颖

在描述众筹项目的产品时，文字加图片的描述基本上能够让大多数人对产品有一个直观和整体的了解。但是，如果能够在此基础之上再加上一些音频方面的东西，相信一定会给你的产品介绍增加一些亮丽的色彩，能够让你的介绍更加吸引投资者的眼球。让投资者产生兴趣并把资金投入你的项目，你的目的就达到了。

当然，众筹项目发起人在众筹平台介绍产品时，因为产品的种类不同，在对产品的描述上也会有很大的差别。但是，无论哪种类型的产品，什么样的描述方式，最终目的都是为了能够打动投资者，让他们把资金投入你的项目。

5.4 回报方案，怎么设计更具吸引力

投资就要有回报，对于众筹项目的投资者而言，这个道理同样适用。所以，众筹项目发起人在发布众筹项目的同时，就要把回报方案设计好，连同项目介绍一起通过众筹平台发布出去。那么，众筹项目的回报方案怎么设计才能更具有吸引力，从而获得更多投资者认可并支持呢？

1. 以荣誉和奖励的方式作为回报

一般来说，公益募捐型的众筹项目，基本上没有物质类型的回报，但是，精神层面的回报一定是有的，比如，对募捐达到一定额度的投资者授予荣誉证书等。因为募捐型众筹的支持者在意的并不是物质层面的东西，所以，精神层面的回报更能够吸引到他们。

2. 以股份的方式作为回报

对于股权众筹来说，基本上以股权的方式作为对投资者的回报。具体方式上，可以是直接购买公司股权，也可以是期权，至于采取什么样的方式，要根据公司和项目的情况来决定。在所有的众筹类型中，股权型众筹属于最复杂的模式，它将面对公司架构、股权分配、分红、管理等一系列专业问题。所以，以股权作为回报的众筹项目，在设定回报方案的时候要尽可能的详细，以免后期发生纠纷。

3. 以预售的债券作为回报

预售债券可以说是债券类众筹独有的回报方式。在中国，债券型众筹的模式主要是P2P这一方式，它以利息加本金的方式作为对投资者的回报，因为收益率比较高，所以可以吸引一部分投资者的关注。但是，作为债券型众筹的发起人，在设计回报方案的时候，一定要考虑到这一方式的风险所在，并在回报方案中给支持者描述出来，以免后期引起不必要的纷争。

4. 以产品作为回报

回报型众筹一般都是用产品本身作为回报，根据产品的种类不同，可以分为很多种，在此我们简单介绍几种类型。

（1）有创意的实体产品类

一些有创意的科技类产品，一般会用产品作为对投资者的回报。创意类的产品本身就是吸引人们眼球的一个亮点。如果产品足够有创意，能够满足人们的需求，吸引人们的眼球，最好的回报就是产品。这样的众筹项目一般在产品描述中会把产品自身的特色和功能描述得比较详尽，让人们感知到这个产品的好处。这样，在回报方案中，以产品作为回报，才能够得到支持者的认可和支持。

（2）音乐演艺类

音乐演艺类的众筹项目，一般会以门票作为回报支持者的方式。以这种方式作为回报的前提是，音乐演艺作品本身对支持者是有吸引力的，一般音乐艺术领域的知名人士会以这种方式作为回报来做一些公益类的众筹项目。

（3）出版及作品展

一些文学艺术领域的人士，往往会通过展示自己的作品来开展众筹活动，借此提高自己的知名度，同时把作品更多的推向市场。这种情况下，项目发起方多会以作品作为回报。当然，这种回报方式会根据支持者的投资金额有所限制。以作品作为回报的众筹项目发起人，在设定回报方案的时候要在方案中对自己作品价值和支持者的投资金额有一个明确的界定，避免引起投资人的误解。

也有文学艺术领域的人士想通过众筹的方式出版自己的作品，同时把自己的签名作品作为对支持者的回报。如果项目发起人对自己的作品比较自信，认为作品有市场价值的可以采用这样的方式。

（4）商铺活动类

商铺类的众筹项目，一般会以商铺的免费使用和低价租赁作为回报的条件，也有的商铺类会把支持者参与经营作为回报的条件之一。这种回报方式对投资者的吸引力并不比实际的物质回报低。

2014 年 7 月 22 日，一个名为“让我们一起开书店，寻找属于字里行间的人”的众筹项目在众筹网平台上线，众筹内容是创建一家咖啡加阅读的实体书店，目标筹集资金 50 万元，到 2015 年 8 月 6 日，共完成 1392104 元的筹资额，获得 190 人支持。在他们的回报方案中，支持 20 元，就可以得到 30 元的咖啡券和价值 20 元的一本菜谱；投资 2 万元，就能够与公司签订合伙人协议，参加公司合伙人会议。

这个项目虽然筹资款项数额不小，但是，在短短的 14 天的时间里，就完成了目标筹集金额的 279%。从这一点可以看出，参与经营的回报对投资者的吸引力要比具体的物质回报要大。

无论是哪种类型的众筹模式，在设计回报方案的时候都要事先讲清项目的优势和亮点在哪里；这个项目能够给支持者带来什么；作为投资者，能够从你的回报中得到什么；你的回报给予支持者的东西是否是他们真正需要的。把这几个问题弄清楚了，在制定回报方案的时候就能够有的放矢，针对投资者的需求和自己项目的特点做出具体、合理且能够吸引投资者的方案了。

5.5 如何对项目进行维护

对于很多初创企业来讲，通过众筹获得资金和资源，已经成为获取成功的一种重要思路。也正因为如此，众筹在世界上很多地区都获得了突飞猛进的发展，各种创业点子也是层出不穷。然而，众筹同做其他任何一件事都一样，失败的多，成功的少。对于项目发起者来讲，把项目发到平台上远远不是结束，甚至可以讲，这其实只是众筹的开始，接下来，他们要做的就是盯紧进程和进度，维护和推动项目的进展。

1. 自主推广

2015 年夏天，一个长脸猴子刷爆了荧屏，这个猴子就是孙大圣，这部国产动漫电影就是《大圣归来》。《大圣归来》身上的标签不少，很多数据也堪称奇迹，比如 3 天票房过亿，15 天打破国产动画电影的票房记录等等。这些都为人们所交口称赞。然而，我们在欣赏电影和感慨数据的时候，恐怕还不知道，其实这部电影也是一部众筹电影。在电影拍摄前期，就已经有 89 个支持者，共筹资 780 万元。

但和其他在正规众筹平台上中规中矩进行众筹的项目不同，《大圣归来》并没有选择在较为正式的平台上发布，而是出品人在自己的朋友圈中发布了众筹的消息，将目标对象范围集中在了自己的熟人中。对此，天使汇创始人兰宁羽指出："参与《大圣归来》众筹的投资人主要有 3 类——金融圈的朋友、上市公司的朋友和电影圈的伙伴。是出品人靠自己发的朋友圈的个人号召力集结起来的投资，正是这些'朋友投资人'为《大圣归来》的前期宣传和首周票房贡献出了巨大力量。"

要想项目获得成功，首先就必须获得足够多的人的关注，而要做到这一点，就离不开项目发起人的自主推广。虽然很多众筹平台已经自带推广功能和服务项目，但这并不能成为我们发布项目之后就坐等渔利的理由。事实上，因为项目总数规模的庞大以及单个项目的特殊性，众筹平台所带的推广功能或者服务项目常常无法达到精确推广的目的。

因此，项目发布之后，项目发起人一定要做好自主推广工作。再者，自主推广可以有针对性地、精确地将项目推送给潜在的目标群体，这样众筹成功的可能性也要更大一些。至于具体如何推广，下面还会详细介绍，在此不做赘述。

2. 带动项目筹资额

你以为所有的项目支持者都是网站的普通会员？那你就错了。通常来讲，项目在开始之初，如果没有人支持或者支持人数较少，那么常常会影响其他观望者的信心。因此，很多项目发布之后，项目发起人都会自发推广，甚至直接推送给自己的亲朋好友，让他们支持并帮忙推广，进而达到扩散的目的。在这个过程中，其实也是有意识地在带动项目筹资额的进展。如此一来，就大大加速了筹资进度，并且增强了投资者的信心。

当然，凡事过犹不及，在众筹平台上也不乏这样一些项目——绝大多数支持者都是内部人员，正常普通支持者少之又少。这样虽然不违规、不违法，但实际上也并没有达到筹资、筹资源和推广扩散的目的。

3. 与平台保持良好沟通

既然众筹项目需要依靠众筹平台来进行，那我们就不能在项目进展过程中将众筹平台撇到一边。有很多项目发起人在发布项目之前会和众筹平台保持沟通，但等到发布成功之后，就以为剩下的要全靠自己的努力了。其实不然，一方面，我们需要和众筹平台紧密联系，以便其及时指导项目进展情况，也方便对各种突发情况进行处理；另一方面，众筹平台会为我们提供很多支持、帮助和推广服务，但这一切都还需要我们自身的配合，这同样需要及时、有效的沟通。

4. 及时互动

在整个项目进展过程中，投资人对项目的信心很重要，如果他们持续看好某一项目，那么他们不仅会自己支持，也会发动身边的熟人进行支持。那么怎么建立起投资人对项目的信心呢？我们知道，通常众筹的机制决定了无论是产品还是项目发起人都无法直接面对面地与投资者交流。而投资人需要什么？他们需要能够亲眼所见、亲耳所听，同时他们想知道你是如何花掉他们的钱的。这就需要项目发起人选择合适的方式，及时与投资人进行沟通和互动。

Oomi 是一家来自芝加哥的公司，2015 年，其旗下全新智能产品 Oomi 智能家居系统在美国 IndieGoGo 平台上发起众筹。项目结束后，其以 172 万美金的傲人成绩完美收官。

当然，成功的原因有很多，但一定与该公司与投资者之间的密切互动分不开。项目上线之后，Oomi 公司不仅做好了日常沟通和互动，及时回复投资者的各种问题，还每隔几天与投资者进行一次深入的互动和交流，告诉他们项目的具体进展情况、公司现在正在做什么、什么时候开展闪购活动等等。通过这些互动，他们始终在传达一个信息——我们正在努力推进项目、生产产品，我们会及时将产品交予你的手中。这一系列的举动，不仅让投资人感觉他们受到了重视，而且增强了投资人对项目的信心以及参与感。

没有任何人会希望自己的投资打了水漂或者是失去控制，因此，项目开展之后，项目发起人一定要及时告知投资者项目的进展，让他们知道自己投资的并不是虚无的空气，自己正在兑现承诺。

此外，仅仅告知还不够，项目发起人还必须与投资人做好互动，保持良性沟通。现在众筹基本都是在社交媒体上进行，那么项目发起人就可以通过社交媒体与投资人进行互动。

当然，一个好的项目要想获得大众投资人的支持，需要做很多的工作与“大众”建立起联系，才能获得进一步信任，直到让他们掏出腰包里的钱。所以，如果条件允许，发起人也不妨与重要投资人见上一面，这样将有利于彼此建立起一种更强有力的联系。

5. 多次尝试

众筹失败？是的，这的确是一件让人泄气的事儿，但这事儿是再正常不过的。项目发起人理应有这个心理准备。那么失败了就该偃旗息鼓、搁置放弃了吗？显然不是。这个时候，我们最应该做的应该是总结经验教训，分析错处和不足，然后再次尝试，直至成功。

在众筹圈，同一个项目失败之后卷土重来的案例比比皆是，比如 Coolest Cooler。最初，其于 2013 年在 Kickstarter 上发起了众筹却铩羽而归。但是，失败之后，Coolest Cooler 重新设计了产品，更新了外观，加入了新功能，比如 USB 充电器、可防水的蓝牙音响、内置 LED 小夜灯等等。不仅如此，在项目回报方案和项目展示方式上 Coolest Cooler 也做了调整。

通过这些努力，Coolest Cooler 使自己看起来像是一家有能力生产出优秀产品的“靠谱”公司。并且再次发起众筹，最终获得了成功。

当然，再次发起众筹也不能盲目操作，为了减少失败的次数以及由此而带来的成本、资源和精力等方面的浪费，我们还需要按照以下几种方法来提高项目再次发布成功的可能性。

（1）利用投资者反馈

毫无疑问，产品好不好，为什么不受欢迎，中间出了哪些问题，对于这些问题的答案，你的投资者是最有发言权的。因此，如果项目失败并且打算重新发起项目，那么我们最好收集一下投资人的反馈，并以此作为下次调整的一个参考和依据。并在此过程中时刻提醒自己，投资人要什么、市场要什么。这样的反馈将使你更有信心再次启动众筹。

（2）检查你的时机

众筹失败的原因有很多，产品不具有市场竞争力、回报方案设计得不合理、推广没做到位等等，这些都有可能导致众筹的失败。但最让项目发起人想不到的是，有时项目失败，仅仅是因为时机不对。

举个简单的例子，2015 年上半年，股市大热，很大一部分有些闲钱的人都投身股市。这时候，如果你的众筹目标群体正好是这部分人，那么你很可能就会遭遇失败。再比如，我们知道在节假日，很多零售商和品牌商都会大规模、高力度地搞促销和各种各样的活动，这个时候做零售类回报型众筹同样不利。

因此，在重新启动众筹时，我们一定要合理规划时间，找准时机，选择你的目标受众最有闲钱并且愿意把钱投给你的时候。

（3）更换你的平台

我们知道，现在很多众筹平台都是垂直平台，或者只做某一类众筹，或者有所偏重，这就决定了我们一旦选择错了平台，那就有可能覆盖不到相应的受众目标群体。因此，在重启众筹时，如果确定之前所选的平台不适合自己，那么就可以考虑更换一个众筹平台。

总之，众筹平台并不是童话中的许愿池，不是我们想要就能得到，也不是我们发布之后就会水到渠成。相反，前期发布重要，后期维护更重要。对于整个项目进程来讲，成功发布只是万里长征的第一步，至于最终能否取得众筹的成功，项目发起人是否对项目进行维护以及维护的效果好坏，将起到决定性作用。只有明白了这一点，我们才能有的放矢地推进我们的项目。这对所有人都是一个启示。

5.6 如何推广和实现众筹项目

众所周知，一个好的项目一定会受到众人的追捧，但是如果该项目在发布后没有人知道，或者消息不流通，那么即使再好的项目，成功的可能性也会大大降低。如何推广和实现众筹项目，让更多人参与其中并且在预定时间内达到预期筹资金额？这就需要我们借助更多的平台和资源了。

众筹作为互联网的新生力量，正在茁壮成长，随着诸多大佬的纷纷加入，这一新生力量正在变得更加强壮。互联网时代，我们可以看到这样的客观事实：就是互联网金融模式正在席卷全球，面对每天大量的网络信息，我们无时不刻不被营销，很多的平台都成为了广告平台，每天都在做着不同产品的宣传。作为众筹项目的发起人，我们可以充分利用这些平台，把我们的产品通过各种各样的方式推广出去。究竟如何宣传、如何推广，我们可以通过以下几个方面来进行配合与协助。

1. 一键分享，让转发成为一种时尚

网络时代，随着诸多平台的崛起，更多的众筹项目开始在网络平台上发起并通过网络进行宣传和推广，这些平台主要是社交类型的平台，如QQ、微信、微博，以及和一些综合性的网络平台，如百度、人人网等。

QQ 是拥有 6 亿用户的交流平台，扮演着信息传播的重要角色，QQ 空间及腾讯微博等一系列 QQ 的传播渠道，都能引起众人的关注。除了 QQ，新浪微博也是一个不错的传播渠道，据截至 2014 年的相关数据显示，新浪微博的活跃用户数量可能达到 1 亿多，成为了中国活跃度最高的社交媒体。

近几年，随着微信的崛起，更是上演了一场“微革命”，发红包、微商、微店成为这个时代最流行的代名词，人们像患了强迫症一样天天猛刷朋友圈，一条信息在秒秒钟的时间内就能在无数人手机上传播。众筹项目的发起人选择这些平台发布和宣传众筹项目的信息，不仅实现了零成本推广，还能获得更多支持者主动的转发，让信息传播力度不断加大。下面我们看看如何通过“一键转发”让信息在平台上高速传播。

以众筹网为例，我们打开众筹网，点击项目标题后，会出现项目的浏览界面。在回报方案的左边，有一个分享区域，默认的分享平台有微信、微博、QQ 空间和人人网，在人人网旁边有个“＋”，将鼠标键点击“＋”后，会出现更多的分享平台，如果想要显示更多，可以继续点击平台栏目右下方的“查看更多”，目前在众筹网上，支持一键分享的平台有 100 多家。点击相关的分享平台进入分享界面，你只需输入对应的账号、密码就可以实现分享，在你自己的圈子或者知名的网络平台都会显示项目信息的相关链接，让更多的朋友点击了解具体内容。

2. 团结支持者，将传播队伍扩大

项目发起人的众筹项目发布成功后，通过一键分享的方式让更多人了解到项目的信息，获得一部分对这个项目或者这个领域感兴趣的人们的支持。同时，项目发起人可以通过参与和分享等方式，让最初的支持者成为你的粉丝，让他们也通过一键分享的方式去扩散这一信息。同时，项目发起人可以利用自己的亲朋好友的朋友圈，让他们帮助你把项目信息传播出去。

3. 利用名人效应

对于任何事情，名人效应都能够成为一个吸引眼球的亮点，众筹也一样。众筹项目发起人如果能够让自己的项目或者应用的平台与名人搭上关系，甚至通过引入项目自身与名人相同的理念等，只要能够跟名人沾上边，就能够利用名人效应为自己的众筹项目引来更多的关注和投资。

名为“北京素食地图”的众筹项目之所以能在诸多项目中脱颖而出，依靠的不仅仅是素食星球自身的推广平台，更有知名青年艺术家韩李李的名人效应，韩李李作为一名环保素食者，身体力行地演绎着一位素食者的精彩故事，她的著名漫画人物阿拉兔深受大众的喜爱，粉丝群的极力支持让项目提前完成了目标，取得了成功。

4. 循序渐进，分期达成目标

对于一些需要募集较大金额资金的项目，往往很难在短时间内完成。这时，可以把整个项目分成几个部分，采取分期的方式来完成最终的资金筹集目标。一般这样的项目可以先从短期小额开始，在短期小额目标完成之后，项目的知名度和认可度也会有一个同步的提升，这时再进行下一步额度稍大的众筹，成功的概率也要比第一次更大。对于额度比较大的项目，甚至可以分几次来完成。

一位叫杨易宇的旅游爱好者，想要在拉萨为“沙发客”们建立一个小客栈，他选择了一个500平方米的位置，希望通过众筹的方式来完成这一目标。但是，500平方米的客栈需要的资金并不是一个小数目，对此，杨易宇心里也没底。于是，他采用了分期达成目标的形式。第一次在众筹网站发布这个项目的时候，他的目标募集金额仅为 5 万元，而且，在这个目标的回报方案中，设置了非常有吸引力的回报。结果，原定 75 天完成的募集金额，在 30 天的时候就完成了。初募的成功，给了杨易宇很大的信心，接下来他又发起了为期 38 天金额为 15 万元的第二次众筹，最终，以 17 万元的结果超额完成目标。

杨易宇的这次众筹，就是典型的分期达成目标的众筹。而且，第一次众筹时在网络上的推广和第一次众筹的支持者，对他第二次众筹的成功是起了很大作用的。

5. 让众筹平台帮助推广

众筹平台作为帮助发起人完成梦想的舞台，在诸多成功项目与支持者的拥护下积累了大量的用户数据和资源。除了这些之外，专业的众筹平台都有自己的宣传推广渠道。所以，众筹项目发起人可以与众筹平台建立密切的联系，在产品推广阶段可以让众筹平台帮助自己做好产品的推广和宣传。通过众筹平台帮助推广，让项目发起人在推广项目的同时能学得一些专业的推广技能。

6. 线上结合线下，打一次完美的联合战

作为众筹项目发起人，在众筹项目的审核阶段，可以提前通过线上造势，同时在线下通过路演来宣传自己的产品和项目，让投资者活跃起来。线下路演的时间一般不超过半小时，在这段时间中，我们必须抓住重点，将项目的优势、盈利点以及商业模式充分展现出来，吸引潜在投资者的关注。一旦众筹项目正式发起，这些潜在的投资者就会转化为真正的投资人。

7. 聘请专业团队做项目推广

在一个没有实物的背景下，众筹项目想要获得众人的支持，归根结底还是要靠营销。众筹项目在平台上发布成功，只是众筹的开始，更复杂的还在于后期一系列的推广。这个推广的过程包含了文案书写、图片制作、视频制作、后期宣传及粉丝互动等等，这完全就是一套强大的营销体系。

因为一般的众筹项目都是轻量级的小项目，团队本身也没有很多人，所以，要做到这些，单单依靠众筹项目发起人自己或者自己的小团队，往往很难完成。项目发起人可以聘请一个好的专业营销团队来为自己的项目做市场推广。

美国最大的众筹平台 Kickstarter 背后有 40 亿美元规模的生态圈，依托其上的专业营销服务团队已经相当成熟，可以为这个平台上的项目发起人提供从文案设计、图片拍摄到营销推广等一系列的全程服务。而中国这方面的市场还不是很成熟，但是，项目发起人可以找专业的团队帮助自己做项目的市场推广。

当然，并不是所有的推广渠道都适合你的项目，不同的项目在推广的时候应该是有所侧重的，而且，根据自己项目的不同，项目发起人还可以另辟蹊径，寻找更适合自己项目的推广方式。但是，无论何种方式，把项目推广出去，让更多的人知道，并把资金投入进来，才是最终目的。

第 6 章 众筹制造，那些关于财富的饕餮盛宴

出书、开演唱会、把发明创造推向市场、将有机食品送到百姓餐桌、发动众人一起做公益，甚至为自己的小众爱好找圈子……互联网时代，将这一切轻松实现全都不是事儿！名人未必就能得到支持，普通人未必不能引起轰动，只要愿意，众筹平台，就可以掀起一场关于财富和梦想的饕餮盛宴！

6.1　乐嘉本色：活出真实的自己

随着《社交红利》这本书的意外走红，众筹模式在出版行业异军突起，2013 年 10 月众筹网在北京举行了“众筹制造：让影响力重回作者出版业研讨会暨众筹出版项目发布会”，会议深入讨论了众筹模式对传统出版行业的影响及深远意义。

众筹出版给了所有作者一个圆出书梦的机会，众筹平台上，名人和普通人一样机会均等，如果愿意人人都可以去尝试用众筹预售的方式出版自己的图书。此外，因为众筹预售的方式能够与读者很好地互动，所以越来越多的出版商和作者都加入到了这场盛宴中。其中不乏一些名人。

乐嘉，著名主持人，畅销书作家，在心理学上也颇有研究，在主持之余，早已有多本著作面市。2013 年，长江文艺出版社推出了乐嘉的新书——《本色》。书中，乐嘉通过自我剖析的方式，采用传记形式来写人性。2013 年 10 月 24 日，众筹网推出乐嘉新书《本色》，开启一轮售书新模式。

项目名称：

乐嘉新书《本色》——活出真实的自己。

回报方式：

支持 38 元，乐嘉《本色》新书 1 本（众筹网独家定制版，附赠本色乐嘉珍藏海报 1 张，抢先成为第一批读者）；

支持 76 元，乐嘉《本色》新书 2 本附赠乐嘉“本色 · 活出真实的自己”主题演讲入场券一张。

目标金额：

5 万元。

实际筹资金额：

52662 元。

《本色》新书项目一上线就取得了惊人的成绩，短短一天该项目获得了 330 位支持者，筹资金额多达五位数。

随着电影、科技、动漫、音乐产业不断抢占众筹市场，出版业也开始大张旗鼓进军众筹领域。毫无疑问，众筹模式也为传统出版行业开辟出了一条市场营销的新道路。

网络书店和众筹出版虽然都是通过网络渠道销售书籍，但是两者性质截然不同。网络书店仅仅是把传统出版行业销售书籍的方式搬上了网络，其本质依然属于书店销售。但众筹模式颠覆了这一概念：参与众筹的支持者通过平台的介绍了解了书籍的大致内容，不过该书尚未出版，支持者想要购买书籍需要预付一定金额，待图书成功出版，支持者可以得到项目承诺的书籍及其他承诺品，一般书籍的预售价格会低于市场售价。出版行业采用这一模式可以得到出版发行图书的资金。当然众筹模式带给项目的不仅仅是启动资金，还可以为书籍即将上市做提前营销，或者根据平台支持者的反馈来预测市场方向等等。可谓一举多得。

新书首次应该印多少本？这个问题一直是出版行业最难把握的。传统出版行业通常都是依靠之前积累的经验做出判断，可是一旦判断失误，将会面临两种尴尬的局面，第一种是首印数量太多，书卖不出去，造成大量库存，致使出版社遭受不必要的损失；第二种情况是首印数量太少，书籍不够卖，加印过程一般长达半个月甚至更长时间。半个月过去后，读者对该书的热情已经消减，这势必影响书籍的销售量。

众筹模式的出现，给了出版行业一个新的大数据来源，通过众筹平台的这种预售方式，不仅可以直观地看到该书在未来的销量，让发行商在书籍未出版前就了解到多少人有购买意向，相对精确地计算出大致销量，确认首印数量，也能及时得到支持者的反馈意见。而且，众筹网站采取预付款的形式，有效地降低了书籍的印刷风险。

对于新人、新话题来说，采用众筹模式观察市场反应不失为一种好办法。近些年出版行业不太景气，一本书首印只有几千册是再正常不过的事儿了。如果能准确把握市场脉搏，提前预知书籍对市场的冲击力，就能让图书出版的成功率大大提高。

图书众筹模式，让用户出资支持书籍仿佛似乎不再是最重要的，作者和出版社的聚焦点更多地放在了众筹平台带来的市场数据。一本新书众筹预售过程能带给市场一定的冲击力，会大大增加出版商的信心。正如那本在众筹领域创造奇迹的《社交红利》让出版商看到了希望，众筹交出的市场问卷让一本新人撰写的图书首次就印刷 3 万册，达到畅销级别。在传统出版行业，一个毫无名气的作者能获得这样的成功无疑是个不大不小的奇迹。

当然，要想使书籍通过众筹模式得到一个好的结果，作者本身也是不可或缺的因素。乐嘉《本色》项目中，一天能够聚集那么多的人气和资金量就不得不归功于作者自身的社会影响力。他有自己固定的粉丝，众筹平台又为其提供了一个发布消息的渠道，从而更好地推进了书籍的宣传及销售力度。

据统计，名人图书与经管类图书在众筹网的成功出版率相对较高，由此可见，并非所有类型的书籍都能在众筹模式的“推波助澜”下登上高峰，书籍在选择发布平台上要根据自身的特点来操作，这样才能一炮走红，将成功率大大提升。

结合以上内容分析，大家是否认为众筹模式一定可以给图书带来零风险收益呢？其实答案并非确定。我们知道，一个行业的风险不仅仅在于营销手段是否高明，更重要的是产品自身的品质。众筹只是提供了一个展示平台，成功的营销能帮助项目顺利启动，但是项目最后成功与否，还是取决于支持者对最后获得的产品的满意度。作为一名众筹图书项目的支持者，他的角色不再仅仅是一名普通的读者，而是蜕变为一个书籍项目的预期投资者，支持者们与出版商、平台共同合作，与作者一起走过策划、出版、发行的全过程，最终与他们一起分享书籍成功出版的喜悦。

总之，风险虽有，但出版行业在众筹的舞台上显然可以挖掘到更多的价值。从《社交红利》到乐嘉《本色》，我们看到众筹出版的社交基因，而众筹平台是否真的能为出版行业开启一个全新的商业模式，我们唯有拭目以待。

6.2　清华金融评论：每个人都看得起的顶级财经杂志

2013 年 12 月 17 日，清华大学五道口金融学院牵手众筹网，为推出名为《清华金融评论》的杂志在北京共同举办了发布会。发布会参与知名人士众多，有清华大学五道口金融学院常务副院长兼本次项目杂志主编廖理、众筹网 CEO 盛佳等。众筹网又一次向出版行业伸出了橄榄枝。

《清华金融评论》是一本由清华大学主办、清华大学五道口金融学院承办的杂志，内容主要涉及一些金融形式的经济分析和研究、相关政策的解读及评论，还包括一些建议及智囊参考。杂志结合学术、实务与时政于一体，实现了清华大学与金融界的交流，这些权威的金融信息将帮助出版社打造一本顶级的财经期刊。

项目名称：

众筹制造，《清华金融评论》每个人都看得起的顶级财经杂志。

回报方式：

第一类，支持 0 元，即免费参与“金融改革大家谈”活动，将自己对金融改革的观点写在备注中，杂志主办方会选出 100

条有独到见解的观点评论放到杂志准数栏目，并附带署名及展示照片，同时免费获得收录自己观点评论的杂志。

第二类，支持 1 元获得试刊号电子版杂志。

第三类，支持 10 元获得原价 20 元的 2014 年印刷版首刊。

第四类，支持 100 元、500 元、1000 元、5000 元，各享受全年低于半价的包邮优惠活动，获得金额相应数量的全年首刊，并优先获得参与杂志主办的线下讲座、沙龙入场资格。

目标金额：

5 万元。

实际筹款金额：

85209 元。

支持人数：

913 人。

《清华金融评论》项目试水众筹网 2 天不到的时间，筹集金额已达 3 万元。短短 3 天便超额完成 5 万元的筹资目标，最终募集资金 85209 元，将近目标金额的 2 倍，分享项目页面超过 20 万次，60 多家媒体关注此次牵手项目并做了相关报道。2013 年该项目成为众筹网最受关注项目之一。

众筹模式即将引领这样一个时代——“读者正在为一篇篇没有成型的文章进行埋单”。《清华金融评论》项目令每一位参与者都从中受益，并为他们提供了一本“每个人都能看得起的顶级财经杂志”。

众筹元素的加入，让杂志变得更加丰富多彩。采用创新的发行方式，加入多种预售形式，前所未有的特价优惠，让投资人获得了额外惊喜和福利，这些元素的注入，不仅为杂志增添了更多的人性色彩，还给有此需求的读者们带来了一份巨额的“价值共享”，让每个关注者都受益匪浅。

清华大学五道口金融学院常务副院长暨《清华金融评论》杂志主编廖理表示，学院将成立互联网实验室。众筹网线上结合线下的资源整合能力和推广项目的宣传能力都是学院方面相当重视和关注的，正是有这样一个的平台，才使《清华金融评论》项目一上线就能立即得到众多粉丝的支持。互联网云概念的模式得到迅猛发展和有效运用，使得众筹渐入佳境，营销模式不断创新，促使《清华金融评论》项目选择众筹网开启预售发行，从而取得了超过预期筹资金额近两倍的优秀成绩，成功开辟了传统金融与互联网共同合作发展的全新道路。

众筹网日趋成熟的融资、孵化、推广模式为《清华金融评论》杂志项目奠定了成功的基础。利用互联网众筹模式去销售一本关于财经专业的杂志，在传统杂志出版行业看来，标新立异感十足。同时，项目取得的成果给杂志众筹领域带来了一次成功的示范。

从娱乐众筹、出版众筹再到学术众筹、杂志众筹，众筹网不断努力制造成功、复制成功，完成一次又一次华丽的表演。而对于项目发起人来说，只要你有新奇的点子，众筹模式就能为你制造一部商业化运作的剧本，让你亲临一场草根变明星的现实童话。

如果说传统营销针对的是市场，那么众筹带来的营销不仅仅面向市场，更是直面每个读者，马云说“未来是 C2B 的时代”，互联网变革正在上演。众筹模式的开启让读者不仅成为了购买者，也成为了杂志出版的参与者。众筹网提供了读者与杂志的交流平台，让每一个支持者都能近距离与《清华金融评论》互动，通过这一模式，杂志可以将读者的需求作为下一步运作的信息源，读者的参与也将成为杂志出版的一部分。

出版行业的相关人士也对《清华金融评论》杂志牵手众筹做出了评论，

称众筹开启了一对一的定制模式，标新立异、创意色彩比较浓厚。这些因素都能给项目带来更开阔的前景。众筹预售模式还能通过数据的统计提前判断《清华金融评论》的市场前景，继而对后续杂志的受众群体做出准确的定位和估算，通过大众的评价和提供的建议又能及时在内容上做出调整，对杂志正式推出做出有利的助推，降低市场风险，减少出版商印刷过少或过剩的烦恼。不得不说，众筹元素的加入，让出版商在充分了解市场的基础上，将杂志与读者的关系拉近，让杂志内容更符合读者所需。众筹，无疑将读者需求和杂志出版完美地结合在了一起。这种创新精神将为传统的出版行业试探出一条更有效的营销路线。

6.3　汇源有机草莓，每一颗都珍贵

2014 年 1 月 21 日，汇源集团在众筹网站上发起了“汇源有机草莓，每一颗都珍贵”的项目，项目上线后立刻得到众多网友的支持，很快就完成了预期目标金额。这一成功也标志着农业板块在众筹领域的崛起。

随着互联网金融行业的兴起，众筹带领众多传统行业进军互联网领域。2014 年 7 月 31 日，“众筹革新农业”发布会的顺利举办，标志着众筹网携手汇源集团等企业共同进入农业众筹的肇始，同时众筹网农业众筹板块正式上线。

项目名称：

汇源有机草莓，每一颗都珍贵。

“汇源果时汇有机草莓，珍贵在于坚持。坚持生态耕作、坚持无污染培植、坚持自然生产，默默守拙的力量，却是能够平衡天地与人的力量。”

回报方式：

支持 108 元，获得 2 盒价值 68 元 / 盒的有机草莓；

支持 198 元，获得 4 盒价值 68 元 / 盒的有机草莓；

支持 278 元，获得 6 盒价值 68 元 / 盒的有机草莓；

支持 348 元，获得 8 盒价值 68 元 / 盒的有机草莓。

备注：所有草莓从采摘到送达都在 24 小时之内，以保证草莓新鲜品质。

目标金额：

1 万元。

实际募集金额：

12992 元。

“汇源有机草莓，每一颗都珍贵”这一农业众筹项目在众筹网能够一举获得成功，从各方面来看并非偶然，因为众筹模式让消费者尊享低于 8 折的市场价，优先尝到 24 小时内新鲜采摘的有机草莓，如此优惠，消费者何乐而不为？在项目品牌和众筹网宣传的影响力下，传统农业再添亮点。

现代城市快节奏的生活方式，让都市人群倍感压力，多数人都对城市生活感到厌倦，他们想要一块属于自己的净土与大自然交流，吃到无公害的有机水果和蔬菜。汇源有机草莓的出现则刚好为都市人群“解渴”，在纷繁忙碌的大城市给人们带来一份绿色的希望。

众筹网通过互联网优势，整合有效资源，搭建社交舞台，分享全方位信息。通过众筹网开拓全新的思维方式进军农业领域、增加农业品牌效应、发展创新农业形式、突破传统农业观念，将众筹与传统农业完美的结合在一起，并借此孕育出新型农业类型。

农业，作为国民经济的第一产业，其发展态势体现了社会的整体格局。汇源集团从果汁拓展至农业领域，致力打造世界级的农业平台。农业属于传统行业，但是新农业的诞生将农业、梦想、生态等各方因素结合了起来，并谋求共同发展。

“一批水果即将采摘，如果找不到相应的买家，农民可能会渐渐失去种植的热情和动力”，这种情况的出现常常令人担忧。下面是来自一个农村孩子的心里话：“自从进城工作后，我常回到家乡，发现很多农民都不再种地，耕作知识也没有继续传承下去，也许不到 5 年时间，我们村子将找不出一个会种水稻的年轻人。”销量决定生产，面对农业生产的时效性，我们必须要从农民的切实利益出发，促进农业的全面发展。

1. 农业众筹，传统 + 革新

农业众筹可以给农业带来新的生机，众筹作为互联网金融的一个分支融入传统的农业领域，的确显得很新颖。这种以互联网为媒介的经营模式给传统农业增添了一道亮丽的风景线。项目发起人可以先通过众筹网筹集资金，然后让农民根据众筹时提出的需求进行种植，培育出农产品后跳过销售环节直接送达消费者。

这样的众筹模式也可以简单定义为农产品的预售。预售形式不仅节省了营销所花费的精力和时间，还能有效降低农产品的滞销风险。在国内，随着众筹模式的开启，农业领域紧跟其后，众筹网继推出农产品众筹项目后正式上线农业众筹板块，将农业作为平台的重点板块之一大力发展。除了众筹网，其他众筹平台也不甘示弱，纷纷上线农业众筹。

此外，众筹模式多样化的回报方式，甚至可以让消费者直接参与农业的种植与收成，在一些创新的农业项目中会设立体验种植的活动项目，包括插秧、收割等种植环节的参与，结合亲子理念让家长与孩子在学习的过程中还能够一起品尝自己的劳动果实。以种植为生的农民不再是独自劳作，而是让整个村子的人共同劳作，在使村子变得更加团结的同时，农民们还能享受到合作共赢、共同进步的乐趣。这样便能充分调动农民劳作的热情，仿佛回到了最初那个淳朴的耕种年代。

农业众筹正值刚刚起步之时，兴许诸多新元素还未完全注入其中，未来参与众筹的消费者们可能会以不同形式加入其中，农业不再单单是一种农产品，而成为了使买卖双方升级为合伙人的催化剂，消费者作为农产品的投资人出现在了农业板块，在农产品整个生产过程中扮演了一个直接参与者的角色。这种模式更强调双方的协作、沟通、信任，真正深入了解了消费者的喜好，将来的产品才能更加符合消费者的需求。

2. 食物安全升级，带给消费者更多信任

在面对当下诸多食品安全问题的社会背景下，消费者的信任在食品领域可以说起着举足轻重的作用，很多城市居民甚至开始自己掏钱在农家乐包一块小土地种植蔬菜水果，很多超市也在蔬菜销售的包装外贴上有机标签来取得消费者的信任。

消费者对食品安全越来越重视，这一现状给传统农业结合互联网众筹提供了基础，而角色的转变，相当于给食物设立了一道安全门，带给消费者更多信任，这将是一个全新的市场。参与感让消费者得到更大的附加值，F2F(Farm to Family) 和 C2B（Customer to Business）模式的开启将把传统彻底颠覆，消费者主导的时代即将来临。

我国传统农业转型是必然趋势，随着众筹模式日渐成熟，农业众筹板块的上线将为消费者与农民带来双赢的局面，路漫漫其修远兮，尽管农业众筹发展迅速，但将来的路还很长，一刻也不能放松警惕。

6.4　杨坤“今夜 20 岁”2014 北京演唱会

综艺节目《中国好声音》在中国刮起了一阵音乐风暴，除了选手之外，节目的热播也让导师们备受瞩目。而著名歌手杨坤作为《中国好声音》第一季的导师，更是在节目中频频宣布要在全国 32 个城市举办个人巡回演唱会，从此“杨 32 郎”也同节目一样家喻户晓。

2014 年 8 月 14 日，杨坤演唱会项目正式上线众筹网。演唱会于 2014 年 10 月 25 日在万事达中心举办，杨坤与歌迷们一起回到 20 岁。令人称奇的是，该项目在短短 24 小时内竟成功募资超过百万，成为 2014 年募集资金最高、完成目标额最快的众筹项目。杨坤也开启继那英之后第二个玩转演唱会众筹的歌手。

项目名称：

杨坤“今夜 20 岁”2014 北京演唱会。

回报方式：

支持 350 元，获得原价 380 元演唱会门票 1 张；

支持 600 元，获得原价 680 元演唱会门票 1 张 + 海报 1 张；

支持 800 元，获得原价 880 元演唱会门票 1 张 + 签名海报 1

张；

支持1200元，获得原价1280元演唱会门票1张+签名海报1张；

支持1500元，获得原价1680元演唱会门票1张+签名海报1张；

支持1万元，获得原价1680元演唱会门票7张+签名海报7张；

支持3万元，获得原价1680元演唱会门票20张+签名海报20张；

支持10万元，获得原价1680元演唱会门票70张+签名CD10张+签名海报10张+签名笔记本10本+参加演唱会庆功宴+与杨坤合影留念。

目标金额：

100万元。

实际筹资金额：

1002900元。

“前两天，他出资为那英姐姐举办了演唱会。”哪位土豪为那英姐姐举办了演唱会？他不是别人，“他”可能就是我们中间的任何一个人，只要我们参与支持，都能成为那个“他”。众筹让梦想走进现实，创新的模式为音乐增添了新的色彩，众人拾柴火焰高，通过众人的力量，没有什么不能办的。

互联网的普及化与传播速度促使众筹在短时间内就开辟了一条全新的航道，引来身处世界各地不同领域的人纷纷参与，并借此实现了他们曾经认为遥不可及的梦想。近两年来，音乐圈似乎不太景气，随着众筹模式携手科技、出版、农业等板块之后，音乐领域也紧随其后，搭上了这一班顺风车。众筹能给娱乐圈带来什么样的影响，我们无法想象。而实际上，在音乐众筹方面，国外早有先例。众筹网站 Artist Share 于 2001 年开始运营，在其众多的成功项目名单中，取得过共计 6 座格莱美奖杯和 21 项格莱美提名的佳绩。

在国内，有些众筹网站在运营上已相对成熟，众筹板块中，音乐类的众筹也较为活跃，很多个性音乐人都会通过众筹网来筹资演出或者出版专辑。

1. 好的题材，成就音乐众筹

杨坤的巡回演唱会在玩转众筹的同时加入了新的题材，这一亮点是其取得如此巨大成功的原因之一。

《中国好声音》节目为杨坤提供了一个重新进入大众视野的闪亮舞台，导师杨坤的出色表现吸引了大量观众的眼球，在此之际，宣布举办演唱会无疑具备了天时、地利、人和三大因素。而且，众筹网对杨坤个人介绍的开场白以及演唱会的新颖主题等无不触动着每一个粉丝的神经。

“他，是中国乐坛集创作、演唱、制作于一身的全能型艺人。”

“他，拥有极具辨识度的性感嗓音。”

“他，是众人皆知的 32 郎。”

“而这次，与数字无关，他要与你聊聊青春。”

“关于梦想，年轻时候未曾敢做。今天，来一次疯狂的梦想之旅。”

“10 月 25 日万事达中心，杨坤和你一起回到 20 岁。”

是的，正是这个 20 岁，让很多人回忆起曾经的青春与梦想，20 岁，一个极具诱惑力的年龄，抒写着每一个人内心深处对青春岁月的追忆与感怀。在内心与音乐的撞击下让人不禁迫切想要重回 20 岁时的梦境，只此一夜。

2. 音乐众筹，一种新的营销手段

音乐人效应始终是众筹模式的主流，在知名众筹网站上常常会有主流音乐人的身影。需要指出的是，这些众筹的核心已经不再是筹集资金，而更多的是为娱乐炒作增加新的元素来收获粉丝们的关注，众筹似乎已经作为一种营销和制造新闻的手段。音乐众筹配上一个好故事、新颖的题材和热门的话题，这些将为音乐本身做足宣传，加大后期销售的推广力度。无论是演唱会还是音乐专辑的售卖，众筹模式都可以为其带来巨大的附带价值。

3. 众筹，让演唱会变得胸有成竹

众所周知，众筹模式天生具有社交基因，它既享有互联网带来的数据快速浏览的优势，又兼具参与者与项目的信息交流价值。演唱会如果通过众筹模式在全国进行巡演，可以在网上直接了解各大城市粉丝们的支持率，不仅为演唱会本身做足了宣传，更能有效解决演唱会规模与人数不匹配的尴尬局面。众筹，让演唱会主办方变得胸有成竹，通过平台的充分交流还能为粉丝们制造出一场别具一格、属于他们自己的“惊喜”。众筹让音乐变得不再单调！

杨坤“今夜 20 岁”2014 北京演唱会的项目无论在筹集资金还是目标完成时间都给演唱会众筹模式带来了一种新的启发。众筹让歌手与粉丝更加亲密，在一项回报方案中，支持者甚至可以亲临演唱会庆功宴和杨坤零距离合影。

众筹模式日趋成熟，演唱会众筹的成功将预示着明星产业即将进入一个全新的互联网舞台。明星的众筹模式已经开启，粉丝们拭目以待吧！

6.5　全球首创，LOMO 拍立得相机

科技带来的时代感让你我漫步云端，进入一个不可思议的生活科技之圈。近年来，众筹掀起一股科技风，很多众筹网站在科技板块都做得风生水起，完美上演了一次又一次科技进步和革新。

2014 年 6 月 12 日，“全球首创 LOMO 拍立得相机”项目正式上线众筹网，项目发起人在众筹网站充分描述了产品的特色和优势，通过图文和视频等多种方式直接向众人展示了产品，为众筹的科技领域又增一道星光。

不仅如此，作为全球首创的 LOMO 拍立得相机，其预售价格也十分诱人。为了满足更多用户的选择需求，项目在回报方案中采取了不同的组合。而且在目标额达到之后，项目还根据具体的支持情况为每一位支持者准备了额外的礼物和神秘惊喜。如此精心的设计，不仅为科技众筹增添了一份文艺色彩，而且俘获了大量的 LOMO 粉丝。

项目名称：

全球首创 LOMO 拍立得相机。

回报方式：

支持 350 元，回馈 1 台配备 24 毫米广角镜头、外置闪光灯

和彩色滤片、可拍摄重复曝光、长时间曝光及半格照片的经典配色 Diana Mini 迷你戴安 LOMO 胶卷相机连胶卷 1 卷；

支持 589 元，可以用近乎成本的价格获得配备广角镜头的白色 / 黑色版本 Lomo′ Instant 相机 1 台。Early Bird 限量提供（白色、黑色各限 60 人）；

支持 689 元，独家呈献，可以用低于零售的价格获得 1 台配备广角镜头的白色 / 黑色版本 Lomo′ Instant 相机，限量提供（白色、黑色各限 199 人）；

支持 889 元，可以用远低于零售的价格获得 1 台配备广角镜头的众筹配色（此版本仅供众筹项目）/ Sanremo 限量 Lomo′ Instant 相机，限量提供（众筹配色版、Sanremo 各限 199 人）；

支持 1080 元，可以用低于零售的价格获得 1 台配备广角镜头的众筹配色（此版本仅供众筹项目）/Sanremo 限量 Lomo′ Instant 相机外加鱼眼镜头和人像镜头各 1 个（众筹配色版、Sanremo 各限 99 人）；

支持 3880 元，收藏呈献，可以用最优惠的价格获得 Lomo′ Instant 相机首次发行全系列 4 个版本的相机再各自配上 1 套鱼眼镜头和人像镜头，名额有限，仅供众筹项目（限 12 人）；

支持 8880 元，可以用最优惠的价格获得 LOMO 拍立得至尊藏家套装，Lomography3 款最珍贵的限量级别拍立得相机。套装包括 1 套众筹限量版本 Lomo′ Instant 相机外加鱼眼和人像镜头，1 套限量发行的 LOMO LC-A+ 20 周年纪念版本拍立得特别套装外加超广角镜头，1 套真皮黑金 Belair 大画幅风琴拍立得相机外加限量人像镜头，共 3 套时值过万元（仅供众筹项目，限 6 人）。

目标金额：

10 万元。

实际筹资金额：

293867 元。

全球首创的 LOMO 拍立得相机，给了每一个拥有者拍摄后立等显影的真实感动，众筹元素的加入，让项目发起人与参与者建立起了良好的纽带，无论是项目发起人还是参与者都能从中获得意想不到的惊喜。最终，众筹结束之后，LOMO 拍立得相机项目获得了近乎目标金额 3 倍的筹资金额，在科技领域为众筹再添辉煌。

科技研发和创新一直是比较热门的话题，项目独具一格的技术和理念可以让创业团队通过自身的能力和优势开启一条创业之路。但是，现实永远是残酷的，资金的不足、营销宣传渠道的不通畅等因素扼杀了无数具有创新色彩的科技产品。虽然在国家政策支持下，很多好的项目可以拿到国家的专项基金，但是对于绝大多数刚刚步入这一领域的创新者们而言，这一切都还太遥远。但是众筹模式的崛起，让这些创新者们看到了希望，看到了前进的方向。具体来讲，众筹模式可以从以下 3 个方面有效地帮助科技创新者们。

1. 免费的广告效应

众筹模式关注度日益倍增，作为一个创新理念，一旦项目成功问世，必定引得媒体追捧，尤其项目本身如果自带很多吸引眼球的元素，更可以不费周折地成为媒体界的宠儿。很多企业希望通过互联网效应来加大宣传力度。众筹模式能成功满足这一需求，做一个亮点十足的免费广告。对科技创新领域来说，众筹提供的平台可以完美地把销售与宣传融为一体，通过众筹广告效应，实现筹资源、筹人脉、筹思想三位一体的效果。

2. 预测市场

科技众筹作为回报型众筹的一类，常常附带自身的商业价值，在发起人没有充分了解市场的前提下，众筹作为产品预定的平台，可以起到一定的市场调研作用。通过项目的支持人数，可以预知产品未来的销售趋势，有效地降低了不可预估的市场风险，而且能够帮助企业合理调配资源，降低库存过剩的可能性。众筹网站将成为项目市场价值的全新指向标。

3. 降低融资成本

对于刚刚起步的创业公司，资金短缺无疑是最大的问题，也是制约企业发展最大的瓶颈。然而，市场从来就不缺资金，缺的是一个好的项目，但是想要获得权威风投的青睐，门槛又太高，能入法眼者屈指可数。众筹模式的开启，让资金问题变得容易起来。众筹作为融资平台，降低了企业的资金成本，没有利息的融资模式让企业实现了零负债，给企业发展和现金流安全带来了巨大助益。

科技众筹“全球首创 LOMO 拍立得相机”在众筹网上的成功标志着众筹又一次成功开拓了新兴市场。作为科技众筹的成功项目，LOMO 拍立得相机也再次为我们证明了一个事实——只要有好的产品、好的创意，众筹就可以让梦想变成现实。

6.6 海钓达人：海钓人的终极梦想

2014 年，国内众筹平台纷纷崛起，众筹领域迎来了非凡的一年。出版众筹、音乐众筹、农业众筹、科技众筹都给众筹添上了个性化色彩。除了这些行业之外，旅游行业也赶着新鲜劲儿，搞起了旅游众筹。

2014 年 4 月 11 日，“海钓达人”项目正式上线众筹网，青岛旅游集团作为项目发起人，率先试水旅游众筹。

项目名称:

海钓达人——海钓人的终极梦想。

回报方式:

支持 100 元，获得小型船近海体验（2 小时），免费使用 2 套海钓工具;

支持 400 元，获得小型船近海体验（2 小时），海钓 4 人或包船（2 小时），免费使用 2 套海钓工具;

支持 500 元，获得近海垂钓船，海钓 1 人（4 ~ 5 小时），免费使用 2 套海钓工具，并获得 50 元海钓俱乐部代金券;

支持 960 元，获得近海垂钓船，海钓 2 人（4 ~ 5 小时），免费使用 2 套海钓工具，并获得 120 元海钓俱乐部代金券；

支持2000元，获得近海垂钓船，包船限5～7人（4～5小时），免费使用 2 套海钓工具，并获得 200 元海钓俱乐部代金券；

支持2400元，获得近海垂钓船，包船限6～8人（7～8小时），免费使用 2 套海钓工具，并获得 240 元海钓俱乐部代金券。

目标金额：

3 万元。

实际募集金额：、

43100 元。

旅游遇上众筹，这是多么新鲜的一件事。很多人都想“来一场说走就走的旅行”，这个理念也让很多人对旅行有了新的定义。众筹模式的诞生，将这一话题变得更加有质感，在结合了旅游与众筹两者优势之后，全新的旅游众筹将打造一个全新的旅行方式，为更多支持者们定制属于他们自己的旅行服务。

众筹模式如今已经玩转全球，旅游板块的加入，让它变得更加丰富。“海钓达人”项目上线之后，短短 24 小时内，项目的募集金额就突破了 117%，进展非常顺利，也为旅游众筹开启了一次全新的探索。

当然，随着《渔业法》以及相关政策的出台，在世界动物保护协会的呼吁下，关于捕捞活动，各国都将会陆续采取相应的措施加以控制或者禁止。鉴于鱼类资源有限，所以，海钓可能只是一种宣传手段而非一个长期项目。在选择旅游众筹项目的时候，旅行社应尽可能加入人文情怀元素，这样不仅能给旅游众筹带来美好的前景，还能增添一份温暖人心的色彩。

1. 众筹与旅游，共享资源，茁壮成长

旅游行业之所以能带来更多的商机，大部分是源自游客效应。旅游本身就是一个多人参与的群体行业，需要面向规模足够庞大的受众群体。而众筹则是一个众人集资的概念，能够为旅游行业提供“人”的基础，带来巨大的经济效益。并且，前去旅游的游客都成了投资人，他们的角色就不单单是游客，而是游客与投资人的完美结合，他们在推动项目启动的同时享受着项目带来的乐趣。在众筹与旅游的结合中，两者都能从共享资源中一起壮大。

2. 旅游众筹，前途光明

在大部分众筹平台中，我们都可以见到出版众筹、音乐众筹、农业众筹等的身影，但是唯独不见旅游众筹的一席之地。旅游众筹到底有没有市场，很多人心中不免存在疑问。

随着中国经济迈向新的高度，旅游行业的脚步也紧随其后。2015 年全国旅游工作会议的召开，为旅游的方向做了大致的定位，未来可以预见的是，旅游行业将从单纯的观光型转变为参与体验型，而这个转变正是旅游众筹的发展趋势。

总之，中国的众筹元素在不断深化，旅游众筹也将迎来全民化趋势，并快速进入大众视野，从这个意义上讲，旅游众筹的前途将一片光明。

3. 深化服务，定制游客的个性路线

旅游众筹如果想要走得更远，就要通过平台的构建让参与者与旅游企业有更多的沟通，来自参与者的宝贵意见将有可能颠覆旅行的传统规则。我们欢迎“来一场说走就走的旅行”，我们更加欢迎提供这种旅行的平台，众筹模式筑造了一个深化服务的资源场，旅游企业可以在这个整合资源的平台上深化服务，定制属于游客自己的路线，提供更加多样化、个性化的

回报方式，真正使旅游众筹成为推动旅游项目发展的一个助推力量。

毫无疑问，旅游众筹和其他类型的众筹一样，早已超越了筹资的属性，有了众筹平台的支撑，旅游行业必将出现一些新的、良性的变化。我们期待一个属于旅游众筹的狂欢之夜。

第 7 章 选择优势项目，跟优秀投资人一起投资

对于众筹投资人而言，投资项目的好坏，与后期的风险和收益是密切相关的。而投资众筹项目的普通投资者，往往没有很强的判断众筹项目优劣的能力。因此，我们急需跟随优秀的投资人一起来看一看普通投资者怎样选择优势项目，以及怎样规避投资中可能遇到的风险。

7.1　投资人应该选择什么样的项目

网络平台上，众筹项目就像商场里的商品一样琳琅满目，让人眼花缭乱，无从选择；但另一方面，在项目繁多的同时，我们却不得不面临着这样一种情况：那就是优质项目少。作为投资人，在选择投资项目时，都会尽可能地选择有政府政策扶持的新项目。现下众筹平台分类众多，模式各不相同，很多平台常常面临缺乏优质项目的困境。以股权众筹领域为例，通常，在 100 个项目里，很多投资人可能仅对其中 5 个项目感兴趣，即便如此，这些项目也依然是大同小异。分析人士称，当前市场不缺钱，当然也不缺项目，缺的是优质的项目！

我们为什么要进行投资？相信很多人都会想到投资的回报。的确，对于普通大众来说，更值得关注的是实际操作带来的切实利益。而对于投资人来讲，能够获利，赢得精神和利益的双重回报，则和项目的质量休戚相关。那么，很多投资人不免会有疑惑，究竟应该选择什么样的项目呢？对此，以下几点可供参考。

1. 盈利模式切实可行

盈利模式是一个项目最核心的部分。投资人只有清晰了解创业项目完整的盈利模式才能更好地选择投资方向。在国内相当多的实例中，项目创意构思都非常不错，唯独没有一个好的盈利模式，导致项目最终无法持续进行下去。所以，投资人在选择项目的时候要清楚项目和企业是否有切实可行的盈利模式，并以此作为自己选择投资该项目的条件之一。

而在企业方面，在创业之初，无论是企业还是具体到每个项目上，都应该有一个具体可行的盈利模式。这样，一方面有利于企业后期的持续发展；另一方面，也能保证投资人对企业有一个清楚认知和了解。

2. 创业项目具有可操作性

每个项目发起人在发起项目之初都有很多美好的想法，但实际操作起来又常常遭遇项目推进不下去的困境。所以投资人在选择项目的时候，一定要仔细考察项目的商业计划是否可行、项目是否具有可操作性，这些都是评判一个项目在运行过程中能否取得成功的关键。

上海的仇先生专注于国学教育，一心想办一家国学幼儿园。2014 年 4 月，通过朋友介绍，仇先生考察了一家位于奉贤区的幼儿园，该幼儿园因为办不下执照意欲转让。考察之后，仇先生非常满意，相信凭着自己的办学理念，一定可以让这家幼儿园持证上岗。

但是，幼儿园 120 万元的天价转让费对仇先生来说无疑是天文数字，抱着试试看的心态，仇先生在微信朋友圈里发出了一个众筹的帖子，希望通过众筹的方式筹集到这笔资金，完成自己办学的意愿。

帖子的内容很诱人，“只要 2000 元，就可以拥有自己的幼儿园！让我们一起开办……”仇先生承诺，每位投资者都可以按照比例成为这家幼儿园的股东。

网友对这件事情的热情远远超出了仇先生的意料：仇先生发出的筹款目标金额是 130 万元，不到 1 个月的时间，仇先生就筹集到了 138 万元。然而，让仇先生更没有想到的是，在交付了 120 万元的转让款之后，却得知该幼儿园是本应被取缔却顶风开张的一家无证幼儿园，按照相关规定，仇先生基本上无望开办国学幼儿园。

然而，120 万元的众筹资金却也无法要回，80 多位众筹投资者以欺诈罪名把仇先生告上了法庭，而仇先生也需要通过法律手段，与这家幼儿园进行交涉。

在这个案例中，虽然众筹投资者和仇先生都通过法律来解决这件事情，投资者也许能够最终赢得官司，并要回自己的投资款，但是，这其中耗费的心力和精力，却是无人埋单的。对于仇先生更是如此，自己抱着一腔热情办学，却把众筹到的款项让骗子骗走。自己什么都没得到不说，弄不好还会有身陷囹圄的危险。

所以，无论是投资者还是众筹项目的发起人，在进行众筹投资或发起项目之前，一定要看清楚项目是否具有可操作性，万不可为了利益或梦想急于求成，最后让自己陷入被动。

3. 项目具有成长性

投资人投资一个新的创业项目，希望得到高额的投资回报，对于未来项目的成长预估是必不可少的一个环节。也就是说，一个项目操作起来，它的未来是什么样子的，它能不能成长起来，有没有持续发展的可能，这些都是投资者需要关注的。对于投资者来说，对项目未来成长性要有一个估测，看这个项目能否成为一个可以持续盈利的项目。如果在选择前期就能对项目未来的成长性进行一番详细考察和研究的话，势必将为投资者赢得一份未来盈利的巨大保障。

深圳绿筷信息科技有限公司的“小小厨”，是一个通过签约厨师和营养师的方式，面向个人、家庭、企业、行业及有特殊需求的群体提供特殊服务的App软件。这个项目在原始会众筹平台上获得了50万元的融资金额。

这个项目针对当前大环境下人们普遍关注的食品安全问题，以及各类群体健康生活理念的刚需，以移动端为载体，为目标人群提供高质量的私人厨师上门烹饪服务。

从投资人的角度来看，这个项目的经营理念主要针对的是人们对健康和食品安全的关注，以及快节奏的生活中很多消费者没有时间和精力去应付一些比较复杂的宴席、聚餐这样的市场需求。如此经营理念和市场定位，在当前的社会现状之下是有一定的成长空间的，所以，“小小厨”最终能够融资成功。

4. 关注创业者的品行

风投界有句投资要领叫作“投资即是投人”，纵观历史，从马云到乔布斯，无疑都是这句话的成功代表者与践行者。

曾经投资过乔布斯的天使投资人李宗南，是这样分享自己的投资原则的：不投市场，不投技术，只投人。对于提到投资什么样的人时，李宗南也有自己的见解，首先创业的人必须要有激情，除了激情外还要有相关的专业知识，但是最重要的就是创业者的人品。人品决定创业者的态度，态度决定行为，行为决定最后的结果。

创业者的道德品质不仅决定了他未来的道路，也关乎公司未来的发展及对世界的影响。投资者如果只是盲目地以盈利为目的，而对创业者道德人品不予要求的话，最终的后果很可能是投资者血本无归。

5. 项目团队是否有合作精神

团队是否具有合作精神，是一个企业能否发展壮大的关键因素。很多企业的失败，都败在团队组建后不能团结一心共同面对问题上面。结果，一旦出现问题，大家往往会不欢而散。

对于投资人来说，考察一个项目是否可以投资，以上几点都是要考察到的。因为一个项目的成功是由多方面的因素决定的，项目某一方面的短板，很有可能会影响一个项目的整体发展和成功。也就是说，投资者在面对众筹项目时，不要只看到利益就盲目跟投，而要综合考量项目各方面的因素；同时，面对一个好的众筹项目，也一定要紧紧抓住机会。

7.2 股权众筹投资者必须知道的五个“坑”

当人们还在讨论“股权众筹是否构成非法集资”时，证监会已经开始对股权众筹进行了具体层面的规划，这不禁让人憧憬股权众筹的未来。

在相关政策的指导下，股权众筹已经慢慢进入人们所认可的范围并逐渐走向规范。现在，股权众筹所面临的问题，更倾向于法律法规的操作层面。之前由于该层面一直没有出台相关的法律法规，也没有给出比较妥善的解决方案，所以很多实际的纠纷案例在众筹市场渐渐成熟之际也开始陆续浮出水面。不得不说，保护股权众筹的股东权益、众筹退款诉求，在某种程度上已经反映了规范股权众筹操作的紧迫性。现行股权众筹的代表像众筹咖啡馆、众筹天使投资，众筹款作为股权出资注入公司，投资人持有公司股份成为众筹股东。这样的模式势必会涉及公司股权结构、公司经营模式等方面，这使得在众筹平台上开展的项目变得复杂了很多。

《公司法》中规定，有限责任公司股东不得超过 50 人，非上市的股份有限公司股东不得超过 200 人。该设定导致大部分众筹股东都不能直接出现在企业工商登记的股东名册中，但这种情况可以通过委托持股和持股平台持股的方式来解决。由于众筹股东的多样性和复杂性，众多股东之间相对陌生，大部分股东都以得到投资回报为目的，因而并不注重是否参与决策，由此大大削弱了股东对经营管理层的控制力度，在道德风险的把握上会出现很大的漏洞。

原来的证券法律制度都是以监管道德风险为主要领域推进的，可对于股权众筹而言，它的发展速度之快远远超过了这些道德风险的平台，导致投资者们即将面临一个又一个“坑”的残局。

众筹股权的投资者面临的问题主要表现在以下几个方面。

1. 众筹股东持股概念模糊不清

根据相关的法律规定，公司股东有一定的人数限制。所以，一部分参与股权众筹的投资人实际上是无法取得合法的股东资格的。具体来说，在相关这样的案例中，参与投资而又无法取得合法股东身份的人，在公司中又分别以以下几种不同的模式存在。

（1）只显示实名股东的委托持股模式

这样的持股模式，在委托关系的体制中，是众筹股东和实名股东的内部约定。虽然法律认可委托持股的合法性，但是，对于众筹股东来说，还需要有约定性的书面文件和相关证据，证明众筹股东确实有委托过实名股东。如果没有签署此类文件以及相关证据证明这层委托关系，众筹公司和实名公司只要不认可众筹股东的身份，众筹股东的权益就无法得到保障，而想在法院讨个说法时也会陷入没有证据的尴尬境地。

（2）在众筹股东和众筹公司之间建立持股平台的模式

除了委托持股模式以外，在众筹股东和众筹公司之间建立一个持股平台，持股平台会代表众筹股东体现在众筹公司的股东名册中。但是，由于具体到每一位众筹股东的身份还是相对隐晦的，所以，他们对众筹公司几乎不能产生任何直接的影响。

（3）全员持股的模式

还有一种模式，就是公司全员持股，它也是股权众筹的一种，仅作为员工的一种福利。虽然在道德领域并没有很大的风险性，投资者也可以获得一定比例的分红，但是因为没有所有权、表决权，也无法对持有的股份进行转让和出售，所以并不能称为真正意义上的股东。

2. 众筹股东没有表决权

众筹股东虽然是公司的股东，却无法参与公司经营，很难真正实施自己的股东权利，在股东会表决和投票环节上基本都被架空。

从众筹公司的角度说，由于众筹股东人数的因素，会令协调和决策变得十分困难。召开股东大会之前，召集成功的概率会因为各种因素而大大降低，甚至因为股东太多，众口难调，最终导致无法达成共识的局面，令任何表决都变得障碍重重。在现实操作中，甚至有可能会面临因为决策权的混乱而导致散伙的悲剧。

从众筹股东的权利来看，如果不实际参与到决策环节，众筹股东也将面临一系列的权益损失。所以，建议众筹公司不妨参照上市公司的某些做法，例如，众筹股东对众筹公司的经营情况享有全部的知情权，众筹公司不定期地披露公司的最新动态与信息、完善法规和审计等第三方监督机制等。当然在推选和罢免负责人方面也应当赋予众筹股东相应的表决权。

3. 众筹股东无法享受分红

在股权众筹领域，比起股市的虚拟性，股权众筹的投资项目看得见、摸得着，相对而言收益率也会更加有保障，众筹股东们也非常期待公司的分红。但是问题在于，《公司法》中并没有提到公司税后有可分配利润就必须分红的相关规定，在现实当中，利润分配方案政策是需要在股东大会上进行表决的，如果股东大会没有表决通过，或者股东大会不审议这样的提案，即使有非常可观的税后利润，众筹股东也无法享受到分红的权利。因此，在众筹初期，众筹股东最好在公司章程中约定相关分红条款，在条款中要明确众筹股东的分红利益的相关实施制度。

4. 众筹股东入股不规范

上面提到的很多“坑”都是在股权众筹相对规范的情况下才会遇到的。而入股方式随意化则是众筹股东最大的“坑”。作为股权众筹领域，众筹的款项是获取公司股份的一种模式，是一种股东形式的体现。众筹公司、众筹发起人和众筹股东之间是有相关协议、协商的。

但在现实案例中，很多股东众筹发起人与众筹股东之间存在着特殊关系，如朋友或熟人介绍等，这会导致很多操作上的不规范，在没有看到项目、公司和相关文件前就把众筹款项打到发起人的银行账号中，这笔款项的性质在法律上的界定可以被理解为实物众筹，也可理解为众筹投资人借款给发起人。这会导致两种结果：第一种是众筹股东仅拿到众筹公司的某个产品；第二种即发起人给予还款和少额利息，至于公司股权价值及之后的利润额就与所谓的众筹股东不再有任何关系了。

所以众筹股东在打款之前必须签署相关的股权协议，签署之前需要了解清楚协议中的相关权益和风险，结合法律文件，再根据自身投资的角度将协议规范化。

5. 众筹股东缺乏投资经验

很多股权众筹的投资人会研究一些风险投资人的情况进行学习或模仿，但是，这样的观念，往往给股权众筹项目的投资人带来很大的风险。

我们首先来了解一下风险投资人的情况。他们会对大量项目进行投资，风险投资人大部分的投资项目都会以失败告终，但只要有少数几个项目上市或者被并购，回报的金额不仅可以弥补那些失败的损失，还能有非常高的盈利余额。风险投资人一般对行业都会进行深入的研究，对投资项目风险的判断也十分专业。

但股权众筹是不同于风投的，它更趋向于普通老百姓的投资。相对于风险投资人来说，无论在投资经验上还是上对项目和市场风险的判断能力上，众筹股东都要差很多。所以，股权众筹的参与者千万不能把自己当成风投，应尽量找一些传统性的行业，不要追求高风险高回报，更不能听信那些众筹发起人的鼓吹而盲目跟风，最终导致血本无归。

记住一句话，风险投资人投资的原则是“投资就是投人”，在保障机制完善的众筹平台找一个值得信任的众筹发起人是投资保障的基础。

随着众筹市场的发展和成熟，在股权众筹领域还会有很多投资人无法预料的问题和陷阱。所以，想要参与到股权众筹中的投资者，在投资之前就要对所投项目有一个详细的了解。对股权众筹的相关法律法规，更要读懂弄清，避免因为投资经验缺失和盲目投资而让自己陷入“坑”中，从而给自己带来无法弥补的损失。

7.3　众筹投资者应该知道的四个问题

是投资就有风险，众筹作为一个新兴的投资平台，同样存在不可预估的风险。这就需要投资者对众筹投资多一些了解，知道参与众筹投资应该注意哪些问题。那么，投资者参与众筹投资应该注意哪些方面的问题呢？

1. 众筹门槛

前面说过，众筹分为回报型众筹、股权型众筹、债券型众筹、捐赠型众筹 4 种。了解了众筹的几种模式，投资人还需要了解，参与到众筹项目当中是否有一定的门槛，以及每种类型的众筹的门槛到底有多高。

（1）回报型众筹

产品预售即回报型众筹的门槛是相对较低的，普通产品的价格在几十元到几百元不等，投资人提前缴纳产品款项作为对发起人的支持。发起人在项目中会介绍自己的产品，产品既包括实物也包括参与感及体验感，在投资人选择投资方案中也会根据不同金额的支持来给予不同等级的回报。

（2）股权型众筹

股权型众筹的门槛相对前者来说要严格很多，为了确保投资人有相应的风险承受能力，众筹平台都会设有一定的准入机制。对于股权众筹，众筹网站往往会推出领投结合跟投的制度。国外著名股权众筹网站AngelList 就是运用这种制度来提高效率的。在国内，众筹网站也实行了以专业风险投资机构充当领投人的模式。即先选出一位领投人，之后让他来负责协调投资人与项目之间的一系列活动。作为领投人必须有足够的资金实力作为背景，在投资或者该领域都必须具备相当高的专业技能和丰富经验。

国内要成为领投人，常常要从多个方面来考察，比如在某个领域必须有丰富的经验、丰富的行业资源，在行业中有强大的影响力，善于独立判断，具备很强的风险承受能力，在协助项目完成 BP、确定估值、投资条款、融资额度上必须有很强的专业性，并且要有协助路演完成跟投融资等一系列的能力。跟投者方面，网站一般以风险承受能力和最低投资限额来作为投资者参与其中的门槛。

（3）债权型众筹

关于债券型众筹主要从两方面展开：人人贷（P2P）是针对一些有理财投资想法的人，他们有一定的资金，可以通过中介用信用贷款的方式把资金贷给有借款需求的人。中介会根据《合同法》进行合理操作，并收取账户管理费和相关服务费用。债权型众筹的另一种方式是P2C（企业债券众筹），P2C 的平台都有一定的银行背景，往往采用更正规的手段进行操作。

债券型众筹相对比较稳定，对投资者也没有太高的门槛限制。

（4）捐赠类众筹

捐赠类众筹因为是不求回报的公益性平台，一般不设门槛限制。

2. 回报方式

无论是哪种类型的众筹投资方式，对于多数投资人来说，参与其中的目的并不是对产品的热情，他们最关心的是投资后的回报如何，以及自己的投资会以什么样的方式得到回报。

（1）回报型众筹的回报方式

在回报型的众筹模式中，项目发起人会在项目中明确提出回报方案，支持者只需要结合项目在相应的方案中进行选择并打入款项，项目结束后即可得到方案中所承诺的回报。参与产品众筹的投资者，一般会期待在获得回报的同时能够与创意者一起完成自己也感兴趣的项目。这是产品众筹的一大特色，它能让产品预购者充分感受且体验到项目参与的快乐。

（2）债权型众筹的回报方式

债券型众筹的回报方式主要是投资者通过某个平台向项目或公司进行投资，获得相应比例的债权并交付相关的手续费和服务费后，在相应的期限内获取利息收益并收回本金。

（3）股权型众筹的回报方式

股权众筹是以项目股权的方式回报给投资人。对于股权众筹模式的投资，更类似于投资一家没有上市的公司，成功则带来巨大的回报，但也可能出现全部投资金额打水漂的风险。

3. 众筹风险

世界银行在 2013 年发布了《众筹在发展中国家》一文，其中提到可能会面临的几类主要风险，包括筹资人经营破产、投资者成熟度、欺诈行为、洗钱等等。众筹平台主要针对的都是非公认、非专业的投资者，在对市场做出分析与预估的价值报告等一系列专业数据领域他们可能并不合格，所以，投资者在进行众筹投资时，是要承担很大风险的。而投资者的成熟度与其所承担的风险是成反比的，也就是说，投资者对众筹市场和众筹的风险了解得越多，其投资的风险就越小。当然，不同的众筹模式带给投资者的风险也是不同的。以下为几种众筹的风险类型。

（1）回报型众筹的风险

对于以预售产品进行众筹的回报型众筹项目，在产品设计和测试基本完成后，产品在生产过程中的各个环节都可能会遇到很多不确定因素，还有可能因为公司管理方面的不协调等人为因素而影响到项目的进度，这些因素造成的产品风险都是需要投资人来承担的。

（2）股权型众筹的风险

在众多众筹模式中最需要投资者防范的就是股权众筹了。相比较而言，股权型众筹是高回报也是高风险的众筹模式。有天使投资人透露，一个股权众筹的天使投资项目，收益率可以达到31%，但是，其风险也一样很大，换句话说，如果这个创业公司倒闭，股权众筹的回报率就是0。所以，假设股权众筹投资者希望得到一个好的回报，可以去一些大型的股权众筹网站找项目，但是，他们必须能够挑到那些不会在创业早期倒闭的初创企业。因为创业公司在5年内倒闭的概率非常大，这样的投资决策难度是非常高的。

（3）债权型众筹的风险

相比股权型众筹，债券众筹的安全性较高。很多债券众筹网站包含一定形式的安全条款，在借款人无力偿还的时候，仍能给投资人以保障。因为债券众筹的安全性高于股权众筹，所以这样的模式也更受大众的青睐。

4. 法律风险

众筹在中国有着非常大的发展空间，但由于牵扯到大量的资金和人数，所以在法律上也会存在相当多的问题和风险，作为互联网金融的新模式，法律风险需要每一个即将涉足众筹领域的人士认真分析和研究。

（1）回报型众筹的法律风险

回报型众筹相对而言是法律风险最小的一种。它的法律红线在于融资方可能会发布虚假消息，让众筹投资人投资后无法得到相应的回报，还有可能被动地跟随融资方触碰到法律的红线。

（2）债权类众筹的法律风险

债券类众筹的表现形式一般为 P2P，对于法律风险的范畴最可能触碰的罪名是非法集资类的刑事犯罪和非法金融的行政违法。项目发布方把借款设计成理财产品出现，使投资人的资金进入平台中间账户，产生资金池。而其真实身份如果得不到及时甄别，就会导致投资者的资金被套住甚至被作为项目发布方借新还旧的途径。

（3）股权型众筹的法律风险

股权型众筹是目前法律风险最大的一类众筹。而其最可能遇到的法律风险是非法证券类违法。虽然众筹平台对股权众筹的项目发布方的股东信息、产品信息、公司信息等都会进行严格的审查，但是，还是不能完全杜绝非法证券类项目的出现。

上面列出的 4 个问题只是最基本、最常见的问题，对于众筹投资者来说，在进行众筹项目投资之前，需要对所投项目、投资人还有众筹平台都要有一个比较详细清楚的了解，对自己的回报和风险有一个大体的预期，这样才是理性而智慧的投资。

7.4 投资者如何甄别风险

众筹平台让很多创业型企业有了更多的融资方式，也让投资者找到了一种新的理财渠道。但是作为互联网金融的创新模式，众筹的崛起速度之快也让监管工作变得难以展开。在新模式吸引了无数眼球的同时，风险也步步伴随着参与到众筹项目中的投资者。那么，作为投资者应该如何甄别风险才不会让自己承受风险带来的损失呢？针对不同的众筹模式，需要有不同的风险甄别方式。

1. 回报型众筹风险甄别

回报型众筹更像是一种团购的模式，它的风险点主要来自于项目产品的选择上，所以，投资者在挑选投资项目时，只要关注产品的预售价格与产品的实际信息是否对称，即可有效规避因产品差异产生的风险。

2. 债权型众筹风险甄别

债权型众筹在国内主要的表现形式为 P2P，投资人在选择 P2P 平台时应该参考以下 3 个方面的因素。

（1）看公司的发展规模

目前市场上 P2P 行业的资金门槛相对不高，很多人花钱买个域名注册一个公司就能直接上线操作，因此，存在发起人携款潜逃的巨大风险。在选择平台时，投资人一定要尽量选择那些规模较大、操作相对比较成熟的知名平台。

（2）看业务交易环节是否透明化

投资人在投入一笔资金后，对贷款方的情况是模糊不清的，如果 P2P 的平台能在交易环节中实行透明化的政策，就会让资金更加安全。因此，投资人在投资时可以通过关注这一点来规避资金风险。

（3）看平台自身的风控能力

投资者把资金借给对方的同时会发生贷款方还不起钱而产生坏账的情况，考验 P2P 平台风险控制能力的正是这个环节。因此，很多知名的 P2P 平台都会设置风险保障资金制度来抵御这样的风险。投资人在选择 P2P 平台时，要事先考察一下平台自身的风控能力，从而规避不必要的风险。

3. 股权型众筹风险甄别

股权型众筹不同于其他的众筹领域，因为它涉及公司股权架构。无论在投资人状态、资金监管、公司模式还是在投后管理等方面都会将问题推向复杂化。

2015年中国证券业协会公布的《私募股权众筹融资管理办法（试行）（征求意见稿）》中明确规定：股权众筹应当采取非公开发行的方式，以及参与股权众筹的投资人门槛、开办股权众筹平台的基本条件和职责等等。规定推出后，随着问题的升级，投资者如何甄别风险也成为最受瞩目的热点。

（1）投资人要时刻保持理性的状态

股权型众筹面对的投资者很多都是普通人，区别于专业的风险投资机构，这部分的投资者缺乏丰富的投资经验，对于投资的判断也相对把握不准，更多的是看了发起人的商业计划书之后凭着直觉和自己的兴趣决定投资的。甚至有些人把投资当成了投机，专门选择一些高风险高收益的项目参与。

风险投资项目需要深入研究，众筹项目很多都会以失败告终，只有极少数的可能成功或被并购。项目一旦失败，所有资金都将变成泡沫。对于普通投资者来说，这个领域并不能一夜暴富，更多的是一夜回到了解放前。所以投资人在甄别股权型众筹风险领域时需要保持冷静的头脑，对项目进行有效的考察，尽量参与一些自己相对熟悉的领域，分散资金投资，降低风险。

（2）投资人须关注平台资金监管能力

众多的股权型众筹平台在互联网时代飞速成长，但很多平台在监管上却没有完善的配套机制，更多的是在摸索。在资金监管方面，不同的平台采取的措施也并不相同，有线下私下打款的，也有线上直接打款的，当然有些会借助第三方银行托管和监管。线下打款的模式，有可能导致资金去向不明确，在项目投资中无法核实资金真正的流向；线上打款则有项目方虚拟投资项目以及携款潜逃的风险；采取第三方托管和监管对投资资金可以产生较大的约束力，在核实资金流向方面也具有较好的监控作用。投资人只有对资金的流向有了一定的了解之后，才能理性地选择众筹平台。

（3）投资人时刻跟进项目步伐

在众多的众筹案例中，有些不是因为项目自身的问题，而是因为创业公司的管理问题导致项目无法进行下去，最终给投资者带来很大的经济损失，这对投资者来说是很不公平的。所以，众筹项目的投资者在投资某个项目之后，要时刻关注项目的进展情况，了解创业公司内部的管理模式，一旦发现问题，应及早找到项目发起方，共同协商解决问题的办法。

为了更好地规避风险，很多知名的众筹网站采取了领投和跟投的方式。但这种模式下，有时候领投人自身也不能够完全甄别出项目的风险所在。因此，投资人必须在投入资金后，积极关注项目动态，不能因为有领投人的涉足就对项目不闻不问。

对于众筹投资人来说，不同的众筹平台、不同的众筹项目有着不同的风险。所以，投资人在决定投资之前，需要对众筹平台、所投项目、项目发起方以及创业公司后期的管理等诸多方面有一个比较深入的了解，并随时保持对项目进展的关注和跟进，以免造成不必要的损失。另外，投资人在投资之前，多关注一些相关方面的动态和风险，对众筹投资有可能出现的风险有一个大体的了解和预估，这样，在风险出现的时候，才能更快地识别和认识到风险的存在，及时调节自己的资金流向，最大程度地减少损失。

7.5 投资人应该选择什么样的众筹平台

一个众筹项目，从发起到完成，要涉及三方人员：项目发起人、投资人和众筹平台。其中，众多的众筹投资者中，除了有些项目有风险投资人作为领投人之外，大多数的风险投资人都是普通民众，他们对众筹过程中会出现的风险以及一些相关的体制规则等并没有太多的了解，所以，在有些情况下，他们只是被“忽悠”进来，然后参与到众筹投资项目当中的，而一旦项目出现问题，或者项目发起方利用政策空子进行一些恶意的诈骗或是拖欠行为时，这些普通的投资者往往无力还击。这个时候，作为把双方联系在一起的众筹平台，就应该利用自己完善的规则和机制，保护投资者的利益不受或少受损失。

2015 年 1 月 21 日，北京某餐饮公司委托北京一家网络科技有限公司通过其旗下的众筹平台“人人投”在网上众筹融资，以有限合伙企业形式开设餐饮店。双方就此签署了《委托融资服务协议》。最终，有 86 位投资者认购了总额为 70.4 万元的股权。就在这家餐饮公司开业前 5 天，网络科技有限公司发现其承租房属于违章建筑，没有房产证且租金高于同地段均价。

这些都是即将开业的餐厅未来发展中的隐患，餐饮公司无法保障这个餐厅能够持续发展。为保护投资者的利益不受损害，网络科技有限公司拒绝向该家餐饮公司发放众筹资金。双方为此发生纠纷，该家餐饮公司作为原告，于 2015 年 4 月 14 日将飞度网络告上了北京海淀法院，要求解除合同，由网络科技有限公司支付违约金。

在这个案例中，众筹平台“人人贷”以拒绝发放融资款的方式来保护众筹投资者的利益。作为众筹平台，相比较普通投资者而言，他们对项目以及发起人的关注要更多也更专业，所以，他们也更容易发现其中存在的隐患，更清楚投资者有多大的风险。

在上述案例中，在发起这个众筹餐饮项目后，该家餐饮公司在选址租房等一系列事件中存在的隐患，86 位众筹投资人并不知道，而且，这些投资者也没有意识到自己应该去了解一下这个项目进展的状况，对自己所投的资金存在多大的风险完全不清楚。如果没有众筹网站在中间进行资金拦截，他们很可能会因此而遭受巨大的经济损失。

所以，投资人在选择众筹平台的时候，一定要选择有规模、有信誉且体制比较健全的平台。那么，众筹投资者在选择众筹平台的时候，需要从哪些方面去考量众筹平台是否合适呢？

1. 看众筹平台是否正规

普通投资人在对项目领域比较陌生的情况下，要尽量选择一些正规、权威、有一定资质的众筹平台来完成众筹投资过程。一方面，正规的众筹平台一般都有比较完善的机制，在选择项目时，会进行多方面的考察，对项目未来的风险有一个合理的预估；另一方面，即使项目出现了一些问题，正规的众筹平台也能及时发现并尽早解决，可以最大限度地减少众筹投资者的损失。

如上述案例中的“人人投”众筹平台就是如此，他们接受的项目基本都是拥有两家以上店面，而且在盈利方面有保障的发起人。同时，人人投在资金支付环节与第三方支付平台进行合作，投资人和融资方的资金都由第三方进行存管，有效规避了融资方在项目未开展前私自动用资金的风险。

2. 看众筹平台人员是否专业

众筹平台的相关人员都需要有专业的资质，他们的相关信息在网站上一般都会有相关的介绍。投资者在选择众筹平台的时候，可以从他们的网站上多了解一些相关人员的信息，看他们的专业程度。专业能力比较强的人，对项目的风险控制能力和对项目能否盈利的判断能力都比较高。所以，投资人投资他们平台上的项目风险要相对低一些，而盈利方面可能要相对高一些。

3. 看众筹平台相关的法律机制是否健全

投资人在投资一些股权类众筹项目的时候，常常会牵涉到一些自己无法预知的问题，如领头人代持等一些不是很好界定是非的问题，很多问题会触及法律的底线而投资人本身并不知道。一个在法律方面机制比较健全的众筹平台，可以提前给投资者一些相关的警告提示，一旦出现问题，众筹网站也可以充分利用相关的法律知识帮助投资者尽量减少损失。

当前，众筹在国内的发展还处于初级发展阶段，因为发展速度极快，也出现了众筹平台良莠不齐的情况，而众多的普通投资者对众筹这一融资模式以及存在的风险了解的也并不是很多。所以，投资者在选择众筹平台的时候，一定要多做一些相关方面的考察，选择一些权威性的平台，在最大限度降低损失的前提下，获取最高的盈利。

7.6　众筹平台怎么保护投资人

众筹模式开启后，诸多平台纷纷参与其中，乱象丛生。我们经常会发现诸多投资人没有相关领域的任何经验，仅凭对融资人在网站上发布信息的认可就把钱投资出去，操作上太过草率，导致类似“前一天看中项目投入资金，第二天就后悔想要退出”这样的闹剧层出不穷。

发展的迅猛往往意味着相应机制的不完善，众筹平台如何降低投资者的风险，加大投资者权益的保护力度，成了一个迫切需要解决的问题，尤其在股权型众筹和债券型众筹这两种牵扯到巨大资金量的众筹模式中，投资人的保护问题更是被放到了聚光灯下。

首先我们分类一下当下比较盛行的众筹模式，国内是以回报型众筹、债券型众筹以及股权型众筹为主。这几个众筹平台因种类不同，投资人承担的风险程度也各不一样，自然在保护机制上也有不同的着重点。

1. 回报型众筹的保护机制

这一众筹模式大致可以理解为产品的预售模式，多数投资人为了购买还未出厂的商品而提交预付款，而融资者在收到款项后只要履行承诺将产品实际派发到投资人手中即可。众筹平台在这样的模式中最需要关注的是融资者项目的可行性和真实性，切莫让融资者以夸张的形式误导投资人预购一款和实际大相径庭的产品，更重要的是严格把关项目操作的可行性。

2. 债券型众筹的保护机制

顾名思义，在此类众筹模式中，投资人投入资金对项目或公司进行投资，获得相应比例的债权以期回报利息及本金。众筹平台如何保障这部分投资人的资金安全便显得尤为重要。有些众筹平台为了保障投资人的收益和切实降低投资风险，在未上线时就预先设立了“风险备用金账户”，一旦资金出现逾期问题，平台就会在24小时内从该账户中提供资金用于保障投资人的本息垫付。众筹平台完善的风险控制体系不仅给了投资者更多的保障，也为自身带来了更好的发展前景。

2015年1月4日，上海拍拍贷金融信息服务有限公司与中国光大银行正式签署《平台风险备用金托管协议》，首期资金人民币1000万元为拍拍贷自有资金投入，后续资金则来源于拍拍贷向“逾期就赔”专区的借款人所收取的费用，拍拍贷将在收取的该等费用中按照借款人的信用等级等信息计提风险备用金进行专户管理。“风险备用金账户”资金将用于在一定限额内补偿拍拍贷所服务的逾期就赔列表的借出人在借款人逾期还款超过30日时剩余未还本金或剩余未还本金和逾期当期利息。

作为中国首家互联网个人信用借贷平台，拍拍贷一直以来都致力为平台投资人提供安全、稳妥的投资环境。2014年10月拍拍贷与长沙银行、华安基金战略合作协议达成，并于2015年1月正式推出拍钱包业务，实现了平台用户资金的银行存管及站岗资金基金增值，为平台用户提供了快捷、安全的资金通道。而本次与光大银行的风险备用金账户合作则意味着拍拍贷在为投资用户提供投资安全保障能力上的又一次提升。

3. 股权型众筹的保护机制

作为高风险的众筹模式，如何把控风险、切实保护到投资人的资金安全是股权众筹平台必须面对的挑战，在此方面，知名股权众筹平台“人人投”做了一个成功的表率。

2015 年 1 月 21 日，北京某餐饮公司与众筹网站“人人投”签署了《委托融资服务协议》，前者委托后者通过众筹网站寻找投资人，最终，有 86 位投资者认购了 70.4 万元的股权融资，加上前期投资的 17.6 万，总额达 88 万元，用于开办某时尚餐厅。但是“人人投”并没有如期打款，该家餐饮公司作为原告，以“人人投”违反《合伙企业法》为名，于 4 月 14 日将“人人投”告至北京海淀法院，要求解除合同，由“人人投”支付违约金。

庭审时，“人人投”方律师提出了自己的抗辩理由：该家餐饮公司承租的房屋属于违章建筑，且租金远高于同地段均价，为了保护投资人资金权益，“人人投”决定不予发放众筹资金。

且不论庭审结果如何，站在利益角度上来看，“人人投”完全可以对这家餐饮公司承租违章建筑且存在不合理高租金一事不予置评，不仅没有官司这档子事，还能为网站成功项目一栏再添一笔。但是“人人投”为了保护投资人权益，毅然决定不予发放众筹资金，这一点在利益当先的社会中实属难能可贵。

除此之外，“人人投”在项目的风险管理上还有其他的一些特色，平台将实体店面融资开分店作为审核项目的重要标准。同时，“人人投”在资金支付环节与第三方支付平台进行合作，投资人和融资方的资金都由第三方进行存管，有效地规避了融资方在项目未开展前私自动用资金的风险。

除了众筹平台的风险防控机制，投资人在选择众筹项目时自己也应当多留一些心眼儿，以下给出 3 点建议。

1. 选择正规、权威的众筹平台

众筹平台良莠不齐，投资人在项目领域相对比较陌生的情况下尽量选择一些正规、权威、有一定资质的平台进行投资。在选择平台的过程中搜集一些相关新闻及真实资料，不轻易把炒作当真。

众筹平台管理人员需要有专业的资质，这些信息一般都会在网站进行披露且会对相关人士做一些介绍，这些专业人士普遍具有丰富的投资经验。

2. 分散投资风险

投资人在投资众筹项目时，切莫将全部资金投入到一个项目中，说简单些就是“不要将鸡蛋放到同一个篮子里”。

3. 证据保留

牵涉到一些代持股权等比较敏感的资金领域时，一定要有相关有效的法律合同或者进行相关的证据保留，以免日后产生不必要的纠纷。

第 8 章 众筹的边界：众筹的风险与法律问题

当前，众筹在中国的发展还处于初级阶段，整体的市场还不成熟，与众筹相关的配套机制还有待完善，在目前中国的众筹发展中还存在很多的风险和法律方面的问题。如何规避风险，如何避免触碰到法律的底线，成为众筹平台及投融资双方共同关注的问题。

8.1　缺乏有效的监管机制

随着互联网众筹在国内的崛起，各种类型的众筹平台以及不同领域的众筹项目都呈现出爆发式的增长趋势。虽然，行业的发展迅速，但合理有效的监管机制无法及时跟上，导致众筹一直处于监管机制缺失状态。因为监管力度不够，于是众筹领域内频繁出现资金纠纷这种现象，严重影响了众筹行业的发展。

一方面，因为监管机制的缺失，很多众筹平台在审查众筹项目时没有一个统一的标准，导致有些项目钻了政策的空子。同时，因为没有一个标准的众筹监管制度，导致有些众筹平台为了利益而放松了对项目的审核，使得平台上发布的众筹项目良莠不齐，而普通的投资者又没有很强的识别风险的能力，最终致使投资人利益受损。

另一方面，从项目发起人方面来讲，在众筹市场还不是很成熟、监管机制也不健全的情况下，他们很多时候不知道什么样的项目是违规操作的，也导致一些项目在发起人不自知的情况下触犯到法律的红线。而普通的投资者，更是因为对众筹及其相关法规知之甚少，最后跟着项目发起人一起触碰到了法律的红线。

具体来说，众筹的模式不同，在监管方面面临的问题也有差别，我们可以根据不同的众筹模式分别进行探讨。

1. 募捐型众筹在监管方面存在的问题

募捐型众筹，主要以慈善为主，虽然这一模式不是以营利为目的，但是还是会出现一定的欺诈行为。因为众筹网站监管机制的不完善，导致众筹的行业操守也跟着不规范，这种不规范有时就会被别有用心者利用，然后打着慈善的幌子进行非法集资。

2. 回报型众筹在监管方面存在的问题

回报型众筹，因为涉及的领域和项目众多，在缺乏一个完善的监管体制的情况下，更容易出现平台和项目的不规范，而最终导致众筹投资者利益受损。

3. 债权型众筹在监管方面存在的问题

国内的债权型众筹以 P2P 网贷为主要形式，近年来，全国 P2P 网贷平台如雨后春笋般冒出，2014 年仅半年的成交金额就已接近 1000 亿元，资金牵扯量巨大。虽然高额的投资回报比例让很多人受益，但由于缺乏法律法规的规范，加上监管政策不明确、业务操作不细致等方面的问题，让 P2P 网贷的风险也随着交易量的增长而变大。

P2P 网贷是为个人借贷提供服务的平台，属于民间金融。法律对民间金融有一定的保护，但是，没有得力的监管措施。而且，P2P 机构不仅没有内部监管机制的约束，也缺乏有效的外部监督。很多 P2P 平台只是靠借贷者自行约束，一旦贷款方逃逸，借款方就会遭受很大的损失。

交易支付结算环节中，P2P 平台为了方便，在机构自有的账户中设置了客户虚拟账户，客户在进行支付结算时会通过机构账户。这种机制下，机构一旦产生道德风险和经营亏损甚至倒闭，就会发生客户资金全盘清空的悲剧。在没有监管的状态下，甚至会遭遇庞氏骗局。

P2P 网贷监管机制的缺失主要体现在以下 4 个方面。

（1）网贷公司注册成本过低

在国内，注册一个网贷业务公司只需要 10 万元，这样低的入行门槛让很多创业者跃跃欲试，低门槛也导致诸多平台资质低劣，经营团队能力不强，资金管理、结算等各方面数据统计不完善，于是在后期就会出现各种问题。

（2）资金随意挪用，缺乏管理

P2P 网贷平台每天都会产生大量的资金交易，会有大量的资金沉淀，知名的 P2P 平台都会将资金存入国内资质较高的第三方平台。但是由于有关部门对平台的资金去向没有一个统一的规定，很多小平台或者刚刚成立的新平台都会自己操纵这些资金，甚至在瞒着投资人的情况下进行一些其他操作，如进行股票、债券、基金等高风险高收益的投资。这种情况下，投资者的资金就会存在很大的风险。

（3）网络贷款存在灰色地带

网络贷款属于中介机构，它并不附属于银行也并非银行合作机构，所以银监局无法对这一地带进行监管。除此之外，P2P 平台并没有具体的上级主管部门，更没有准入资质标准的相关规定，对其内部信息披露、相关管理都没有相应的明确要求。一旦出现问题，投资者甚至无法找到一个解决问题的机构。

（4）P2P 平台自行担保

很多 P2P 平台自行为借款人做担保，由于审核不严格、缺乏风险控制能力，借款人的信用问题难以严格得到有效的考核，甚至出现平台之间的“同业拆借”，或者平台之间互兑，最后导致出现账目不明，错账、坏账频出，而为这些现象埋单的是普通的众筹投资者。

2014 年前 6 个月，共有 55 家平台出现携款跑路、提款困难、经营不善而倒闭等种种不利消息。几乎每天都有一家平台因资金断裂而陷入困境或倒闭的情况发生。更有甚者，上线一天就上演“跑路”的闹剧。根据银监会的数据显示，截至 2014 年 7 月，在可查的 1200 家 P2P 机构中，实际跑路的就高达 150 家。

4. 股权型众筹在监管方面存在的问题

股权型众筹是最需要监管的一种众筹模式，目前，国内股权众筹还处于萌芽阶段。投资者利益与金融市场秩序的严重脱节，监管松懈导致的种种漏洞，让多数众筹项目还未发起就已濒临死亡，严重影响了股权众筹的发展，同时降低了投资人的投资热情。

股权众筹方面的监管不利，主要表现在以下两个方面。

（1）缺乏合格的准入制度

在国外较成熟的股权众筹网站，注册投资人的一栏中必须按照相关的法律法规进行认证资格审核。提高投资人准入门槛可以有效减少对投资者造成损害的概率。在我国，由于缺乏这方面的监管机制，投资人常常会因为缺乏对项目风险控制的理性认识和准确的预估而盲目投资，最终给自己带来很大的经济损失。

（2）普通合伙人连带责任不明确

当前国内有些股权众筹平台通过成立有限合伙企业，将成立的企业作为主体投资于创业融资项目，占据主要股东席位。汇集有限合伙人与普通合伙人的投资款，由普通合伙人对投资资金做集中管理，这一形式会存在普通合伙人滥用身份，通过与融资方的不正当利益关系，侵蚀有限合伙人利益的巨大风险。股权众筹如果在保护投资人利益方面做得不完善，就无法得到未来的持续发展。

总体而言，国内众筹领域监管体制的不健全，缘于众筹在国内的急速发展。目前，相关的监管政策正在不断出台，随着众筹市场的日趋成熟，将会有更为完善的监管体制来与之配套，以支持众筹这一民间融资模式的兴起。

8.2 退出机制不完善

所谓退出机制，就是在法律层面上为投资人的退出行为制定出相应的法律法规。在投资领域，投资人的退出机制，是指风险投资机构（或投资人）在所投资的企业（或项目）发展相对成熟或不能继续健康发展的情况下，将所投入的资本从股权形态转化为资本形态，以实现资本增值或避免和降低财产损失的机制及相关配套制度的安排。在众筹投资领域，退出机制主要是针对股权众筹这一模式而言的。

股权众筹的退出机制，是股权投资成功与否最为关键的一个环节。投资的本质就是进行资本运作，资本退出是投资人保存收益也是投资人全身而退进行资本再循环的前提。对于投资人而言，股权众筹最大的风险就在于，投资后的管理和退出机制这个链条是否已经连接好。如果这个链条没有连接好，退出机制不完善，一旦投资人觉得资金有风险想要退出时，没有一个规范化的程序界定和相关的法律约束，就不能保证投资人的资金顺利退出。

目前，股权众筹在国内的发展呈快速上升的趋势，据有关统计数据显示，截至 2014 年年底，中国已有 128 家股权众筹平台上线，2015 年，仅仅 6 月份 1 个月，就有 36 氪等 3 家股权众筹平台问世。这意味着股权众筹进入了快速发展的时代，股权众筹正在引领中国互联网金融发展的又一波热潮。然而，股权众筹急速发展的背后，是相关配套机制的滞后，而投资人的退出机制就是其中之一。在国内股权众筹领域，普遍面临着退出机制不完善的困境。绝大多数的股权众筹平台都没有设立专门的投资者退出渠道。

股权众筹退出机制的不完善，带来的直接后果主要表现在以下两个方面。

一方面，在投资者一方，绝大多数投资股权众筹的投资者存在无法退出的状况，因为大多数的创业项目很难走到上市，而投资人要想提前退出，就必须出售手中的股份。但是，根据中国现行的法律法规，未上市公司的股权不能在公开市场进行交易。所以，在所投公司没有上市之前，投资人无法出售自己手中的股份，也就是说，投资者一旦投资股权众筹项目，如果项目没有上市，投资者就无法退出。

另一方面，从众筹平台方面讲，因为考虑到个别投资人不合时宜的退出有可能给众筹项目的整体发展带来不利的影响，所以，有些股权众筹平台不愿意给予投资人灵活退出的权利，甚至对股权转让做出种种限制，比如约定时间之内不得退出等，来限制投资人的退出。

有些众筹网站已经在探索投资人整体退出的方式，这种方式是投资人把资金以基金的方式投入创业项目，从整体利益的角度选择对所投项目的进退。但是，由于整体退出环境还不完善，加上股权众筹行业刚刚起步，还没有一家平台成功完成退出项目的操作。

目前，在中国的众筹市场，虽然相关的法律政策还没有出台，股权众筹的投资人退出机制还不完善，但是，在行业内部已经有众筹平台在这方面进入了实质操作的阶段。

> 路演吧是一家知名的股权众筹平台，在 2014 年的一次网络直播的内部会议上，路演吧的创始人刘佰龙和律师虞文涛、李小鹏进行了一场有 50 多名天使投资人参加的、专门针对天使投资人的讨论，讨论的主题围绕“投资人早期如何获利并依法退出来”展开。在这场讨论中，刘佰龙表示：“目前股权众筹缺少退出机制，为了促进早期全民天使资本顺利退出，路演吧和平台组织太湖天使投资联合会将首创股权众筹平台退出机制，按照法律成立内部会员协议交易板块，新股东可以受让老股东的股权，原始股东可以溢价回购等来实行退出。”

在缺乏退出机制的大背景下，机构自行领头进行相关机制的完善，对众筹模式在中国的发展将会有很大的推动作用。

2015 年 6 月刚刚创立的股权众筹平台 36 氪的创始人刘成城透露，36 氪正在完善股权众筹投资人的退出机制；另一新成立的股权众筹平台蚂蚁金服的副总裁韩歆毅也表示，希望跟 36 氪一起，不断去完善股权众筹的制度，使得这个生态能够获得更好地发展。

总体来说，众筹模式的发展还处于初级阶段，相关的体制还不尽完善，股权众筹的退出机制也是如此。但是，飞速发展的众筹市场已经与相对滞后的体制之间产生了一些不协调。随着众筹模式在中国市场的日渐成熟，将会有更多的平台参与进来，在行业内部自行完善相关的机制。行业内部的自行完善，在推动众筹市场发展的同时，也在倒逼相关政策法规的尽快出台。只有相关的法律体制健全了，众筹模式在中国才能快速而稳定地发展。

目前，一些众筹平台都在探索股权众筹理想的退出模式，在此，我们根据投资人选择退出的时间，设想一些理想的众筹退出机制的模式。

1. 部分资金参与经营

很多初创企业，因为流动资金少，在投资人取得一定利益想要退出时，往往会因资金被占用而无法及时地对投资人给予回报。在这种情况下，可以选择给投资人红利或部分股份，另一部分原始资金继续留在企业参与企业经营。这样，既能让投资人得到一部分既得利益，企业也不至于因一下子失去大量资金而导致资金链断裂，影响正常运营。

2. 以合伙企业的方式整体退出

企业在经营过程中，投资人在已有赢利的情况下选择退出，想要出售股份。但是，因为公司未上市之前股权不能公开交易，在这种情况下，可以选择所有小股东以合伙企业的方式整体退出，避免一些不专业的投资人错过最佳退出时机。

3. 企业合并，折合成新公司股份再行退出

如果企业因为经营不善或是业务需要选择与其他公司合并，这个时候，投资人选择退出。在这种情况下，投资人的股份可以以一定的折价折合成新企业的股份后，再核算成现金进行退出。

4. 企业上市，直接出售

对于经营良好已经上市的企业。投资人可以选择直接出售股份的形式退出。一般来说，这个时候企业的市值是比较高的，投资人选择这时候出售手中的股份，一是比较容易找到接手人；二是股份的售价也会比较高，会给投资人带来一个不错的收益。

当然，这些模式只是理想的设想，在现实当中具体执行的时候，可能还会遇到这样或那样的问题，有待于慢慢改进。

8.3 公众认知度低，投资体验不够

2014 年，众筹行业在中国的发展高度集中，平台数量急剧上升，众筹项目和融资金额也实现了飞速增长。可以说，2014 年是中国的“众筹元年”。但是，众筹在中国的发展并非想象的那么乐观。因为机制不健全、民众认知度低、众筹模式的发展出现偏差等，在众多众筹平台纷纷上线的同时，也有不少平台开始放弃众筹。其中，作为众筹在中国起步标志的国内第一家众筹网站“点名时间”，在运营了 3 年后，于 2014 年 4 月对外公开宣布放弃众筹。

当然，“点名时间”的放弃，并不代表一个行业的发展趋势。但是，众筹模式在中国的发展过程中出现的一些不协调现象，还是影响到了众筹的发展。其中一个最根本的原因在于普通公众对众筹这一融资模式的认知度低，在投融资的过程中，没有得到一个实质性的完美体验。

造成公众认知度低、投资体验不够的因素是多方面的，下面一一进行分析。

1. 众筹的爆发式发展，让公众无所适从

因为众筹模式进入国内时间不长，而且是爆发式发展起来的，很多普通民众对这一模式有些茫然不知所措；在人们还没有弄清楚众筹是一个什

么东西的时候，国内的众筹平台就如雨后春笋般地创建了起来。

2. 众筹成功率低

尽管 2014 年众筹平台发展非常迅速，但是，在很多的众筹平台上发布的众筹项目预期筹资额度普遍较低，多数停留在 10 万元以下。而且众筹项目支持者的数量并不是很多。所以，众筹平台上的项目最终众筹成功的概率也并不高。纵观众筹平台上的项目，大多都存在严重的同质化现象，缺乏优质的项目与创业团队是现有众筹最大的弊端，这种背景下导致众筹项目审核通过率低，筹资成功率难以提高。

3. 众筹项目良莠不齐

因为平台上发布的项目少，而且成功率低，所以，众筹平台为了自身的生存和发展，在吸引项目的时候，放松了对项目的审核，降低了项目的准入门槛，导致了平台上的项目良莠不齐。这样不仅直接影响了投资人对项目的支持率，也影响了众筹项目的成功率。

4. 众筹平台出现偏差

一方面，有些众筹网站为了生存，采取主动寻找热门项目的方法。为了吸引优质项目，很多平台甚至取消了服务费，成了免费平台。另一方面，因为众筹这一模式在国内发展太过迅速，相关的兼监管机制又没能跟上，导致这一模式在国内的发展发生了一些变化。很多的众筹平台出现了“泛众筹化”的现象，一些在众筹平台上发布的项目，目的不是为了筹资，而是为了宣传和推广，众筹平台更像是一个推广平台。这样的发展模式也在很大程度上影响了公众对众筹这一模式的认知。

5. 监管机制滞后

导致投资者投资体验不够的另外一个重要的因素就是监管的力度不够和相关的体制没有完善，公众在这个过程中没有得到一些实质性的让他们信服和满意的东西。比如，由于监管层设定了不得承诺现金回报这一“红线”，投资者无法得到一个即时的回报，对项目发起方的信用无法把控，对众筹项目的资金安全就会存在疑问，最终导致普通投资者不敢投资。而有些项目的融资方也确实存在滥用资金的情况，这样的做法直接降低了众筹这一模式的信用，抑制了这一模式的发展。

而且，因为相关的机制不健全，对于一些领域内的投资没有一个明确的规定来保证，在没有保障的前提下，投资者不敢随意投资。而且，因为没有相关的法律界定，投资者唯恐触及法律，也是导致其不敢涉足众筹的因素之一。

6. 受个人收入的影响

有权威人士分析发现，公众认知度低，投资体验不够，也受到我国民众收入普遍偏低的影响。收入水平低，让普通民众在投资时更为谨慎，面对各方面发展还不是很成熟的全新融资模式，很多投资者不敢贸然参与其中，大多保持一种持币观望的态度。而且，收入低的人群对于新的融资平台也没有太多关注和了解的欲望。这也是导致人们对众筹这一模式认知度低的一个因素。

总体来说，无论是哪些因素引起的，对众筹这一模式，公众认知度低、投资体验不够的现状，在很大程度上影响到了众筹在国内的发展。所以，虽说众筹在国内取得了飞速的发展，但是，这样的发展还不是一个完全意义上的发展。因为普通公众对众筹的认知度低、投资体验不够，导致了众筹项目成功率很低，这又反过来影响了投资者对众筹项目投资的热情，同时影响到优质项目对众筹平台的信任度。众筹发展的 3 个方面，都存在着不确定的因素，从而最终影响到众筹在中国的发展步伐。

但是，这样的现状总的根源只是因为众筹在国内发展太快以及相关机制的滞后，所以，随着众筹的普及和相关机制的健全，众筹这一模式将很快被普通公众认可，作为一种新的民间融资模式，众筹将会吸引更多的普通投资者参与进来，共同促进众筹模式的发展。

8.4 股权众筹在中国面临的机遇

自 2011 年 7 月“点名时间”众筹平台建立，众筹在中国的发展已经有 4 年的时间。在这 4 年的时间里，众筹在中国的发展速度非常快，尤其是 2014 年以后，众筹几乎呈现出一种爆发式增长的趋势，各个领域、各种类型的众筹平台急速增长，各类众筹融资项目也大大增加。在这些众筹平台中，股权众筹的发展要比其他类型的众筹发展得更快。

2015 年，京东、36 氪、蚂蚁金服等股权众筹平台相继上线，京东和阿里等大平台的加入，进一步推进了股权众筹的飞速发展。在筹资金额上，2014 年，京东和淘宝两大众筹平台的筹资金额占了整个众筹平台筹资金额的大部分，这也从另一个角度说明大平台的能力和对众筹的推进作用。众筹在中国的发展整体呈现出一个非常正向的趋势。从未来发展趋势看，股权众筹在中国面临着更多的机遇，主要表现在以下 3 个方面。

1. 相关的监管机制呼之欲出

与股权众筹的快速发展相对应的是，在众筹发展过程中一直滞后于众筹发展速度的相关的配套机制也正在紧锣密鼓地制定完善当中，与众筹相关的监管政策呼之欲出。

2014 年年初，中央明确众筹监管部门归属证监会以后，证监会就开始拟定众筹领域的相关监管制度，并进行过多次组织调研活动。

2014 年 2 月，证监会在北京、深圳等地调研股权众筹，天使汇、大家投等股权众筹平台都曾接待过来自证监会的调研团队。

2014 年 5 月 6 日，证监会针对正在拟定的众筹监管制度，征求了业内专业人士的意见，多家 P2P 网贷人士、众筹平台人士参与了这一调研活动。在这次调研活动中，一些被监管层认可的众筹共识逐步成型。

在中国的资本市场，一度非常敏感的“200 人”红线问题有了新的规定。在新的众筹监管政策中，众筹将被暂定为非公开发行，其发行对象仍需要是特定对象，发行人数不得超过 200 人。国内众多的众筹平台为了规避 200 人红线采取的股份代持方式将被限制，合伙人方式也将打通，真实的股东数量将完全统计出来，普通投资者的权益将会得到有效的保障。而通过有限合伙或者代持的方式突破人数上限者的行为均算违规行为。

新的监管政策中，将允许众筹平台通过线上和线下结合的方式经营，资金划付倾向于归线上管理。而对于投资者的资金安全问题，监管层认为众筹平台不得插手项目资金的管理。股权众筹平台的资金，必须找有托管资质的银行托管。

在新的监管政策中，对投资人的资格有了严格的限定，众筹对象必须是平台内的注册会员。目前国内的几大众筹平台上，“天使汇”与“创投圈”都实行了认证投资人制度，没有证券投资经验的个人投资者将被禁止参与股权众筹。“大家投”提倡“全民天使”，人人都可以做投资；“爱创业”也提倡“人人可以当天使”，也没有实行投资人认证制度，但是有一个限定是，项目只有得到机构投资人的认可后，个人投资者才可以进行跟投。

新政策中对投资人门槛的提高，可以有效地降低投资者的风险，这对于普通的大众投资者来说，是一个利好的规定。

就在这次调研结果还未确定之时，2014 年 12 月，在证监会创新业务监管部的支持下，中国证券业协会起草了《私募股权众筹融资管理办法》，公开征求意见。

在《私募股权众筹融资管理办法（征求意见稿）》（以下简称《征求意见稿》）中，对众筹的基本原则、适用范围、管理机制以及众筹平台的准入制度、融资者与投资者的资格和职责等方面都做了详细的规定。一旦《征求意见稿》以及未来更加完善的行业监管细则出台，众筹行业在国内的发展态势，将会受到一定的约束，野蛮生长的一面将会被制约，众筹的整体态势将会朝着规范化的方向良性发展。

而进入 2015 年以后，针对股权众筹的监管力度加大。在众筹平台的资格、融资额度、发行对象等方面都有了严格的规定。

2015 年 8 月，证监会下发了《关于对通过互联网开展股权融资活动的机构进行专项检查的通知》，对股权众筹的定义重新进行了界定，在这个通知中，明确将股权众筹定位于公募股权众筹，只有拿到牌照才能经营。这就意味着，除了目前已经取得公募股权众筹试点资格的阿里巴巴、京东和平安之外，市面上其他所谓“股权众筹”平台都将被定义为互联网非公开股权融资平台，这些平台所从事的融资业务也将另行出台相关的管理办法进行规定。而在业内人士看来，此次专项检查正是监管文件出台前的一次市场清查。

对股权众筹市场的严格清查，将使这一市场更加规范，也为股权众筹在未来的发展扫除了障碍。

2. 庞大的资金需求和供给市场

“大众创业”的热潮催生了众多创业企业的创立，尤其是高科技、轻资产的小微企业，而这些企业一个共同的特点就是有创意没资金。而在这当中，能够拿到天使投资人投资的只是凤毛麟角，大多数的创业企业需要通过众筹这种方式来筹集资金。另外，众多的普通投资者对风险比较大的理财方式不敢贸然涉足，他们的闲散资金也期望通过投资众筹项目获得原始股份，为自己盈利。而且，随着众筹在中国的日渐成熟，相关的配套机制正在日趋完善，众筹市场将更规范，在众筹领域投资风险也会更小一些。所以，当前对于股权众筹的发展是一个很好的机遇。

3. 个人征信市场化的闸门开启

2015 年 1 月 6 日，央行出台了《关于做好个人征信业务准备工作的通知》，明确要求包括腾讯征信有限公司在内的 8 家机构做好个人征信业务的准备工作，均给予 6 个月的准备时间。这一举措意味着将正式开启国内个人征信市场化的闸门。这 8 家机构是中国首批开展个人征信业务的机构，而在此之前，央行已经向 26 家企业发放过企业征信牌照。个人征信业务的开展，将有效地提升互联网金融市场中个人信息披露的透明度，为建立可靠的众筹平台和筛选出优质的众筹项目提供了更好的保障。对于众筹项目发起人来说，这是一个利好的消息。

就在这 8 家个人征信牌照还没有下发的时候，腾讯征信就已经收到了来自 P2P 和众筹平台的合作申请。接下来，京东和万达也表示了有申请个人征信牌照的计划，并同时涉足股权众筹领域。目前，京东股权众筹已经上线。

2015 年是中国“股权众筹元年”，股权众筹在中国刚刚开始，庞大的资金供需市场为股权众筹的发展提供了一个很大的空间，而即将出台的配套政策和个人征信业务的开启，将在股权众筹未来的发展过程中起到保驾护航的作用。

8.5 众筹与非法集资的界限在哪里

众筹模式因短短时间内就能赢得大量的募集资金而引人注目，关注度日益增多。众筹游走在政策不完善的灰色地带，风险问题亟待解决，非法集资的称号也为各类众筹拉响了警报。国内众筹的发展以及所面临的法律问题关系着众筹平台、项目公司和投资人多方利益。权衡这些因素，我们有必要甄别“法律红线”，以避免涉足非法集资的雷区！

非法集资是指个人或者单位，在进行集资的时候没有按照法定的程序运行。也就是说，在没有获得有关部门的批准的情况下，就擅自以发行股票、债券、彩票、投资基金证券或其他债权凭证等方式向社会公众筹集资金，并承诺在一定期限内以现金、实物或者其他方式向投资人还本付息或给予回报的行为。

自国务院 1998 年颁布《非法金融业务活动和非法金融机构取缔办法》后，其他机关纷纷发布相关通知及解释，最终在 2014 年 3 月 25 日，由最高人民法院、最高人民检察院和公安部联合印发《关于办理非法集资刑事案件适用法律若干问题的意见》，文件中司法解释第一条规定“违反国家金融管理法律规定，向社会公众吸收资金的行为，同时具备四个条件，除刑法另有规定以外，应当认定为非法吸收公众存款或者变相吸收公众存款。”

非法集资有 4 个特点。

（1）未经有关部门依法批准，包括没有批准权限部门的批准的集资以及超越批准权限的集资，以合法经营形式进行资金募集。

（2）通过媒体、推介会、广告宣传、短信等途径向社会公开宣传。

（3）承诺在一定期限内对出资方还本付息，除了货币形式以外，通过实物、股权等其他形式给予回报。

（4）向社会不特定对象（社会公众）进行募资。

具体来说，众筹与非法集资的区别主要表现在以下几个方面。

1. 参与对象不同

众筹的参与者更多的是对某一项目或者行业感兴趣的人，通过参与众筹项目，投资者在得到经济利益的同时，更能得到一种参与感。尤其是对一些创意产品类的众筹项目，项目发起人从项目的定位、产品的研制都让参与众筹的投资者加入，最终聚集大家的智慧做出一个极致的产品，然后再通过这些参与者的体验和口碑传播，让产品和更多的人连接。众筹强调的是一种参与感，这种参与是全方位的，参与众筹的项目发起人和投资者之间是一种你中有我、我中有你的关系。

而非法集资则是筹资人把筹集到的资金拿去进行资本运作，一般分为借贷或股权投资两种模式。在借贷中，借款人追求的是资金的回报，对于项目的运营和管理基本上不参与。而股权投资从一开始投资时考虑的就不是参与而是退出的问题，即使参与其中，也是后期对于公司的一些重大的运营行为有着有限的参与权力。

2. 目的不同

众筹项目的发起人发起众筹的目的，不仅仅是资金的需求，更需要得到大家的智慧和口碑的传播，也就是说，众筹既是一个筹钱的过程，也是一个筹智、筹资源、筹关系的过程。

而非法集资的目的则比较简单直接，就是为了解决资金短缺的问题。由于可供抵押的资产有限，而其自身实力又不够，从银行、信托等传统的融资渠道获得资金很难，只能通过所谓提供较高的回报来从民间募集资金。

3. 对发起项目而言风险承受度不同

最容易与非法集资混淆的是股权众筹，股权众筹一般不提供固定的回报来制定众筹方案，而回报型众筹也是以折扣或其他优惠等物质回报的方式来制定回报方案。相对而言，众筹的集资是一种理性的市场行为，对募集的项目而言资金压力较小。但是非法集资不同，非法集资一般都会提供远高于银行利息、远高于基金信托产品的收益率等方式提供回报，所以，融资项目的还款压力非常大，很多项目就因为承诺的回报太高，最终难以兑现而丧失信用，甚至导致公司破产。同时投资人的资金也存在无法收回的风险。

4. 对信息的公开度不同

众筹是一种新经济运作模式，从项目的启动、市场定位、众筹计划、产品的研发、产品制作等各环节信息都是透明的，公布的信息也是全方位的。而非法集资则不同，项目发起方公开的信息是非常有限的，他们的信息属于商业秘密，所以，在公布信息时，要遵守商业秘密的保护协议，参与股权投资的人在参与项目投资之前，一般需要签订保密协议。

5. 两者的行为特征不同

非法集资是非法吸收公众存款或者变相吸收公众存款的一种犯罪行为，法律条文中其中一条罪名就是“非法吸收公众存款罪”。这种犯罪的特征发行数额在 50 万元以上。虽未达到上述数额标准，但擅自发行致使 30 人以上的投资者购买了股票、公司、企业债券；不能及时清退清偿。

而众筹通常都是以经营实业为目的的，众筹的资金都不是为了资本的运营，是一种正常的生产经营行为。大多数众筹计划中，都限定了募集资金的上限和投资人数的上限，而且对募集的期限也有严格的规定，单笔募集的资金数额都比较小，对社会的影响也没有非法集资那样广泛。

目前，在国内市场，由于与众筹相关的法律和政策还没有出台或者完善，对各种类型的众筹模式还没有一个严格意义上的界定。所以，众筹尤其是股权众筹和债券类型的众筹项目，在其融资过程中很容易触碰到相关的法律红线。这也是众筹平台和众筹项目发起人需要特别谨慎的地方，对于投资人来说也是一样，一旦自己所投资的众筹项目触碰了法律，自己的投资资金也会有很大的风险。所以，投资人在对股权众筹和债券众筹投资的时候，一定要在对相关的项目有一个清楚的了解之后再去投资从而最大限度地减少不必要的损失。

8.6 众筹的法律风险及其防范

众筹如果不能规范操作，会存在诸多法律方面上的问题，极易引发巨大的风险，每一个即将涉足众筹领域的人士都应当认真分析和研究众筹的法律风险。那么，目前众筹在国内会碰到哪些法律风险呢，以下几点阐述将会一一提到。

1. 刑事风险

有人曾这样说："对于传统互联网创业者，如果失败了，最大风险莫过于资金的巨大损失直至破产，但是对于互联网金融创业者来说，如果踩到了法律红线，可能进去就出不来了。"就当前中国的相关法律来看，众筹面临的互联网金融领域刑事风险主要表现在以下几个方面。

（1）非法集资类刑事犯罪

关于非法集资类犯罪，《刑法》做了明确的规定，将非法集资罪分为两大类：非法吸收公众存款罪和集资诈骗罪。

相比非法吸收公众存款罪，集资诈骗罪来得更为严重。众筹在涉及第二种非法集资刑事类犯罪时，如果涉及金额特别巨大并给人民及国家利益带来特别大的损失时，可能会判处无期徒刑甚至死刑。在债务型众筹模式中，P2P 网贷容易通过资金池的方式形成该类犯罪。目前有部分涉及犯罪的 P2P

平台已被司法机关立案侦查。对于这些法律问题，项目发起人和众筹平台都需要时时警惕，注意防范。

(2) 非法证券类犯罪

非法证券类犯罪明确界定了两种罪名：欺诈发行证券罪和擅自发行证券罪。在大多数众筹操作过程中，可能不会存在发行虚假股份的行为，但可能夸大公司股份价值和实际财务，致使数据与实情不相符合。所以，我们必须充分了解第一种罪名的实质，以免误踩法律红线，最终抱憾终生。

刑法第一百六十条："在招股说明、认股书、公司、企业债券募集办法种隐瞒重要事实或者编造重大虚假内容，发行股票或者公司企业债券，数额巨大、后果严重或者造成其他严重情节的，处五年以下有期徒刑或拘役，并处以罚金。"

股权众筹的模式最易触及第二种罪名即擅自发行证券罪。由此可见，公开发行股份必须依法经过有效部门的审批，在股权众筹领域，如果发起人公开向不特定人群进行招募，人数超过 200 人的都将构成擅自发行证券罪。

2. 行政法风险

国内众筹项目除了情节严重者会触犯到刑法以外，对于情节较轻、达不到刑事立案标准的违法众筹项目，则有触犯行政法规的风险。众筹可能触及的相关行政法规主要有以下几种。

（1）证券类行政违法行为

《证券法》第十条第一款："公开发行证券，必须符合法律、行政法规规定的条件，并依法报经国务院证券监督管理机构或者国务院授权的部门核准；未经依法核准，任何单位和个人不得公开发行证券。"有下列情形之一的，都被认定为公开发行：向不特定对象发行证券；向累计超过 200

个特定对象发行证券；其他法律、行政法规规定的行为。

除此之外，在非公开发行证券的过程中，不得采用广告、公开劝诱和变相公开的方式进行发行。

股权型众筹应严格根据规定执行平台操作，切莫因为疏忽而误踩“红线”。

（2）非法集资类行政违法行为

在刑事法律的非法集资行为无法达到立案标准，则有可能构成非法集资行政违法行为，必须依法承担相应法律责任。

在行政范畴内，未经中国人民银行批准，擅自设立从事或者主要从事吸收存款、发放贷款、办理结算、票据贴现、资金拆借、信托投资、金融租赁、融资担保、外汇买卖等金融业务活动的机构都称为非法金融机构，这些操作情节未达刑事立案标准的都按行政法律违法行为处理。

非法集资在中国较为泛滥，4 种众筹类型中最容易与非法集资牵扯不清的当属债务型众筹。在操作此类众筹时，一定要参考法律，不得擅作主张，以免害人害己。

3. 民事法风险

众筹是一种大众筹资行为，牵扯到的人数和领域非常多，所以，很容易引起民事上的纠纷。我们来看一下，在众筹操作中需要注意的 4 类民事法律风险。

（1）合同违约

在回报型众筹中常常会以产品预售模式来与投资者签约，民事法律纠纷上常常会遇到产品质量不合约定、交期延长，甚至还会牵扯到项目没有成功、无法如期还款的局面，这些情况都会涉及合同违约进而产生纠纷案件。

（2）股权纠纷

在股权型众筹模式中，为了规避证券法风险，常常通过股权代持或者领头结合跟投的方式进行投资。在采取这种方式的过程中，如果约定没有规范化，后期难免会产生大量的股权纠纷问题。

（3）退出问题

股权众筹未制定完善的退出机制，所以在股权退出环节，容易产生大量的民事纠纷案件。

（4）诉讼程序问题

前3类都属于实际的民事法律问题，对于第4类问题主要产生在讼诉主体资格确定、集体讼诉、认定电子证据、损失标准如何确定等诸多民事诉讼程序上的争议。因此我们在涉足众筹领域之前，一定要仔细研究相关法律，避免将来产生不必要的法律问题，最终影响整个局面。

最后我们通过4种类型的众筹一一讨论如何防范这些法律问题。

1. 债务型众筹的风险防范

债务类众筹表现形式一般为P2P，于法律的范畴内最可能触碰的罪名是非法集资类的刑事犯罪和非法金融的行政违法行为。为了最大程度地规避法律风险，首先，P2P平台不能采用“资金池”的模式；其次，对借款人需要严格审查身份的真实性和发布相关信息的可靠性；最后，平台一定要避免出现“借新还旧”的操作模式，拒绝庞氏骗局。平台尽量不直接经手资金，不为资金需求方提供担保。任何平台承诺回报等敏感信息杜绝出现在平台上。

2. 股权型众筹的风险防控

股权型众筹中，创业公司在互联网上兜售股份，募集资金，投资者以持股方式作为投资形式，目前属于法律风险最大的众筹类型。它可能触碰到非法证券类刑事法律犯罪和非法证券类的行政违法行为的红线。为了最大程度上规避这些法律风险，一定需要了解以下 6 个注意点。

（1）不向非特定对象发行股份。

（2）不向超过 200 个特定对象发行股份。

（3）不采用变相公开方式发行股份。

（4）对融资方严格审查身份及项目的真实性，不发布虚假及存在极大风险的项目。

（5）对投资方资格严格审核，告知相关投资风险。

（6）不以平台公开募股。

在《证券法》第十条第一款的规定下，发行人如果希望豁免核准程序，只能通过“非公开发行”的界定来实现。在现行法规下，股权众筹的合法途径只有通过私募众筹来得以实现。根据法律规定，非公开发行证券只有一种界定方式，即向特定对象发行，人数累计不超过 200 人。特定对象的定义《证券法》并未展开明确的规定，所以，理论上认为那些能够在法律上足以保护自己的投资者可以称为特定对象，他们与发行人可能存在特殊关系，在投资经验方面也有一定的见解，并有足够的财产作为背景。

按照法律规定，实际操作中，需在特定人群中去推广，确定投资人是否有风险承受能力，并且由线上转为线下，以合法的形式参与入股。这样能有效地规避向非特定投资人集资的风险。

3. 回报型众筹及募捐型众筹的风险防控

回报型众筹和募捐型众筹相对而言是法律风险最小的一种。它们的误区在于融资方发布虚假消息，这样的操作可能触及集资诈骗和非法金融类行政违法行为的法律红线。为了最大程度规避法律风险，建议平台在审查发布人信息时要严格监督以避免虚假信息的发布，对于募集资金要求严格监管，在回报型众筹类型中需要保证项目发起人按约履行所承诺的回报方案，平台应尽量避免为项目发起人提供任何担保责任。

最后，需要注意的是，四类众筹都可能会遇到民事法律风险，为了不必要的民事纠纷，各类众筹在设计模式和交易流程上要注意每一个细节，遵守法律规范，以免发生约定不清，进而导致争议乃至纠纷。尤其在电子签署上要做好备档，这些都关系着协议的条规与双方的认可。在股权型众筹代持环节，必须签订有法律效益的代持文件或者保留相关法律认可的证据作为保障。这些措施能在一定基础上避免将来产生的种种民事纠纷，当然还需要当事人结合现下法律更细致地制定相关方案。

8.7 众筹中智慧财产权的保护

智慧财产权也就是通常所说的知识产权，是指所有人对智力劳动成果依法享有的占有、使用、处分和收益的权利。智慧财产权是一种无形财产，它与汽车、房屋等有形资产一样，都具有价值和使用价值，都受到国家法律的保护。有些重大专利、驰名商标或作品的价值甚至远远高于房屋、汽车等有形财产。

作为一种新型的融资方式，众筹在为创业者和投资者提供便利的同时，也存在一定的风险。其中，知识产权方面的风险尤其需要重点防范，可以说，项目的智慧财产权就是众筹的生命线。

通过众筹融资的项目多是创意类项目，是创意者智慧的结晶。项目融资者为了更有效地融得资金，往往需要将自己的创意方案、商业计划书等放到众筹平台上进行展示。由于众筹网站的公开性和面向对象的不确定性，如果不加强在智慧财产权方面的保护和防范，众筹网站上展示的项目创意很可能被他人剽窃，剽窃者可能把该创意当作自己的创意，放到其他的众筹网站上重新进行众筹融资，或者直接拿来着手进行实施，最终导致原项目所有者众筹失败，原项目发起人的劳动成果被盗用，引发智慧财产权纠纷，前期投资人也会因此遭受经济上的损失。但是，如果选择在众筹平台上部分展示产品创意，则会使得投资人无法看到完整的创意信息，从而降低其投资的热情，导致项目众筹失败。

所以，项目发起人的产品创意在众筹平台上发布之前，就要做好智慧财产权的保护和防范。

智慧财产权是通过智力劳动产生的成果所有权，依照法律规定，赋予符合条件的著作者、发明者、成果拥有者等在一定期限内享有的独占权利。一般来说，智慧财产权分为两类：一类是版权；另一类是工业产权。版权是指著作权人对其文学作品享有的署名、发表、使用以及许可他人使用和获得报酬等的权利。工业产权则包括发明专利、实用新型专利、外观设计专利、商标、服务标记、厂商名称、货源名称或原产地名称等的独占权利。具体措施可以从以下两个方面来实施：一方面是项目发起人方面自身的保护措施；另一方面是众筹平台对项目发起方给予的保护措施。

项目发起人方面的保护措施具体要分以下几个方面来进行。

1. 著作权保护

项目发起人首先要做的是著作权登记，著作权登记由中国版权保护中心负责，一般在申请受理后 30 个工作日内即可完成。著作权登记是项目发起人保护其商业方案如文稿、图形、模型著作权的有效途径。著作权登记申请成功之后，可在中国版权保护中心网站上进行查询，登记后获得的著作权登记证书是证明著作权人权利的重要依据，《最高人民法院关于审理著作权民事纠纷案件适用法律若干问题的解释》中，对著作权登记证书的法律效力有进一步的确认。项目发起人把自己的产品创意、商业计划方案等在众筹网站上公开发布之前进行著作权登记，对后期因著作权归属问题造成的著作权纠纷的解决将提供有利的帮助，可以有效地防止因他人抄袭、复制产品创意给著作权人带来的损失。

但是，《著作权法》仅仅对商业策划书、产品设计图稿、技术改进方案、影视节目策划书等作品本身进行保护，如果剽窃者盗用了作品创意后直接付诸实施，则无法获得《著作权法》的保护。所以，项目发起人在申请著作权保护的同时，还需要申请专利权和商标权的保护。

2. 产品专利权的保护

一般来说，涉及研发新技术的众筹项目，在立项之前就应该进行专利检索，对现有的专利技术中相关技术的发展状况有一个详细的了解，并在产品研发的过程中持续进行跟踪检索，在产品技术符合专利申请条件后，立即着手专利申请。但是，从专利申请到获得审批的周期比较长，发明专利的申请更是如此，而且，专利权的保护会受地域条件的限制。

相对来说，实用新型专利的授权周期较短，所以，众筹项目发起人可以在申请发明专利的过程中，同时申请实用新型专利。根据《专利权法》第九条的规定，同一发明创造，只能授予一项专利权。但是，同一申请人可以同日对同一发明既申请实用新型专利又申请发明专利。这样，因为实用新型专利的授权周期相对较短，实用新型专利就可以先申请下来。而在相关法律条款中还有这样的规定：先获得的实用新型专利权尚未终止，且申请人声明放弃该实用新型专利权的，可以对该发明授予发明专利权。这样，项目发起人就可以就同一创意同时申请两项专利，通过得到实用新型专利继而快速得到发明专利，让创意项目在较短时间内获得专利保护。

其次，申请发明专利的优先审查也是解决专利申请时间问题的一个重要途径。2012 年 8 月 1 日起施行的《发明专利申请优先审查管理办法》中规定，众筹中涉及节能环保、低碳技术、新一代信息技术、生物、高端装备制造、新能源、新材料、新能源汽车等技术领域的重要发明专利，可提出优先审查申请。项目自优先审查申请获得同意之日起 1 年之内给予答复。

通过优先审查，也可以大大缩短众筹项目中发明专利申请的时间。

另外，因为众筹网站上发布的项目可以在全球范围内查阅，所以，众筹项目有必要采用优先权保护发明专利。依据《专利法》第二十九条的规定，申请人自发明专利或实用新型专利在国外第一次提出专利申请之日起 12 个月内，或者自外观设计在国外第一次提出专利申请之日起 6 个月内，又在中国境内就相同主题提出专利申请的，依照前期申请专利的国家同中国签订的协议或者共同参加的国际条约，或者依照相互承认优先权的原则，可以享有优先权。众筹项目发起人可以根据《专利法》的这一规定，先在国外进行专利申请，然后在规定时间内在国内就同一主题进行专利申请，获得项目专利的优先保护权。而 PCT （《专利合作协定》）国际专利申请，虽然申请成功后专利可以在多个国家得到保护，但是，因为申请费用较高，对于小额投资的众筹项目并不合适。

需要注意的是，专利的保护是有期限的，发明专利的保护期是 20 年，实用新型和外观设计的保护期是 10 年。所以，如果项目涉及专利权，众筹项目发起人可以先通过天使投资完成初步的研发生产后，再进行众筹融资。

3. 商标权保护

我国《商标法》规定，商标权取得的法定方式就是通过申请注册取得商标专用权。《商标法》对注册商标的保护明显强于对未注册商标的保护，众筹项目的商标，绝大多数都不是驰名商标，无法获得《商标法》中规定的使用在先的保护原则，所以，只能在申请注册后，才能获得更有效的权利保障。

需要注意的是，项目发起人万不可因为项目或企业刚起步，商标价值不高而忽视了商标的注册。以免后期因为商标被别人抢先注册，再花高价买回的尴尬。而且，即使项目无法众筹成功，商标注册下来之后暂时没有使用也没关系。因为注册商标后，只有在没有正当理由连续 3 年不使用的情况下，其他单位或个人才可向商标局申请撤销。

除了项目发起人自身对智慧财产权的保护之外，作为众筹平台，也有保护项目智慧财产权的责任。那么，众筹平台在保护项目发起人的智慧财产权方面，需要采取哪些措施呢？

（1）众筹平台要强化智慧财产权保护意识，可以设置项目查阅条件，只有在众筹平台上注册并审查确认为合格投资者的人，才能够有权查看项目的关键创意信息。这样，可以大大减少产品创意被剽窃的机会。

（2）众筹平台要对众筹项目进行筛查，对于有侵权问题的项目禁止其在众筹平台上发布。这样，可以阻止被剽窃的作品再次参与众筹，从而减少创意被剽窃的可能。

（3）提醒项目发起人及时申请智慧财产权保护，并提供相应的帮助。一旦项目发起人遭遇智慧财产权被侵权的问题时，平台要积极配合，并为其提供相应的证据帮助其更好的解决问题。

第9章 未来，众筹能否赢得下一个十年

众筹最初只是生活艰难的艺术家们为艺术创作而筹措资金的一个手段，随着经济不断地发展，相关的公司如雨后春笋般涌现出来。面对机遇，各众筹平台可谓使尽浑身解数，并随之渐趋成熟，实现了全球资金的融合。但经济形势发展十分迅速，未来，众筹能否赢得下一个十年，这是一个值得思考的问题。

9.1　传统产业因众筹产生裂变

当互联网与金融结合并深度磨合后，众筹的传奇便开始了，这个传奇给传统产业注入了新鲜的血液，使传统产业能够在互联网这个平台上运营。传统产业正是因为众筹而产生裂变。

1. 众筹让消费者成为“生产者”

众筹成功打入互联网并演绎得如此精彩绝非偶然。众筹有着惊人的社交天赋，它完美地建立起项目发起人与投资者之间的社交平台，将消费者需求切实地融入众筹项目。马云说：“未来是 C2B 的时代。”也就是说，生产者会根据消费者的需求来生产产品，消费者将不再只是等待消费产品，而是参与到产品生产的过程中。众筹，无疑将消费者需求和产品生产完美地结合在了一起。

毫无疑问，无论任何一种众筹类型，其意义都不仅仅在于获得资金的支持，而更在于获得众人或者说是潜在消费者对产品的反馈和意见。这在传统生产制造企业中表现的尤为明显。在国外，众筹已经是一个相对成熟的领域，公司或者其他形式的生产者在产品推向市场前都会习惯性地将其放到一些知名的众筹网上进行测试。这样做不仅能有效帮助公司分析市场数据，还能在众筹的过程中为公司做一次深度的市场调研，积累客户群并根据市场反馈采纳众人的意见来调整产品的设计和生产。

就在2015年9月4日，由辽宁省建平县怀志杂粮有限公司发起的“（15年新米——我的梦想）让更多人吃上放心粮”项目筹款成功，其宗旨在于让人们能吃上有机红谷小米。该小米种植期间不使用化肥，不喷洒农药，口感好且营养价值高，项目仅上线一天便完成了100%的众筹额度，结束时已筹集的资金是预期的4倍，可见此项目颇受群众喜爱。

这一项目的成功，使得有机基地的种植人员不用再担心农作物长成后销量不好而长期滞销，并且能够根据众筹网上的支持度来分析市场的需求度，以此来调整有机小米的种植与生产，维持产量与销量的平衡。因此，能充分调动种植人员的工作积极性与热情，从而培育出更加优质的小米，让买家吃得放心，卖家也能更有干劲儿，如此良性循环下去，中国的农业便能再放光彩。

事实上，公司作为众筹项目发起人，其的目的已经从筹集资金转变为得到一份切实可靠的市场调研。项目发起人期待得到消费者对于产品的反馈和意见，在众筹的过程中，发起人在分析市场数据时可以预先评估项目在实际操作中是否可行，提前思考产品的营销方案。众筹平台让消费者通过互联网一起参与项目的开发及最终的生产，良好的互动过程以及最终带来的效果，让消费者真正意义上成为了产品的生产主力。

一方面，众筹作为发起人和消费者分享产品意见的平台，让产品从供人消费变为为人服务。生产不再只是生产厂家一方的事情，消费者也可以通过众筹网站参与到产品生产的过程中。大批量的传统生产方式会渐渐衰落，消费者参与生产的模式将成为未来的主流。

另一方面，消费者也会因为众筹而能够根据自身的需求和喜好来决定将来市场的产品生产趋势。

Blink Sunshine——世上最接近自然阳光的光源。这是一款迄今为止最接近自然阳光的 LED 照明灯，在众筹网上线的第一天就有非常好的市场反应。该项目的发起人在采访中表示，众筹网科技板块为创客们提供了与消费市场直接接触的平台，可以让创客们聆听消费者内心的需求与渴望，只有这样才能做出贴近市场且能充分满足消费者需求的科技产品。也正是因为有了与消费者的互动，真实地聆听了消费者的心声，才有了世上最接近自然阳光的光源 Blink Sunshine 的诞生，进而受到诸多消费者的喜爱和追捧。

2. 打破不合理的市场结构

在传统资本密集、高资源投入的领域存在着巨大的毛利，毛利的背后隐藏着一个不合理的市场结构。2000 年左右，互联网慢慢进入人们的视野，从淘宝掀起的网购热潮开始，这种传统的生产模式已经开始改变。而众筹的加入，可以动员广大用户以低门槛的方式筹集到所需要的资本，于是就具备了打破原有不合理市场结构的可能性。随之而来的是商品的价格更加亲民，商品本身更加符合消费者所需，这样的模式将会引领更多的人参与其中，也会得到更多消费者的支持。众筹模式，让商品具有更多的草根精神，参与感让消费者体验到更多的乐趣。打破不合理的市场结构，挥别名牌效应，从此让一心追逐价格和品牌的消费者不再趾高气昂。产品生产的透明化、亲民化、人性化让我们不必再花高昂的价钱就能买到自己称心如意的产品。回归到一切从实际出发的“三实”感，用朴实感去追求、用踏实感填满心灵、用扎实感决定态度，去传承和谱写属于我们自己的商业文化精髓。

3. 企业管理趋于自觉平等化

互联网思维让企业每个员工都能做到脚踏实地工作，并且真诚地交流与合作，这样所生产出来的产品才能直击消费者的内心。我们不再卖现成的产品，而是根据消费者的需要制造产品，众筹让企业站在消费者的角度看商业市场，人与人之间需要更多的平等才能不断创造奇迹，企业与消费者之间也需要这种平等。并非最好、最贵的产品才适合消费者，真正适合他们的是他们本身所需要的！

众筹模式让企业从市场上单打独斗的形式成功转型为与消费者一起创造品牌的模式。它让传统产业毫无保留地聚焦在互联网舞台的灯光之下，让每一个关注的消费者和潜在客户都能参与其中，如果说工业化带来的是产品技术至上，并征服了曾经的一批又一批消费者，那么众筹模式才是真正意义上打开了消费者的心灵，给他们带来了最佳的产品选择。

传统产业的未来因众筹开始裂变，面对这样的变革，我们要做好充分的准备。

9.2　综合性众筹平台最终将几家独大

几年前，网络团购企业的数量曾一度呈现出爆发式的增长。小到几块钱的糕点、冰激凌，大到几千元的美容护理、摄影写真，都是团购的抢手货。然而随着竞争的日益激烈，团购企业生存空间的逐步缩小，很多管理不善、缺乏资金的小型团购企业便纷纷宣告倒闭，最终，美团、大众点评、糯米网等几家实力最为强悍的团购网站牢牢占据了市场主导地位，呈现出几家独大的场面。

这是几年前团购行业洗牌的情况，而未来，众筹也势必经历这样一个过程。

互联网金融的发展速度之快也带动了各类众筹平台的成立和发展，国内兴起的众筹平台数量与日俱增，发展速度迅猛，资金募集规模也逐渐增加。然而，在这个时刻变化着的互联网时代，企业巨头们占据着市场大量的资源，众筹平台必然会像网络团购一样，经过一番洗礼和整合后，最终将几家独大。

国内比较知名的众筹网站有众筹网、天使汇、追梦网及大家投等等。其中最知名的综合性众筹网站以众筹网为代表，它作为网信金融集团旗下的众筹网站，现在主要以公益、科技、艺术、娱乐、出版、农业、商铺几个综合板块为服务主体。

众筹之所以能得到越来越多人的关注，最主要的原因就是人气，众筹平台将社会各界人士集合到一起，共同参与项目，各界人士都能在这里贡献自己的一份力量。筹人、筹钱、筹资源，但众筹模式把筹人放在了第一位。在众筹模式下，众筹项目参与人数众多，每一个参与者都有可能带给项目方资金之外的资源，这是线下单一投资机构或投资人所远不能比的。这种资源可能是人脉、渠道、智慧、场地，也可能是某些行业内鲜为人知的经验、技能、商业规则。理解了这一点，就完全可以理解众筹为何发展得如此迅速了。

谈及众筹未来的市场格局，好梦网创始人聂超称："我之前四处奔走，却几乎找不到优秀的项目，有的发明甚至很不成熟。"没有好的项目，众多网友不愿参与众筹，有回报的希望才会投入，谁都不愿拿钱打水漂。没有好的项目，自然难以吸引支持者。面对当前局势，众筹也许只有靠商业巨头们的加入才能重新获得资源，当然，巨头们并不是广撒渔网，凭借他们多年经商所积累的经验能够判断出哪些众筹平台是潜力股，然后施以援手。因此，未来众筹的局面通过洗牌终将几家独大。

互联网的巨头们从来不会错过任何一场饕餮盛宴，于是，阿里巴巴、百度、京东纷纷进军众筹领域，而且都取得了一定的成绩。

2014年3月阿里巴巴推出"娱乐宝"，预期年化收益率为7%，筹集的资金主要用于支持电影的拍摄，虽然阿里巴巴表示娱乐宝不是众筹，但通过债券型众筹的分析，我们可以认为，这款产品的概念就是P2P债券型众筹，产品一推出即受到很多粉丝的支持。

相比之下百度更有自己的想法，百度设立的百度金融推出

“众筹”频道，联合爱奇艺、PPS 踏入影视众筹领域。百度公司的高层指出，百度正在打造互联网众筹平台，未来将会有大量的电影项目在百度的众筹舞台上涌现，还表示其他产业也会陆续上线。面对这样的境况，早已有不少影迷心痒难耐、跃跃欲试。

京东众筹平台于 2014 年 7 月 1 日正式上线。京东众筹平台由京东金融打造，众筹平台上线的同时有若干项目一并上线。首批上线的众筹项目便得到众多用户的关注及热捧。短短几天，包括智能机顶盒 ZIVOO、智能空气净化器等多个项目都超额完成目标，其中在新书首发的一款项目中更是在短短 1 个月内募集了超过目标金额 17 倍的资金，这惊人的成绩不禁让人大跌眼镜。在京东后期的众筹项目中，COLOUR 智能山地车算是一个比较典型的案例。

COLOUR 智能山地车是目前京东众筹中支持者人数最多的一个科技项目。该项目 2015 年 10 月 16 日开始发起，发起人预定的融资金额是在 30 天之内融到 10 万元。但是，项目上线之后，其受欢迎的程度大大超过了预期，至 11 月 2 日，仅 17 天的时间，就已经募集资金 964189 元，达到了预定金额的 964%，支持者人数更是达到了 37257 名，成为京东众筹平台上最受欢迎的项目。

COLOUR 智能山地车是一款以“科技改变骑行”为主题的智能自行车，这款智能山地车，能够全程记录骑行者每天的行程，计算骑行的里程和消耗的热量。骑行者也可以自行设计骑行计划，智能自行车可以帮助人们完成每日的运动量，让骑行者对自己了解的更多一点儿。

COLOUR 智能山地车项目的众筹无疑是非常成功的，从该项目支持者众多这一点可以看出，人们对科技产品的热爱和对健康的关注。

清科研究中心携手众筹网披露了国内首份众筹资金月度报告，在 2014 年 5 月，我国众筹平台共募集资金总额约为 2053.67 万元，中国人民银行副行长刘士余称，众筹在中国未来 3 年内将发展成为世界第一，到 2025 年，中国的众筹市场可能达到 500 亿美元，这些无疑反映了一个事实：众筹规模在不断扩大，电子商务大佬不断加入将会形成一个整合的局面，大面积洗牌后互联网会让综合性众筹进入几家独大的新时代。

并非只有互联网巨头来分羹，国有企业也不甘落后。2014 年 11 月 19 日，文筹网正式进入人们的视线，较之其他众筹网站，文筹网有着自己的特点。据介绍，文筹网具有国资背景，其股东之一北京东方信达资产经营总公司是大型国有企业，资金实力雄厚，并且拥有众多资源。

由于互联网巨头和国企的纷纷参与，综合性众筹平台将会大大提升其认知度，赢得更多人的关注，这对众筹将来的发展有着不容小觑的作用。

相比于传统领域的融资和服务，众筹的门槛相对较低，只要有好的创意，都可以通过众筹平台发起项目。随着互联网巨头和国企的纷纷加入，众筹在培育初期项目和种子企业的过程中势必会加大投入和扩大影响，利用其特色将其引入一个全新的金融体系，帮助梦想者多方位孵化创新项目，为其雪中送炭。在集合了奖励、公益、股权、债权等多种众筹形式于一体的模式下与知名度较大的舞台进行合作，给众筹来一次彻底整顿，取其精华，去其糟粕。

众筹还在继续。它是一场比赛，但又并非绝对有输赢，只要遵守比赛规则，人与人之间便更趋于一种共生共存的平衡状态。所以，赢得人群就等于赢得了未来的机遇，综合性众筹平台也会因人而变得越来越强大，在通过市场调节和各个平台的整合阶段进行一场大洗牌，最终迎来综合性众筹平台平衡发展的态势。

9.3 通过众筹打造一个多方共赢的生态圈

任何一种商业模式能否持续发展，其根本因素就在于能否打造出一个拥有成长活力和盈利潜力的生态圈，众筹这一模式也是如此。

众筹是在互联网大环境下应运而生的互联网金融领域的新生力量，如今，众筹这一新生力量正在以爆发式的速度迅速成长起来。京东、阿里、百度等大平台的加入，更是为众筹市场注入了生机和力量。未来众筹领域很可能成为资金市场的主要竞争市场，多方的平台和领域将通过众筹这一模式，营造一个全面、完善、和谐、共赢的生态圈。

众筹产业生态圈是一种众筹企业向用户提供服务的新模式。这一模式不仅仅给用户提供单个的众筹筹资渠道，还配套了其他关联企业生产运营各个环节的种种服务，它有效开辟了一条合作紧密、优势互补、利益共享、风险共担的多元化道路。在这条路上，传统的社会关系、产业链条、生产模式、消费模式、商品流通模式等都会出现不同以往的变化；企业或者项目也将因此进入一个平等、开放、共享的生态圈。

生态圈是一个完整的系统，在互联网的大环境下，生态圈系统下的每个环节都是互相联系、相互依存的。在众筹运营的过程中，众筹平台以及投融资双方通过众筹这一模式，在产生利益联系的同时，还会衍生出其他领域和层面的东西。具体可以从以下几个方面来分析。

1. 众筹过程涉及众多领域

一个众筹项目，从发起到完成的整个过程，涉及的不仅仅是投融资双方，还有与其相关的其他领域。比如，项目发布时，要涉及市场推广领域，如文案的创意、图片的拍摄等；融资时要涉及金融领域；与投资人沟通还会涉及社交媒介和平台；一些项目还可能涉及政策和法律方面的问题。

2015 年 4 月，苏宁众筹平台建立，这是继淘宝、京东之后又一大电商平台加入到众筹行列当中来。据悉：苏宁众筹平台将涵盖智能硬件、影视娱乐、体育、农产品等多个领域，未来还计划上线房产众筹、金融众筹方面的项目，以拓宽业务面。

在影视娱乐方面，苏宁众筹将利用 PPTV 的自身资源对产品进行包装；而针对农产品项目，将会利用苏宁在三、四线城市的农村服务站，帮助偏远地区的稀缺农产品进行项目众筹，如雅安地区的车厘子等。苏宁众筹平台，对于来平台众筹的项目不设门槛，并在金融、运营推广、产品生产等环节对小企业进行特别扶持。

与其他众筹平台不同的是，苏宁众筹平台本身拥有一定的资源，在帮助项目发起人众筹项目的时候，苏宁众筹平台不仅能帮助项目发起方筹集到资金，更能利用自身的资源，满足项目完成资金之外的很多需求，如运营推广、产品生产等。同时，与项目发起方接洽的也不仅仅是普通的投资者，更有生产、销售、市场等环节需要涉及的一些领域内的企业和个人。这些领域内的企业和个人，也会随着众筹项目的发展实现利益的共赢。

2. 众筹双方构建起一个闭合的生态圈

通过众筹，投融资双方实现了实时沟通和相互了解，而且这样的沟通贯穿众筹项目的整个周期。在这个过程中，众筹项目可以建立起有效的在线社会化网络，使得投融资双方能够形成社区，并传递信任。同时，众筹的蓬勃发展将在整个社会范围内建立一种创业文化，包括推进共享办公室、孵化器、加速器等，为项目发起人和投资人之间构建起沟通的桥梁。

这样的一个过程，就构成了一个联系技术——经济——文化——社会的一个闭合的生态圈，在众筹的过程中，整个生态圈中的各方是共赢的。

3. 众筹筹的是数据和资源

在众筹的过程中，众筹最终筹到的不仅仅是资金，更是新的金融模式下的信息数据。信用、诚信、风险管理、资源、人脉与合作都是众筹金融模式里的重要支撑。这些数据涉及了众多领域，而这些领域内的其他方面的数据也是相互联系的，数据与数据之间、关系与关系之间相互连接，最终构成一个闭合的生态圈。

从另一个角度讲，众筹项目投资人来源于不同的地域和不同的领域，每个人背后又都有一系列的数据，这些数据互相交叉、相互作用并衍生出更多的数据。另外，众筹的创新思维对传统企业也产生了巨大的冲击力，通过传统企业的加入，形成一个综合性的生态圈，开启一种全新的商业模式。产品、销售、服务、物流等环节，都可以同时构建立体网络平台，注入人人互动的因素，打造“微商、移动娱乐、自助微超、连锁、股权、众筹”等多方位的价值链和生态圈，在更广的领域内实现共赢。

事实上，金融的本质就是数据，所有金融产品的不同组合，产生的数据就是每个互联网上的个体节点。在每个节点的一系列运行动作中，一切的注意力都转向获取信息，信息数据越多，价值就越大。金融以众筹的模式所衍生出的轨迹与数据，才是众筹的生命线所在。

在金融界，信息、数据、信用、诚信、风险、资源、人脉等综合因素都比金融模式本身价值更高。在生态系统中，众筹这一金融模式更关注如何多方面地获取信息并据此获得真正的价值，众筹依附金融所衍生出的信息数据与用户流量才是众筹最大的价值所在。

所以，建立一个生态系统并去管理它，才应该是众筹金融的真正内涵，也是其他互联网金融生态存在的核心。全面整合众筹的产业链和生态圈，实现更多平台、资本、团队的加入是众筹未来的希望。

9.4 未来中国股权众筹突破之路

其实关于股权型众筹，这个概念在英国已经非常普及，投资者可以通过股权型众筹的模式成为一个新型公司的执行人或股东。

Crowdcube 和 Seedrs 是近两年在英国短期内取得可观成就的股权型众筹平台。这两个平台甚至得到了英国政府的高额税务补贴。英国政府发布了两个法案——SEIS（《帮助投资新兴企业法案》）和 EIS（《投资新兴企业法案》），法案的颁布有效降低了投资者面对新兴企业注资时的风险，并且为将来就业率和税收增长提供了良好的环境。

在中国，股权型众筹已经有所发展。而在讨论股权型众筹的未来发展时，首先要讨论互联网对于众筹的重要意义。

众所周知，集资并非新生事物，它也是众筹概念的核心，只是互联网的诞生不仅让发起项目的集资人与公众之间的信息传递变得简单快捷，最重要的是资金支付的成本大大降低，所以，网络型的集资就以众筹这样一个新兴名词崛起。

众筹的市场规模不断地在扩大，仅 2012 年，其筹集资金就已达到 28 亿美元，北美的年增长率达到了 105%，其发展速度之快令人咋舌。一项世界银行的预测指出，到 2025 年，全球众筹市场规模将达到 3000 亿美元，发展中国家市场规模将达到 960 亿美元，其中 500 亿美元在中国。

不过对于传统证券公司发行中保荐人、承销商和各类专业人士的背书，网络上建立的平台也许缺乏信任，对于资金的金额也会有一定的限制，因此，股权型众筹发育得还不够成熟，不能进行大额的融资项目，但比较适用于小额融资。它的出现也许能给中小企业和创业型新兴企业带来新的契机，然而在现行法律的限制下如何开展股权型众筹还是一个问题。

《证券法》第十条第一款规定："公开发行证券，必须符合法律、行政法规规定的条件，并依法报经国务院证券监督管理机构或者国务院授权的部门核准；未经依法核准，任何单位和个人不得公开发行证券。"在核准的法定要求下，发行人如果希望豁免核准程序，只能通过"非公开发行"的形式来实现。

在现行法律下，股权众筹只有通过私募众筹这条合法途径来实现。根据法律规定，非公开发行证券只有一种界定的方式，即向特定对象发行累计不超过 200 人，不过对于特定对象的定义，《证券法》并未有明确的规定。所以，在理论上认为那些能够在法律上足以保护自己的投资者就可以称之为特定对象，他们与发行人可能有些特殊关系，在投资经验方面有一定的见解，自己也有足够的财产。

在实际的事例中，多数国家一般以资金的多少来界定那些非公开发行的证券，它能为商业活动提供比较准确的标准界限。其他理论的认定可能更加主观化，需要结合个案进行分析，不确定因素相对较多，对于监管者和发行人也许都是一种风险。由于目前的中国对财富标准并没有一个明确的划分，只能靠自己去试水，比如，在实践中可以通过采取最低购买金额的方法来保证投资者的符合标准等等。

就目前中国股权型众筹实践平台来说，天使汇可以作为比较成功的代表。它的制度对参与者前期的加入就设置了一些门槛，如对投资者进行审核后采取会员制的管理方式，包括对于那些没有证券投资经验的投资者实行禁足制度，在项目参与的投资人数上进行严格的控制来防止超额现象的发生等等。

再如大家投，它建立的平台借鉴了当年淘宝轰动一时的“支付宝”理念，发明了“投付宝”来保证资金的安全，维护了投资者的利益；创投圈比起前两者来得比较有创意，它是通过咨询服务和第三方数据的提供来吸引参与者的，在投资者和融资者之间建立起了一道完善的信息参考与分析价值的桥梁。

百花齐放的场景一时让股权型众筹在互联网的大舞台上异彩纷呈，有人说股权众筹网站的兴起堪比当年的团购网站大规模爆发的前夜。

股权众筹，在中国的商业模式下有着巨大的发展空间，在移动和互联网普及的时代，给投资人与项目发起人提供了一个非常大的平台，众筹甚至可以在未来提供线下的交流互动，在信息披露和融资方面的进展、项目信息、公司概况等面对面的接触中建立更多的信任与保障。

值得注意的是，在我国，股权众筹是目前法律风险最大的一类众筹，但其既解决了传统融资方式中大量隐藏成本的融资门槛高的问题，又能有效激发普通民众的投资愿望，扩展投资渠道。因此，股权众筹也是发展空间最大的一种众筹模式。在不远的将来，中国股权众筹突破与发展之路会越走越通畅。

回首过去，互联网不仅为中国带来了众多的惊喜，更为许多梦想家的未来构建了无数的想象空间。如果过去 20 年被称为互联网消费的时代，那未来 20 年或许就可以称为互联网产业的时代。每个行业都在被互联网所改变。众筹概念作为中国互联网领域一个新兴产业，带来的不仅仅是一种希望，更是一份梦想，一片蓝海！

9.5　文化创意产业将因众筹大放异彩

在经济全球化的大背景下，一种以创造力为核心的新兴产业诞生，我们称之为文化创意产业（Cultural and Creative Industries），它是依靠个人或团队通过创意、技术和产业化的方式开发以及营销知识产权的行业，其范围包括广播影视、传媒、视觉艺术、雕塑、表演艺术、工艺设计、环境艺术及动漫服装设计等创意群。近年来，文化创意产业得到了国家的大力支持，各地政府纷纷推出相关政策鼓励文化创意产业的发展。在此大好形式的推动下，众筹的出现让文化创意产业大放异彩，其发展前景也非常广阔。

文化创意产业是穷人的行业，只要有好的作品就能一夜暴富。一般来说，创意产业在前期对资金的需求并不是很高，几乎都是靠人的脑力来实现的，所以才会说这项产业是穷人的行业。但是，需求不高并不代表没有需求，很多文化创意产业的创业者囿于资金的限制，最终只能铩羽而归。在此背景下，众筹的出现对文化创意产业来说无疑是久旱逢甘霖，其在该领域也开始扮演着举足轻重的角色。

在众筹网众多成功的项目中，出版、音乐、动漫等文化创意产业有着很大的占比，这充分说明文创板块的群众基础比较深厚。众筹模式正是利用互联网的信息传播与众多人脉的优势，直接对接了文化创意与资金筹集，更为那些喜爱创意的“无产天才”找到了潜在的粉丝群。

在国内，根据对7家典型商品众筹平台（众筹网、点名时间、追梦网、中国梦网、乐童音乐、淘梦网、JUE.SO）的数据监测显示，2014年1月到8月，其累计成功筹款总额为1.58亿元。以众筹网为例，在预期募集金额7524.88万元的指标下成功完成了6149.28万元的募集金额，成功率达到81.7%，支持的项目总数达到1964个，参与投资的人数高达165137人。这些数据充分说明，众筹在我国起步虽然较晚，但发展迅速。

反观中国整个文化领域尤其是娱乐方面，一直有着一个特别突出的现象为人所诟病：模仿。节目形式的雷同让观众不禁对中国创意的缺失感到唏嘘，中国也常常以“山寨产品”的形象闻名世界。创意的缺乏导致中国只能沦为世界文化创意产业的制造工厂。像电影《功夫熊猫》《花木兰》等在中国乃至全球都取得了很好口碑的电影，充满了中国元素，但版权并不属于中国，这是我们所有文化创意产业工作者的悲哀。中国创意产业的发展已经到了迫在眉睫的地步。

到底我们该如何发展文化创意产业？盲目模仿和闭门造车都是没有出路的，我们必须走出一条具有中国特色的文化创意产业之路。中国年轻一代受日韩、欧美文化的影响很深，我们可以取其精华、去其糟粕，并把厚重的中国文化融入其中，创造出属于自己的文化产品。这条路走起来会很艰难，但庆幸的是，众筹的出现改变了文化创意产业的创意生态。

众筹帮助梦想者和大众创造了一个最佳的平台，它让每一位用户成为新创项目的支持者和预购者。适合众人的产品一旦问世，财力和物力的支持都不再是梦，它将上演一场美梦成真的童话。

我们来看一个文化创意成功的案例：

动画《大鱼·海棠》：我们的梦想是做一部打动人心的动画电影，带给少年爱与信仰的力量。

项目类型：动画。

目标金额：138万元。

实际筹款：158万元。

2013年6月17日，彼岸天在众筹网站点名时间上，以“我们的梦想是做一部打动人心的动画电影，带给少年爱与信仰的力量”为名，发布了10分钟的《大鱼·海棠》短片，开始以众筹模式筹集资金。最终，历时45天，全国各地的3596名网友集体出资，筹集资金达到158万元，以超出目标金额20万元的成绩完成了这次创意众筹。

“人的灵魂来自一个完美的家园，那里没有任何污秽和丑陋，只有纯净和美丽。灵魂来到这个世界，漂泊了很久，寄居在一个躯壳里，忘记了家乡的一切。但每当它看到、听到或感受到这世界上一切美好的事物时，它就会不由自主地感动，它知道那些美好的东西来自它的故园，那似曾相识的纯净和美好唤醒了它的记忆。”

这就是这部动画电影的主题和灵魂。而其创意主要就是来源于《庄子·内篇·逍遥游》的“北冥有鱼，其名为鲲。鲲之大，不知其几千里也”，它讲述了一个属于中国人的奇幻故事，影片试图向观众展现那条游弋在每个中国人血液和灵魂中的大鱼——鲲。正是作品本身唤醒了人们最深处的灵魂，给予启迪意义，从这个角度看，此次众筹取得成功绝非偶然。

作品原创者梁旋说："我只关心我们创造的梦是否来源于我们灵魂深处，能否打动观众。在设计上，我们对中国的文化进行了深入的研究，发现日本的许多服饰和风格，实际上跟中国唐朝时的风格很相似，我们对此不会避讳。只要是美的、真实的、有根的，就能打动人。对我来说，我们大家都是一群仰望星空的孩子，无论是中国人、日本人还是法国人，我们都会被灵魂中共有的情感打动。"

从这些只字片语中我们不难理解为什么他的项目会得到如此高额的投资金额和巨大的粉丝量。通过这次众筹，新浪微博和点名时间上潜伏的大量投资人了解到《大鱼・海棠》，并找到了梁旋，促成了更大规模融资的成功。

众筹的成功也给了投资方一个信心保证，"这些数据让投资方更有效地了解了市场动态。"梁旋透露，投资方与发行方已经敲定，但处于保密阶段不能披露。梁旋表示，已经开始"填坑"，会保持动力直到填满《大鱼・海棠》这一"神坑"为止。

当初只是一个小小的梦想创作，却因众筹开启了中国甚至全球的航行。文化创意产业因众筹将大放异彩——你，准备好了吗？

9.6 微筹、云筹的未来猜想

在谈微筹、云筹的未来猜想之前，我们先来看看互联网时代那些“流星”般的事例。

对于网络聊天室相信大家一定不会陌生，在互联网诞生的时代，它留下了那一代人的欢声笑语，可惜，这一带给我们最初的感动的工具聊着聊着就聊没了。再说说团购，它曾被多数人看好并形成了一股“团潮”，可惜团购团着团着就团成了一根鸡肋。

对于“未来”两个字，我们不能只用梦想去诠释，更多的是要有一种积极的态度和正确的认识。众筹要想继续活跃在互联网舞台，就必须防止因价值缺失而被取代，否则就要步网络聊天室和团购的后尘。

随着“云”概念的出现，互联网领域掀起了一股“云潮”“云计算”“云搜索”“云引擎”“云服务”“云阅读”“云盘”，似乎每一种概念都披上了这朵“云衣”，成为了新的领域热点。当互联网金融披上“云衣”又会是怎样一种形式呢？这就不得不提一提“云筹”。

近年来，互联网金融在中国开展得如火如荼，从余额宝的推出到 P2P 的盛行，再到众筹的崛起，充分说明中国的金融模式正在发生着翻天覆地的改变。在此背景下，微筹和云筹应运而生。

在云筹这一概念上，已经有人抢占了先机，作为华南最具影响力的天使投资与创业服务机构——深圳创业津梁，其创始人谢宏在 2014 年新春年会上提出了“云筹”的概念，这个没有任何预兆的重磅消息发布后，一时间让很多业内人士感到疑惑。

按照谢宏的解释，云筹似乎更像是众筹的升级版，从公司主体结构的角度出发，股份制与合伙制可以看作股权众筹的昨天；以天使汇、大家投为代表的多人合投信息撮合是股权众筹的今天；融合了云架构、云安全、云服务、云数据的“云筹”才是众筹的明天。他的理念来自于“汇合、统筹、释放”，他以“资源进行聚合，又随需要进行服务”的理念将“云筹”概念完美地和互联网结合起来。

在技术层面上，国内先进的云计算和云储存平台给“云筹”提供了云服务，庞大的数据分析和挖掘技术也是“云筹”提供给每一个融资者的理论依据，它能帮助我们掌握项目动态、洞察市场先机，甚至能帮助项目发起人对众筹结果做出准确预判，通过这些系统能给予投资者准确的投资决策并实施项目投资后的一系列项目管理。当然，“云筹”属于互联网领域的创新模式，除了以投资交易、创业服务、投后管理作为主要平台外，它必须在数据的隐私与安全以及资金有效协同等方面做出突破性的保障。

随着“云筹”序幕的渐渐拉开，创业服务机构、天使投资基金和一些知名上市公司纷纷积极响应，与创业津梁建立起战略合作关系。“云筹”正在成为互联网众筹的新宠儿，“云筹”的好戏已轰轰烈烈地开场，我们期待它能给中国的互联网金融带来更多惊喜。

相比“云筹”，“微筹”则是个尚未诞生的概念。从字面意思来理解“微筹”的话，顾名思义，即是以微小的金额为基础发起的众筹项目。它的筹集金额可以是 1 元钱，或者更少，一般在众筹领域，500 元以下的众筹都可以被称作“微筹”。这种模式的众筹具有低门槛、多样性、依靠大众力量、注重创意的特征，它更倾向于草根化。尤其在公益众筹领域，这样的模式可以很好地在募捐者和项目者之间完成一个低成本的互动，它不需要股权设置，只需要有意向的人参与即可。

以近年来比较受人瞩目的环保公益为例，当我们饱受雾霾的严重侵袭之际，在穹顶之下，谁为我们的生存护航？南极海上，谁会为气候变化而承担责任？一些环保人士为了人类共同的家园奔走呼告，而“微筹”的理念使这份“爱”的能量传递得更远。这就是“微筹”的力量，它可以把这些微小的能量聚集起来，积少成多就能形成巨大的能量。

“微筹”除了字面的解释外，还应该有通过微信进行众筹的意思，在互联网金融的大环境下，移动互联网金融正在掀起全球的商业模式革命。在“频繁滑动拇指”的时代，拥有6亿用户的微信已经成为中国家喻户晓的联络平台，在地铁、公交、商场、餐厅随处可见刷着微信的年轻人。随着财付通的开通，这样一个强大的用户群嫁接上O2O，足以让它成功蜕变成最具存在感的商务领域，甚至在商务平台中出现了“微商”一词。因此，众筹和微信的结合，让我们的想象空间可以无限放大。微信众筹在营销、用户、筹资、消费等多个方面有着巨大的优势，它的出现让众筹更加普及，使得越来越多的人都开始加入众筹。

无论是互联网式的“云筹”还是结合了公益与移动式的“微筹”，包括之后掀起的“概念筹”，都给我们带来了无限的遐想。众筹在中国的发展将会何去何从我们不得而知，唯一可以确信的是，未来还会衍生出更多类似“微筹”“云筹”的新型众筹模式，众筹在中国还有着很大的发展空间。

9.7 众筹走向服务化

涉及过众筹领域的人士都知道，现在多数的众筹平台都是在项目与投资对接基础上建立起来的，这似乎已经成为众筹提供服务最主要的理念。但在众筹越来越盛行的今天，不管是投资方还是项目方，他们所需要的都不仅仅是一个信息对接平台，未来的众筹更需要建立成为一个以服务为核心的平台，这个平台不仅能完成信息的对接，还能推进项目的进展，建立一个公平、信任的机制。

在现有的环境下，互联网金融本身还存在一定风险，尤其是刚刚兴起的互联网众筹概念，更是让很多投资人望而却步。这一问题的产生，归根结底就是因为信息不对称以及由此而带来的彼此之间的不信任。

举个例子，在众筹平台上，投资方将钱投入创业项目，只有等投资方的回报真正落实了，这项业务才算真正完结。如果这项投资最终没有盈利甚至是投资金额全部打了水漂，投资人也应该有权了解项目是如何失败的。但是目前的众筹平台对此做得还远远不够。

因此，如何建立起一个信任机制在众筹领域变得十分重要，这不仅仅是靠项目信息公开就能完成的，还需要众筹平台通过长期的努力积累足够多成功的项目，建立起公信力，才能逐渐缓解现在存在的信任危机。

众筹平台要想有一个更长远的发展，必须更加趋于服务化，这样的服务在外需要配备更多的创业服务团队来跟进项目，在内则需要项目方与投资方之间进行充分的交流与沟通。那么，我们就侧重从两大方面来谈谈实现服务化的具体切入点，首先就是平台的资源建设和整合。

1. 打造一支专业的创业服务团队

众筹平台要想为项目发起人或者投资人提供更好的服务，首先必须具备一直专业的创业服务团队。在这个团队中，服务人员不仅需要具备专业的众筹知识，而且要有足够的耐心和热情为众筹双方提供高质量的帮助和指导。一方面体现专业性，另一方面体现人性化，这样才能真正在发起人和投资人之间搭建起一座和谐、稳定、高效的桥梁，最终推动项目的进展，保证双方获益。

2. 打造专业化的服务体系

毫无疑问，为了更好地发展，众筹必须走向专业化和制度化，与此同时，众筹平台的服务也必须走向专业化、体系化、制度化。整个体系应包括具体的服务章程、人员构成体系、人员职责、服务标准和考核标准等等，保证整个平台的服务都处于一种可监督、可考核、可衡量的状态，这样才能最大化地提升服务质量。

3. 掌握丰富的投资人资源

对于众筹项目来说，投资人的价值绝不仅仅在于提供资金支持。如果你是项目发起人，如果你能找到一个有丰富经验的投资人，那你就不啻于为自己找到了一个志同道合且能为你带来实际帮助的合伙人，甚至是创业路上的指路人。而对于项目来说，一个实操经验丰富的投资人也能及时给予丰富的、有针对性的指导，最终提升项目运作的效率和成功率。

因此，为了给项目发起人提供这方面的支持和帮助，众筹平台就需要挖掘和聚集丰富的投资人资源，找到他们擅长的领域，合理引导，最终发挥他们除了资金以外的价值。这样不仅大大提高了项目的成功率，还能有效地促进项目人和投资人之间的情感，为实现双赢和提升信任度创造一个有利的环境。

4. 具有丰富的社会资源

众筹不仅要筹钱，还要筹人、筹智、筹未来，当然也要筹各种各样的资源。这正是社会资源的价值。一个众筹平台，只有具有丰富的社会资源，才能为项目发起人或者说是创业者提供多方位、全角度的服务。毫无疑问，也只有这样的平台，才能赢得他们的青睐。这是在资源和服务体系搭建上，众筹平台需要具备的条件。

而在具体操作中，为了提高服务水平，众筹平台也必须做到以下几点。

1. 开始前：实现项目产品化

项目融资成功前，众筹平台要通过整个服务体系实现项目的产品化，即把众筹双方的需求——融资需求和投资需求变成实实在在的一份融资产品或者投资产品，同时要把资本市场的规则、投资价值理念贯穿到融资项目中去，这样一来，投资人与项目方的沟通成本将会大大降低，同时有利于投资方完全了解创业团队的创业理念、创业方案和项目进展等多方面信息。

对于众筹平台来讲，仅有单次的产品化行为还不够，还必须形成一个长久的机制，这样才能保证众筹项目在规范内进行，并为其提供专业化的、标准化的服务，同时提升整个平台的运作效率。

2. 过程中：保证及时、高效沟通

首先，在融资过程中，项目发起人、投资人以及平台自身，三者之间的充分交流也是非常必要的。为了提高沟通效率和服务水平，众筹平台可以提供线上和线下的交流平台，并且可以在交流过程中对创业项目提供更多专业化的服务，让创业者和投资人相互理解、互相信任。在融资成功后，众筹平台还可以设立相应的法人组织来保障各方权益，有效地帮助投资人享受专业的投资服务。在这个阶段中，众筹平台对于项目的进一步孵化和成长也必须担起责任。

其次，在服务配备条件逐步完善的过程中，还要对投资方及项目方的内在提升方面做一些功课。有时一些项目会因各种不可抗的因素而失败，这就需要双方都有良好的心理素质，能够接受失败，并从中总结经验教训，为下一次的尝试打下坚实的基础。

3. 结束后：保障落实和实施

对于众筹平台来说，一个项目结束之后，绝不意味着服务的结束，甚至后续的服务要更为重要，因为它关系到平台的声誉和公信力。具体来讲，项目融资结束之后，众筹平台一方面要督促投资人落实相应的承诺和服务，推进项目的进一步孵化和成长；另一方面也要做好投资后的服务管理工作，保障投资人的利益能够实现，如参与权、知情权、获利权等等。

众筹就像一块土壤，由项目发起者播种，然后与投资者共同呵护慢慢成长的幼苗，在幼苗成长的过程中，需不断浇水施肥，直到幼苗长成参天大树。当然，这期间土壤也必须为幼苗提供其生长所需的物质与养料，因为幼苗扎根在土壤之中。因此，众筹平台，只有做到将更多服务化理念运用其中，这样才能走得更远更长久。走向服务化，也是未来众筹发展的必然趋势所向！

实战篇　众筹实战进行时：筹人、筹文章、筹智慧

本书采用众筹模式运作，在聚集众人资金的同时，也筹集众人的文章，这是继筹人理念后的一个筹智慧的过程。本书的众筹参与者们将他们的人生成功秘诀、人生哲理以及人生思想一起呈现出来，真正将众筹推向一个更高的高度。

筹智第一弹：来自众筹发起人任超一的商业方法分享

众筹对于我们来说是新事物，但我相信，新事物和过往的经验必然也有着交集，所以，我带来了痛点营销法则的文章，为此次众筹的筹文章、筹智慧添砖加瓦……

痛点营销法则

说到产品的营销，我们经常会去找产品的卖点，而这只是一个广告的术语，对于消费者来讲，他要考虑的三个问题是："这款产品对我有什么好处"；"这款产品与其他产品有什么区别"；"我凭什么相信你说的"。也就是说作为产品销售方，你发现客户什么痛点，为什么客户要选择你而不是别人，你的优势是什么？

如今的移动互联网时代，解决了信息不对称的问题，例如客户想要解决什么事，别人说他不一定相信，上网查一查。现在消费者都会有从众心理，讲再多的品牌理念、品牌价值、品牌主张等，他们不理解，是不会买单的，他们只关心你讲的跟他们有什么关系，会考虑你说的是对的吗？是真的吗？你说的让我感觉到了，跟我有关系了，我才会买单，这就是所谓的用户体验。

像以前的传统行业，由于信息不对称，客户消费是非理性的、冲动的。而现在时代变了，销售靠的已不再是广告，靠的是用户体验，用户体验爽了就会买单，不爽不买单。互联网时代是销售理念前置的时代，例如买台笔记本买辆车，首先上网查一下评价如何，销售都是前置的，说品牌理念等都是没用的，要简单粗暴才有效，所以现在的销售就应该是一针见血的，一针扎到骨髓里，解决客户到底哪里不爽，只有找到客户的不爽，才能产生一个伟大的商业机会。

以滴滴打车为例，以前信息不对称，出租车到处找乘客，还经常遇到堵车，白白浪费油费，司机痛苦；而乘客又不能及时打到车，着急，乘客痛苦；司机找不到乘客，乘客找不到车，信息不匹配，都痛苦。滴滴出现之后，成功地将司机与乘客的信息匹配起来，乘客发布打车需求，滴滴就会通过 RBS 定位客户位置，将信息反馈给司机，就近安排乘车，这就是一个典型的共享经济模式，信息对称了，不仅解决出租车空载问题，又解决了乘客打车难的问题，司机和乘客的痛点都解决了，同时也成就了一家伟大的互联网公司！

还有百度，如今信息量那么大，如何在大量冗余信息中找到自己想要的，百度搜索就诞生了，解决了用户精准搜索的痛点。另外还有淘宝，省掉中间环节，一键解决厂家到终端用户的刚性需求，有些人说：马云不死，淘宝不死，其实这是不对的，是负面的抱怨，淘宝解决客户的什么痛点呢？便宜！像腾讯，解决大家的社交问题，以前人们交往的圈子都很小，举个很简单的例子，一个村子里的人，地域很小，大家的社交范围就限制在这个小村子里，相互都很熟，有了互联网以后，村子里的人可能不熟了，反而可能认识地球另一半的人，就是社交圈子扩大了，满足人们想要认识更多人的需求！所以，所有伟大的商业模式背后都有一个最简单的原理：一键解决人们的刚性需求，这就是痛点。

反过来，什么是痛点需求？例如，饿了想吃饭，困了想睡觉，这就是刚性需求，如果刚性需求不能满足，人们就会痛苦，简称痛点需求。想想生活中都有哪些痛点，例如过年回家，尤其北上广深，人口密集，买票难就是人们的痛点，所以360就做了一件了不起的事，在360浏览器中捆绑了一款抢票软件，打开软件抢票，一听到汽笛声就证明抢到票了，工作抢票两不误，用户的刚需得到满足，体验爽了就会自动介绍给身边的朋友使用，口口相传。能满足用户刚性需求的产品根本无须打广告，产品本身就是自媒体，能满足客户刚需的产品会让用户自动转发，就像感冒病毒一样，无限复制，让一个人去影响他身边的一群人。所以检验一个项目是否是成功的商业模式，就看有无一群人自愿将该项目推荐给其身边朋友，解决大家的刚需。

所以凡是能解决客户刚性需要的机会都是伟大的商业模式诞生的机会！像秒车位，采取错峰停车，释放车位的共享经济模式，让天下没有难停的车！通常在大城市一辆车会有两个车位，住宅小区一个工作区一个，白天上班小区闲，晚上回家工作区闲，而闲置时间其他私家车又找不到车位，秒车位就弥补了这一空缺，利用二维码快速扫描对接闲置车位，让车位充分利用。据统计，全国有1.8亿辆小型汽车，秒车位哪怕一辆车一天挣一块钱，一亿辆车一天就是一个亿，其实这就是共享经济模式。

以上案例均为显性痛点，简单粗暴一针见血，那么在生活和工作中还存在很多隐性痛点。例如吃饭，显性痛点体现的就是吃饱饭，所有的饭馆、酒店、地摊都可以满足刚需，吃饱饭，但所有这些地方的隐性痛点是什么？是服务！例如商务宴请，显性痛点就是吃饱饭，隐性痛点就是要体现被宴请者的尊贵感和价值感，宴请背后体现就是服务；像职场中的白领小资，用餐讲究的是环境和服务，心情好，他们会选择一些像咖啡店、酒吧等有情调的地方；像屌丝，他们的痛点就很简单，就是吃饱饭；在北京有个饭店叫望京一号，地理位置非常难找，但生意非常火爆，等着排队吃饭的车经常就有一两公里，明星也经常光顾，菜品很简单，就三个菜，一鱼两吃、一兔两吃、一鸡两吃，问到很多人，他们追求的就是这里的口味好，食材地道，纯粹做口碑！这是解决的客户痛点。

另外公司旗下的代理商、经销商也有痛点，如今互联网时代，厂家与终端客户直接对接，去掉了中间环节，所以像一些省代、市代他们也很痛苦，像欧罗兰壁纸，以前有省代、市代等中间商，从整个产业链上分析，经销商利润最低最痛苦，商业模式改革后，欧罗兰将市场分片，省掉中间环节，把省代、市代利润全部还给经销商。但壁纸消费频次又很低，如何打造品牌，在客户认知中占据首要位置呢？后来经过商讨，定义欧罗兰壁纸，采用欧洲无仿壁纸，生产工艺精湛，把宣传力度着重针对经销商，因为这是最有价值的，不可替代的环节，一万经销商，专店专区。

还有，企业在经营过程中，老板也是很痛苦的，其实老板是一个很孤独的群体，经常会因为企业经营过程中的种种问题彻夜难眠，所以称这些老板为“起夜家”，中国大多企业家都苦大愁深，既孤独又郁闷，所以为解决老板们的痛点，我们成立了《超一私董会》，共同建立一个小圈子，利用两天一晚的时间，帮他们做整个商业模式的规划，做战略执行的辅导，制定三年目标，分解到每一年、每一月，每月都召开两天一晚的研讨会，会议期间解决四件事：第一，根据三年或五年的目标检查上个月制定的十项工作的完成情况；第二，每期六到八家企业，检查上月十项工作执行中遇到的问题，帮助他们解决这些问题，怎么落地执行；第三，布置下月十项工作计划；第四，定期邀请一些知名企业的管理大咖进行专题分享，零距离交流，所以私董会不仅帮企业做战略、做品牌、做商业模式、做执行，另外这也是一个私密的小圈子，一个能说心里话的小圈子，在员工面前不能讲的话、不能诉的苦到私董会都可以说，从而解决老板的痛点。

任超一　中国品牌战略专家、《企管天下》栏目创始人、《一代师者》公益基金发起人、北京企业管理学院名誉副院长、创成咨询／乔君资本（中国）董事。

拥有20多年电视媒体经历，从大众媒体聚焦到培训媒体，采访过一千多位知名企业家，成功包装了上百位咨询名师，创办了中国培训界第一档电视栏目《企管天下》。

曾为一千多家企业提供品牌商业模式咨询服务，其中有广州白云集团、山西华通集团、欧罗兰壁纸、秒车位、欧拉情调藤饰、智淳商用净水机等知名企业。任超一老师致力于中小企业品牌打造，帮助中小企业做品牌战略定位，盈利模式、商业模式设计及品牌营销传播实施，主讲课题有《品牌战略》《品牌盈利模式》《痛点营销法则》《品牌绝杀秘笈》《如何低成本快速打造品牌》等。

筹智第二弹：来自众筹发起人汪良明的健康分享

众筹是一项长期的事业，唯有健康的生命才能更好地投入其中，请看：

生命复源：梦想照进现实

如今人类共享着三大污染：空气、食物和水等等污染的资源，这种不健康因素无声无息、不断地攻击着我们体内的健康基因，一旦有了症状确诊就已经是中晚期。预防从了解自己的基因开始，美国有 70% 的人享有健康管理服务，基因检测已在美国普及后的结果是：大肠癌的发病率下降 90%，死亡率下降 70%，乳腺癌的发病率 / 死亡率下降 70%。而中国享有这项服务的人群不足 0.1%，如何科学检测、防患未病，是著名生物基因研究专家汪良明教授的梦想！

在生物医学这块富饶的土壤上，革新和挑战总是如影随形。从神医华佗到科技问诊的数千年间，无数曾经为“疑难杂症”的贫脊地带被转化为绿洲，也有不断衍生的“不治之症”荒漠拓荒。21 世纪以来，由于传统疗法的效果甚微，让“生命复源”这个新名词崭露头角。在众多推崇者眼中，“生命复源”有望担当新一代拓荒者，为当前的再生医学注入新希望。带着疑问和好奇，著名生物基因研究专家汪良明教授加快了对生命复源的勘探试验，钻研越来越深，其功能的“万能性”也得到一一佐证。一辈子仅需一次的遗传基因潜症检测，生命免疫系统的重新启动、逆转肌龄……生命复源的医疗适用领域外沿迅速扩大，在传统疗法之外开辟了一道绿色健康窗口。在这场浪潮中，民众的期待重新被点燃，而让每个生命在健康的同时享受美的信念推动着汪良明教授在生命复源的道路上越走越远！

与其在疾病身后追随，不如健康领跑

上医治“潜症”，目前太多人体内都存在着不健康基因，虽尚未发病，但无法通过临床检测指标发现，却又实实在在存在于体内的隐蔽疾病。如心脑血管疾病常以潜症的形式存在，传统体检无法察觉。

汪良明教授在临床中发现，传统医疗，往往是在发病后，以有限的成功率挽留病人的生命，在有限的范围内提高幸存者的生存质量。在欧美，经过与医学界的权威专家们多年的临床运用，汪教授终于明白，要发现潜症，必须源于科学、严谨的基因检测，最终将美国宇航员进行生命检测的尖端仪器引入中国，检测目标将捕获 614 万检测位点，可达 140 种基因……发现潜症，让健康领跑！

赴欧美的医学梦，让梦想照进了现实

下医治已病，在治疗潜病的过程中，“生命复源”迅速发展。汪良明教授介绍，上世纪人类对细胞学的认识跨越了三大步，由最初五十年代至七十年代的骨髓移植热、八十年代初初期细胞热，到如今的生命复源热，而汪教授刚好踏准了第三步的节拍，在赴欧美的研究交流期间跟生命复源结缘，并一步步揭开它的神秘面纱，应用于临床，服务于大众。

在美期间，汪良明教授通过临床研究发现，“生命复源”对生命的潜病发掘、免疫功能的复苏及启动，以及肌肤的逆龄上发挥着显著作用，这令汪教授很兴奋，这个肉眼不可见的小东西，也在无形中更加坚定他开启这扇医学的大门。

复原生命健康，提升生命质量

步入现代社会，人们对“健康”愈加看重，“生命复源”作为一种新型的健康手段进入视线范围。对此，汪良明教授这样描述——生命复源是一种奇迹的生物源，相当于体内的“亚当”与“夏娃”。它的魅力在于：激活体内休眠的健康免疫基因，代谢不健康因子，复制更多健康因子，令身体机能恢复，健康充满活力。

生命复源工程并非千篇一律，汪良明教授坦言，在健康、抗衰领域的数十年发展后，疾病预防、保健、抗衰领域技术水平已达世界顶尖水平。而生命复源工程的质检、制备、提取、储存、运输已有一套成套的国际化标准流程。因人而异，个性化制定方案，是生命复源的又一大特色，汪教授通过一次又一次的系统更新，令生命更健康地复源。

2010 年至今，汪良明教授陆续为国内数百位政商名要进行了生命复源工程，北京巨思特顾问管理公司董事长李强老师、新时代女性的杰出领跑者张玉新老师等众多精英们专程体验生命复源抗衰工程，其卓越的抗衰、健康疗效令精英们赞不绝口。

关于生命复源的未来，汪良明教授这样畅想：也许在某一天，人们通过生命检测更清晰地了解自己的身体状况，防患于未然，人们突然发现，通过生命复源的出现，令患上白血病、帕金森氏症、糖尿病等不治之症的人绝处逢生，患病概率降低 80%。

汪良明　一个尽显军人一丝不苟的名字，其人也自有傲骨的资本。

他，早年毕业于上海第二军医大学军医系，在部队任军医多年。曾任中国中西医结合委员会医疗美容分会副主任委员，现任汉密顿生物工程公司首席细胞技术、临床研究应用专家。

他，在医学美容界三十多年的从医生涯中积累了丰富的整形外科临床经验，并从事生命复苏基因工程在健康与美容抗衰上的研究，与国内外生物细胞美容学的前沿专家共同研制从基因检测到细胞抗衰的一整套生物绿色抗衰疗法。

他，年方花甲，丹青、香茶……君子纳兰，文章华国，拈花执刀笑红尘，是尚士、是文客、是名医、是禅者……

筹智第三弹：来自众筹发起人王封的心路分享

和以往很多次一样，在李强老师的带领下，我们开始了众筹，这是一个新的纽带，也是成功的新要素。

成功者的要素

老师常说，先做人后做事，个人能力再强，也必须有良好的人际关系做支撑，良好的人际关系会给人生开辟一条平坦的道路，会给你的生活带来一种和谐的气氛，会给你的工作创造一个舒适的环境，是你挑战人生的武器，是你战胜自我的武器，是你征服一切的秘诀。（眼中有人心中有事，万事顺心人必成大业），而今天搜乐商城获得小小成绩，也是离不开老师的教诲。

成大事者具备的几个要素：第一个，崇高使命和伟大理想。任何一个成大事的团队，必须要有这样一个高度，并非高调，须发自内心。当年桃源三结义，刘备所虑乃天下苍生疾苦，他希望一统天下，拯救百姓于水火；水泊梁山，宋江的使命是忠君爱国，替天行道，即便是走到最后，受朝廷招安，也是奉行替天行道，替皇帝推行道义；西游记中，唐僧师徒西天取经，玄奘法师看到东土信奉小乘佛教，而小乘佛教不能免去生老病死，人的一生都很苦，他希望人们学习大乘佛教，离苦得乐，不远万里、历经磨难，取得真经，修成正果；马云创办阿里巴巴，核心价值观就是：让全天下没有难做的生意；包括电子商务、搜乐商城。在今天这个竞争如此激烈的环境里面，我们 2014 年创业，算是起步很晚的一个公司。创业的时候也出现了“桃源结义”，我和两个兄弟在家里面，在我父亲面前，义结金兰，三个人开始创业之旅，当时就抱有强烈的使命感。我们深知，电商行业在中国迎来了伟大的发展，占有国民零售业的 10%，互联网行业整体占有国民 GDP 的比例也越来越高。在这场大发展的盛宴中，我们看到了科学家的胜利，实验室的成果可以更快地转化为市场上的产品；我们看到了企业家的胜利，一个商业模式、一个理念甚至一个想法转化成的 PPT 都可以立刻变成真金白银；我们看到了高级知识分子的胜利，985、211、海归、程序员、美工、产品经理，只要努力工作，就可以迅速地晋升到中产阶级，如果跟对了老板，飞黄腾达也不是梦想！而这一场伟大的变革和普通百姓又有什么关系呢？和广大的农民、广大的城市底层居民又有什么关系呢？难道仅仅是过去在实体店里买，现在网上买；过去用短信，现在用微信？诚然，中国经济在过去四十年里有了长足的发展，但是贫富差距、地域差距、城乡差距依然很大。

广州有全世界最好的“made in China”日用品，价格便宜且品质卓越，但是外需不足的时候却面临销路堵塞、工厂停工；北方的小城、乡村居民却要忍受因为房租、太多的代理商层级而导致的价高质差的日用品，更有甚者，因为地域广大、代理层级过多导致的假货、过期货充斥市场，怨声载道！传统互联网电商可以完美地解决这些问题吗？不能！因为一些历史和现实原因，假货、二手货、高仿货困扰着中国电商，广大的国土面积导致物流、售后等问题，更是横在广大消费者面前的巨大障碍！

面对这一切问题，两年前，搜乐商城诞生了！以 ABC、F2C、社会化营销 O2O 的天地人三网合一理念，迅速地蓬勃发展起来，短短两年时间，业务发展到了十几个省、两百多个县市区，拥有了三十多万会员，为一百多万家庭提供高品质、低价位的商品，以月复合增长率百分之三十的骄人业绩，成为电商行业新的风向标！

为什么搜乐商城可以有这样的大发展呢？首先是因为有完备而务实的企业文化："让每一个家庭都用上搜乐产品"，"高品质、低价位"，"德行天下、造福万家！"，这些并不是泛泛空谈的口号，而是搜乐商城从创业之初就坚持的信念和目标。无论是投入巨资研发产品，打造热情、耐心、高效的客服团队，建设迅捷、细致的物流团队，搜乐人都一丝不苟、精益求精，确保每一个拳头产品，让所有信任搜乐的消费者放心。强有力的企业文化指引，更在各级政府领导的关怀支持下，商城以极其微薄的利润，实现了让每一个普通老百姓都买得起、用得起高品质产品，甚至有产品在一些情况下是完全的零利润。

企业文化说到底是企业组成人员的信念和原则，不论用什么样的方式去表达，都是为了体现一个目的：告诉所有人，这个企业到底要做什么。而搜乐商城真正要做的事情就是：为社会公众服务。

一家企业只有真正地为消费者着想、为百姓着想、为人民服务，才可以得到长足的发展和进步。在经济发展浪潮中，不仅仅是生活水平要提高，国民健康水平、环保水平也是一个重要话题，没有好环境，小康社会不是真正的小康。过去的发展历程中，因为经济水平和技术的问题，许多对环境有污染、对百姓身体有损伤的日用品比比皆是，更有假冒伪劣产品，不仅仅污染环境还危害健康。搜乐商城作为一家互联网企业，极大地缩短了供应链，从源头、渠道、终端三个层面制止污染环境、危害健康产品的出现：从源头上，搜乐不吝惜产品研发费用，投入巨资引进了各种优质产品；在渠道上，搜乐借助各级政府的帮助和互联网行业的优势，从物流、配货、运输形成完整的闭环，完美杜绝了任何假货出现；在终端上，搜乐积极教育、强效监督，确保每一款产品都货真价实。日用品是生活必需品，就算有任何微小的伤害，日积月累，对个人、对家庭都是很大的健康威胁，每一个家庭的健康水平决定了国民健康水平，只有高品质、低价位的环保产品，才是老百姓喜闻乐见的好产品！

搜乐一路走来，一直胸怀崇高使命和伟大理想。而我们李强 365 计划亦然如此，老师的使命是传播正能量，共圆中国梦，每次想到这里都会心潮起伏。

第二个是拥有一个绝对向心力的核心团队，这个是必须的，当然我举了那么多案例，包括桃园结义刘关张三人；水泊梁山宋江率一帮人建立他的核心班子；西天取经，唐僧有了悟空、八戒、沙僧一众徒儿；当年嘉兴南湖游船会议，也是十几个人起步，后来缔造了伟大的新中国；而李强 365 计划起步时，老师也是振臂一呼，出现了第一批核心。在这个核心团队里面，必须拥有一个灵魂式的人物，这一点很重要。很多团队创建时也有核心，但如果没有一个灵魂式的人物，会缺乏凝聚力，这个团队会散。在三国里面，刘备是核心人物；在水浒里面，宋江是核心人物；在阿里巴巴里面，马云是核心人物。中国的企业很容易诞生这样的人物，任何一个了不起的团队，总会诞生一个这样的人物。没有这样的人物，就没有向心力，没有向心力就形不成一个圈子。李强 365 里面，老师就是这个灵魂式人物，振臂一呼，无数人响应！在搜乐商城，我也是这样的一个人。一个具备凝聚力的团队，加上核心人物引领，这是第二个因素。

第三个因素是，要有过硬的产品及合适的商业模式。为什么没说是最好的商业模式？因为在今天这个环境中，各种商业模式都很好，各个企业的商业模式都是经过多次优化和改进，不敢说哪个模式是最好的，一定是合适的商业模式才是最好的。什么是合适的商业模式？合理的利润分配、科学的管理机制、强大的市场生命力及质量过硬的产品。在商业领域，阿里巴巴，它是把企业与企业之间的信息作为产品来对接，马云不生产任何东西，但他把全世界所有的东西都整合到了一起。搜乐商城则因为产品品质够硬，并且有先进的商业模式，代理商、微超市落地经营，互联网线上购物，从工厂到消费者无线链接、服务者和消费者零距离接触，真正实现了线上与线下的完美融合。电商行业的落地经营是大问题，困扰了无数优秀企业家，而最核心的问题恰恰是人，没有经过培训的员工是企业最大的成本，小而美的传统电商企业几个人、几十个人就可以服务几千万、几亿的客户，在过去的 PC 时代是没有任何问题的，而在这个 O2O 和移动互联网的时代肯定行不通，强大的地面推广团队是重中之重，而拥有强大地面推广团队的传统企业，又非常缺乏互联网基因，每一次成功尝试都是对互联网行业做出的卓越贡献。搜乐有幸，拥有一支强大而又拥有互联网思维的团队！我们把一流品质产品拿回来之后，只加上微薄的利润，直接给了消费者，中间不加任何环节，消费者在搜乐商城买产品比批发还便宜，所以我们在很短的时间内就占据了市场，并且快速倍增。

每一次电商新思维尝试的成功，都推动中国互联网成为世界瞩目的焦点业，带动了国家经济的发展；某种意义上讲，商场如战场，商业不仅仅是企业与企业之间的竞争，更是国家与国家的竞争；我国经济起飞较晚，靠传统领域去和发达国家竞争困难重重，现阶段取得了辉煌成就，但是付出了惨重代价。如果我们可以在互联网这样高科技、高附加值的领域，领先世界，做世界标准的制定者，那么我们就会获得溢价，让中国企业轻轻松松赚到钱，让中国老百姓轻轻松松赚到钱！消费爱国、创业爱国，搜乐人有着一颗颗拳拳爱国之心！

365同样如此，老师用20年的口碑，打造了这个平台，积累了这么多知识和信息量，今天用365元的价格给每一个人，这是典型的高品质。高字代表了整个20年的心血，低价位，365元，在中国这个消费领域里面，是人人都能接受的起的，不存在因为门槛过高而拒之门外。让利，就是让压力，比尔·盖茨说过，他不会用一个人的百分之一百来成就自己的百分之一百，他会用一百个人的百分之一来成就自己的百分之百。让利就是让压力，把压力让给别人，把动力让给别人，同时把利益也让给别人，剩下的就是得利了。这就是过硬的产品和合适的商业模式。

第四个，要拥有超强战斗力的一线部队。市场前锋如果开拓力不强的话，那这个仗就没法打了。刘备聚拢了三个人，关羽张飞诸葛亮，诸葛孔明“文”天下第一，关张二人合在一起“武”天下第一。水泊梁山战时，宋江常以万人健儿败对方十万大军，战斗力超强。“天行健，君子以自强不息”，我们的美好生活只有依靠自己的努力、自己的奋斗才能实现，战天斗地、自强不息是一种特质，搜乐壮大的过程中绝非一帆风顺。大风始于青萍之末、大志发于困苦之中，曾经有过每天零营业额，曾经我们的地面推广人员被人拒绝无数次，但我们绝不退缩，战斗到底是每一个搜乐人永不改变的信仰！路漫漫其修远兮，吾将上下而求索；永远没有送上门的业绩，永远没有铺好的道路；每一点业绩，都饱含着一线地面推广人员的汗水、泪水甚至血水，周末不休息、节假日不休息、加班加点赶在市场一线是搜乐的常态，甚至有的市场人员六个月、八个月不休息一天，每天不休息一刻，为了自己、为了家庭、为了公司、为了这个国家奋斗不止。搜乐有幸，拥有这支富有战斗力、富有持续精神的团队！365 也是，我们聚集了超强战斗力的一线人才，很短时间就能做出很好的推广，包括李强老师本人，就是第一 sales，最大的销售员！

最后一个，拥有健全、完善、严谨的规则章程，以无为而治；拥有强大的后勤保障系统，给一线市场前锋团队最为匹配的支持及良好的客群服务。

搜乐商城是一家新兴企业，短短创业历程，获得了蓬勃发展、骄人成绩，然而搜乐人并未满足，打造中国第一电商日用品平台是搜乐人不变的追求和愿景。在中国这样一个电商超级大国，电商领域涵盖了生活的各个方面，拥有极其庞大的消费群体。日用品是生活必需品，消耗量巨大，目前中国专注做日用品 +O2O 的电商平台还不太多。搜乐要做的是：以日用品作为主导，让物美价廉的品牌形象深入人心，从而建立起来完备的线上线下渠道和消费者大数据，为日后的联合定制品牌奠定基础。搜乐商城先进的销售模式已经成为电商行业新的风向标，成为日用品 +O2O 领域的佼佼者！

王封　北京东升海纳科技发展有限公司 搜乐商城总裁

80后创业者典范，踏实稳健、与时俱进的创业者

中国优秀传统文化倡导者、践行者

清华大学高级管理人员工商管理硕士

中国式企业团队打造、行销教练

中国狮子联会红心服务队创队队员

互联网思维创业教练

数十万计互联网+行销团队的缔造者

中国绿色经济、循环经济、低碳经济倡导者，资深践行者

最喜欢毛主席的一句诗：自信人生二百年，会当水击三千里

筹智第四弹：来自众筹发起人吴有志的商道分享

如果说众筹是新时代的新事物，那么互联网则是承载其腾飞的载体，而无论在互联网时代、还是众筹时代，总有些东西是永恒不变的原则。

互联网 + 时代，正能量是唯一的经商之道

随着中国商业进入互联网 + 时代，商业不仅仅成为攫取利益的“名利场”，也成为鼓舞人心的一座“能量场”。根据能量守恒定律来看，能量不会凭空产生或消失，它只能转化为其他形式或转移到另一个物体，总量是不会改变的。能量包含了自信、拼搏、勤奋、进取等正能量，又包含着懒惰、逃避、推卸等负能量。“正能量”越多，负能量就越少。只有真正内心拥有正能量的人才能在激烈的市场鏖战中取得自己的一席之地。

大多数靠拼搏白手起家的商人都有着明确的商业目标和吃苦耐劳的品质，凭借自己的自信勇敢地面对失败，在失败面前越挫越勇，经历从无到有的过程。机遇永远青睐勤奋的商人，一有机会就要果断出击，不放过任何一个小机会，时时捕捉商业信息，与此同时行动力也格外重要。

一九九三年，生于农村的我这一年已经二十八岁了，我毅然决然地辞去了得来不易的土地管理所的工作。准备从农村到城市做生意，这在当时是潮流，在我家却鲜有人支持。但我知道，自己必须做出一番事业，最终我选择了做粮食生意，农村出生的我在这方面比城里人有着得天独厚的优势。于是我就这么一头钻进了粮食生意里，一干就是两年，由于没有经商经验，这两年的所得也仅够勉强养家糊口。后来，国家开始对粮食生意进行管控，我的生意就只好停滞了。返回家中，苦思一年，就在这一年，我想了很多，想明白了之前失败的原因，决定一边蛰伏一边等待时机。

1997 年，一次偶然的机会，通过好朋友的信息，我得知扬州市江都副食品市场进行公开招商，这个时候我想，我苦等的机会来了。我决定再次创业！可是那个时候手里只有省吃俭用余下的 5000 元，为了不失去这次创业契机，我大着胆子从银行贷了 2 万元的款。这笔款对当时的我来说是一笔巨款，面对未知的创业之路，此时此刻唯有勇往直前，直面现实。就这样拿着 2.5 万元钱，我开始做起了酒类销售，认真经营了一年，我发现，必须成为酒类代理商才能继续我的事业。在我多番努力下，1998 年 8 月终于与洋河酒厂签下了代理协议。同时，我认真梳理了自己的经营方法和理念，开始建立客户群，以诚信为服务之本，与客户做到利益共享，共同发展，最终实现双赢。

在我十九年风风雨雨的创业之路中，唯一一直支持我的就是我的妻子，当初全家反对的时候，是她坚定地站在我身边，也是因为她的支持，我才能不论成功或者失败都拥有一种坚持下去的正能量。我们一直拥有一个共同的目标那就是专一经营，把我们的企业做得更优秀、更健康、更长久。到今天，我们的奋力拼搏终于有了一定成果，企业的年销售额从最初的几十万提升到了现在超亿元的业绩。

只有拥有永不服输、灵活变通、打破常规、超前商业意识的正能量，才使我从一个农村出生、到城里做生意、为了养家糊口而奔波的人，变为今天一个销售额超亿元的企业管理者。就像阿里巴巴董事局主席马云曾经在演讲中说过：“梦想还是要有的，万一实现了呢。”2014 年 9 月 19 日阿里巴巴集团在纽交所正式上市，和绝大多数公司完全不同的是阿里巴巴的敲钟人并不是公司高管和他们的朋友。而是八张陌生的面孔——两位网店店主、一位快递员、一位用户代表、一位电商服务商、网络模特和云客服，还有一位是来自美国的农场主皮特·维尔布鲁格，他的果园盛产车厘子，而这些水果通过天猫卖到了远在地球另一端的中国。在这一刻，马云和阿里巴巴的合伙人、员工代表一起站在台下，为敲钟人久久鼓掌。“我们奋斗了这么多年，不是为了让我们自己站在那里，而是为了让他们站在台上。”马云在纽交所现场这样对采访他的人说道。

当然，企业的成功不仅仅要有梦想，还要有自信、拼搏、勤奋努力，更要像马云一样随着时代的变化而变化，因为单打独斗、凭运气的时代已经过去，现在的企业是以人为重要组成部分的企业，企业管理者不再是让自己站在那里，而是让陪着你奋斗、成就你事业的他们站在那里。因为一个企业必须要由信任的、有能力的、专业的团队来壮大。

企业赚钱只是结果，但绝对不是唯一的目的，只有认清这一点，赚钱才会水到渠成。而要做到这些就必须心怀“正能量”，以信念为先，以诚信为本，遇到困难往前看，从始至终富有创业之初的激情，一个企业才可能成功。

做大做强做长远离不开学习，只有不断学习，并把学习所得用于实践，在实践中检验学习成果，在实践中总结学习所得。在今天这样的时代，我们要学会利用工具，系统化地管理工程，真正从企业内部形成一股“正能量”，这种积极向上、锐意进取的精神氛围会激励员工充分发挥出他们的价值，在得到应有回报的同时，激发出他们内心深处隐藏的一股神秘而巨大的力量，它不仅能改变他们的心灵，更会让他们的人生发生蜕变，从而，使得企业开启一条通往商业巅峰的道路。特别是在互联网+这样一个特殊的时代，企业只有释放了商道正能量，才能达到事业的巅峰，明白商业的真谛。

吴有志　一个出身于农村家庭的60后，在政府部门工作多年，最终放弃了国家的铁饭碗，1993年开始下海经商，几经商海沉浮，坚持着子贡的儒商之道，最终创立了扬州市连源商贸有限公司。

筹智第五弹：来自众筹发起人易碧亚的做人分享

如同李强老师所说，众筹筹的是人，我所希望分享的，正是做人的格局问题。

做人：赢在格局，输在计较

公司发展到今天的规模，在于各位管理人员共同的努力。有很多都是公司的老员工，还有发展至今的骨干力量。对公司的文化理念和熟悉程度也是非常深入和全面的了解。行业发展离不开人脉，这些人脉非常重要。这跟做人的智商高不高没有关系，情商高不高也问题不大，做人的格局一定要大。说白了，你可以不聪明，也可以不懂交际，但一定要大气！

为什么这么说呢？我们有骨干辞职了，去了其他的公司，大家对他的态度就变了，不再是战友，变成了敌人，一切都开始变了。离职的原因是多种多样的，唯一确定的是去了我们的竞争对手那边。那就变成了：你背叛了我们，你是叛徒。事实上是这样吗？我们或许有误会他的地方。到了竞争对手那边，我们应该反省我们自身是不是有做的不对的地方，让我们曾经的战友离开？难道就因为他们的离开我们就难以释怀，讨厌他人，甚至憎恨他人。这就是格局不够大了，同样的事情，看任正非是如何处理这种情况的。

1993 年 6 月，23 岁的李一男到华为公司上班，当时的他怎么也不会想到会受到任正非的重视，经过一点点的提拔，第四年李一男就成为公司最年轻的副总裁，而他那一年才 27 岁，年纪轻轻就成为华为的顶尖人物。那时，大家都说他是任正非的接班人。在某种程度上讲任正非对于李一男来说已经不仅是伯乐发现和栽培的层面，可以说是他的师傅和家人般照顾的层面。

谁也没有想到，三年后，2000 年，李一男要单干，同时也带走了华为的人、技术和钱。从事的业务也正是和华为还有竞争关系的宽带网络通信技术和产品。

当时华为的人都把李一男视为叛徒，任正非没有这么做。必须承认李一男是个技术天才，很快就成为华为最大的竞争对手，任正非一直在容忍，直到李一男的港湾网络将被西门子收购的时候，任正非意识到技术可能被国外收购，会对华为构成致命的打击，随后出手阻止了西门子对港湾的收购。为此，任正非付出了 17 亿元的代价。在收购的时候，仍然写明，如果李一男愿意回华为，仍然是副总裁职务，但是李一男依然没有回来，任正非的苦心没有感化他。在离开前夕，任正非在深圳五洲宾馆设豪华宴为李一男践行。没有任何人感觉到任正非的所作所为是觉得李一男的离开是背叛或者是忘恩负义。

这个案例，不是为了说明李一男的背叛，而是为了向任正非致敬。在他的身上我们可以看到，让离开自己公司的人过得更好，这才是领导者的大格局，正是这种格局成就了华为，成就了任正非。

回过头来，我们来看公司离开的中层干部。我们请他们吃饭，并不是挽留，也不是为了讨好什么。只是作为同事，他们奋斗了这么多年，我们感激他们。希望他们离开了公司，不管走到哪个公司都可以过得更好，走到哪里，都可以传播我们公司的文化理念，化解工作中曾经的误会，当然，离职的人到了新公司也被重用，说明我们公司的培养和熏陶的是有效的。

做人多大气，就会有多成功。因为胸怀，才是成功者的标志。我今天的这番话，目的只有一个，希望各位跟着公司一起成长，如果哪天离开了公司，我也依然希望各位可以有更大的成就，有需要的依然可以向我述说。不要计较这些无谓的事情。我相信你们的格局会到更高的阶段，我们一起，成功！

易碧亚 60后的大学生，将学校中的坚韧不拔精神用到了工作当中。创办了武汉迈森豪餐饮管理有限公司并任总经理，武汉盛宇勤餐饮管理有限公司任董事长，武汉迈志达商贸有限公司任总经理。同时也是武汉市团餐协会副会长、湖北省团膳协会副会长。本人性格开朗，稳重、有活力，待人热情，真诚。热爱学习，不断完善自己的学识与修养。

筹智第六弹：来自众筹发起人游克群的情怀分享

众筹是一项筹人、筹智的事业，说到底，和人有关，和我们自身有关，所以，关注自身，关注自己的思想，便是走在正确的道路上。

天际的尘埃

北京，每日早上从七点二十到九点半例常的堵，这是一个曾经宽敞的城市。我们踊跃在你的胸怀里，我们是伧夫俗吏，我们是文人墨客。天桥，天街，天边，看灯影憧憧，斗转星移。

这里什么都有，有驯兽师也有训话师；有交通灯也有孔明灯；有耄耋老人，也有花季少年；有汽车旅馆也有青年旅店；有讨生活的人在广场上嘶吼，也有髀肉复生的中年人对着电脑抽烟。经久不散的人群，一一对应无处藏身的空寂。富人富得理直气壮，穷人穷得有模有样。很多东西在这里被消耗了，甚至是消失了，可它会以另一种方式开始持续增长。短了工资，涨了物价，少了清新，多了 GDP。当然，也有短了青春，换一头银白。而老人终于打算和它谈谈：世界，我想我警告过你要对我好一些，因为你看得出来吗？我正在慢慢抛弃你。

你点起很多盏的灯，照不到你想照的地方。你却焦躁又喜悦，因为你想要照亮的地方，一定落满时间的碎屑。这一侧车站的等候椅无人光临全是灰尘，那本黄页不见翻过，如今也真的是黄了。我们的名字也是尘埃啊，做了浮土，浮在天际，云雾一样做着这个世界的美丽孤儿。清凉的大马路上躺着一个醉汉，巷尾走出一个白痴，他们对着过往相互依傍的年轻人卷起一脸的傻笑。而这个城市，它多么无情。即使来自基层的种种破碎和复原，在夜里同时回归到这个巨兽的庞大内心，即使它的胸膛慢慢起伏，它也不曾感受到朝暮泪水和欢笑的各样风云际会，因而它从来无动于衷。

我们依照自己对着文明的无限热爱来感受和改变这座城市。百代过客把这里整得简直不像样，百代过客又把这边整得像个好地方。苍翠欲滴的雨淋下来就灌成了西湖，卧在人们眼波里的蛟龙。虽然是西湖，却没有断桥没有白堤，没有悱恻的爱情，没有一触即发的心弦。可这里有几座工厂，也有几扇庙门，飘着几朵白云的蓝天，刮过一阵叫做往昔的风。然而多深的口袋都兜不住这瘦骨嶙峋的风，我们顽固地认为未来总比当下美好，因为我们还未曾到达。

城市，你好得让我咬牙切齿，你坏得让我乐在其中。你每日呼唤着众生的名字，你等待着我们靠近，你又欲拒还迎。你为何用臂膀搂住千万个理想，又让它们在你的怀里渐渐腐烂？你是前行，你是远方，你叫刽子手，你叫王八蛋。

你太可怕。可我怎么如此爱你，爱你的围追堵截，爱你的任我东西。给我莺飞，给我草长，给我一城春色葳蕤。我是你的子民，是蜉蝣之于你的天地，你天际的小小尘埃。我像个文人故作高深，解读鸟木鱼虫，骄傲而悲辛地拥挤在这狭窄的星球。一天夜里我看见还有很多的微尘和我一样，无聊的人在睡觉，寂寞的人在抽烟，伤心的人在酗酒，陷入愁城的诗人用酸不倒多少人的笔写下，“亲爱的人儿，我太思念你，而如今我的肝肠也是寸寸地断了……”

游克群　新闻工作者，现为深圳丙升元集团董事局主席、上海市军地文化融合促进会副会长、广东省退伍军人促进会副会长、福建省福州国际经贸商会名誉会长。

筹智第七弹：来自众筹发起人马铭蔓的人生哲理分享

李强老师说过，人生处处是众筹，将自身的爱的事业与众筹结合起来，相信一定会产生不一样的“化学反应”。

爱是生命的意义

时光飞逝，平静而无声，青春短暂，多彩匆忙。从襁褓中咿呀学语的婴儿到风华正茂的青年，生命无时无刻不经历着生活的考验。有时候人们不禁会问：生命的意义究竟是什么？或许是无悔遇到谁或谁，又或许，只是一些出人意料的故事，努力后擦去汗水的欣慰笑容，在变幻的世界留下一抹不易察觉的光辉，这大概就是有意义的生命吧！

对我而言，生命最大的意义不是精彩绝伦、轰轰烈烈地度过一生，而是发自内心地将最真挚的善与爱在这人世间传播。渺小如尘埃的我们，在广袤的天空之下、浩瀚的宇宙之中是如此的平凡，但当我为生命的意义而努力散发着光辉的时候，幸福与快乐，渐渐向我涌来，推动着我一步步前行，哪怕前路曲折不易，风雨说来就来，波澜在我的人生渐起。若干年后回首往事，我欣慰地发现，曾经那个小小的自己，竟然不知不觉也有了一份小小的光辉事迹。

缘分是一个很奇妙的词，只要无怨无悔，任何一种相遇都是一种可贵的缘分。身为三个孩子的妈妈，我一直深爱我的孩子们，他们是爱的延续，他们是无价之宝。这些小天使进入我的生命中，一声妈妈的轻柔呼唤，映衬着一张张无瑕笑容，我觉得自己是这世上最幸福的女人，我愿把我所有的美好都给予他们。

也是一次偶然的缘分，当一个藏区孩子进入我视线当中，那纯真的双眸那稚嫩的渴望，就像一根连接我心头的丝线，莫名牵动我的心房。与我孩子们的粉嫩脸庞不同，他小小的年纪，脸上却有了风霜痕迹，看到一件普通新衣已笑得开怀，听到一曲手机音乐就醉得入迷。但现实的艰辛生活却让他没办法像很多孩子一样正常的上学，享受这天赋的权利，这令我感到万分心痛！而正是这种源于爱的心痛，造就了我与藏区孩子们的不解之缘。

每一个孩子都应该得到上学的权利，后来我又陆续资助了多名藏区儿童。我希望他们能够获得良好的教育，依靠自己的能力改变生活，看到这个世界的更多美好，这对孩子们来说真的可能是改变他们一生的宝贵机会。当我第一次收到孩子们的来信的时候，那种惊讶与喜悦令我毕生难忘。我能感受到信中每一字一句充满的感恩，人世间最真挚的情感就是他们那些发自内心的话语，拙嫩的笔迹写出了他们一双双殷殷期盼的目光，当看到他们喊我妈妈的时候，我的心我的眼睛，润湿的难以用言语形容，不是因为自己收获的感谢，也不是觉得自己多么伟大多么成功，仅仅是一种无法言喻的、内心深处最柔软的部分受到的触动。这美丽世界上有多少这样的孩子，他们没有多彩的童年，没有漂亮的衣裳，不知道课堂里描述着怎样的知识世界，虽然我没有办法帮助到每一个孩子，但我尽自己的绵薄之力坚持着自己的一份爱心。如果可以，我希望能给更多的人带去幸福和快乐！

结识壳寡糖也是另一种奇妙的缘分，我是一个爱美的女人，像所有爱美的女人一样，无法接受痘痘的蛮横生长。用了五六年的时间，几乎尝遍了各种方法，可一次次尝试换来的却是一次又一次巨大的失落，痘痘还是纠缠着我，成了我难以甩掉的心魔。壳寡糖，就这样走进了我的生命中。初次接触的时候，它还是密封袋里简易包装的小胶囊，其貌不扬。然而我有一种持之以恒的决心，我相信成功的关键在于坚持，所以我坚持每天早晚两粒的尝试着。令我诧异的是，仅仅两个月的时间，我脸上的痘痘竟完完全全地消失了！更意想不到的是，连我平日的鼻炎顽疾也在不知不觉中得到了治愈，彻底根除！与此同时，我的先生和孩子们以及其他的家人朋友们，也因为我奇妙的变化开始尝试服用壳寡糖，并取得了不同程度的功效——免疫力提升、体健胜前、精力充沛……他们是第一批见证了壳寡糖威力的人！

我一直相信爱与奉献能让生命变得更美丽！作为壳寡糖受益人的我，心头始终萦绕着对壳寡糖的由衷赞叹，同时也惋惜这神奇的物质竟然不为多数人所知。如果我能把这份健康不仅带给身边的亲朋好友、员工家属，还能帮助那些被种种病痛折磨的人，那该多好啊！给更多的人送去健康与幸福，这正是我一直想做却没有头绪的事情啊！于是，一颗名叫“壳寡糖事业”的种子，在我心中渐渐发芽，直到今天开始茁壮成长。

“大德利他，大道聚人”，秉承着凝聚全世界最优秀的人才，最顶端的技术成果，让全人类受益的使命感，我期盼已久的长龙集团诞生了。2015 年 7 月，注资 500 万的深圳长龙生物技术有限公司成立， 壳寡糖启动基金 5000 万募资路演在深圳市南山科技园举行。同年，深圳长龙与江西省三抗保健品有限公司正式签约达成战略合作，并注资 2000 万与香港南旋集团达成合作。而作为长龙集团董事长的我，乐此不疲地为自己第一份、也是自始至终的一份事业奔波忙碌起来。为了锻炼自己，我还担当起长龙公益事业大使的角色。长龙集团目前已建立了国内一流的技术研发中心和强大的科研团队，并聘请了多位知名专家作为公司顾问，有着完整的自主知识产权体系。我知道，这就是我要做的事业！

时至今日，已经有不少为病魔缠身的人因为长龙集团壳寡糖而重获健康，恢复对生命的热爱。

看着他们发自内心的笑容，我觉得生命的光彩活力永远都那么的不可小觑，而正是这样的活力才能成就生命的意义。我始终坚信，只要多一个人知道壳寡糖，就会多一个家庭因此而受益。这条路或许顺利，或许艰难，但我可以肯定的是，只要这份爱能够传播下去，一切的艰辛都是值得的！

多少年的苦修才能换来一场相遇，人与人之间如此，人与事物之间也是如此。所以，我珍惜闯入我生命中的每一个人每一件事。我更尊重每一个生命，因为生命只有一次，不可以重来，每一次决定都像是一场冒险，这就是生命的魅力。在每一个清晨醒来，我都会用这份爱心去激励自己在这条路上坚定不移地一直走下去。在接下来的人生中，我会带着我的壳寡糖事业，迎接每一个来自未来的挑战。守护孩子，守护健康，用爱成就生命之美，一生无悔识寡糖！

马铭蔓 长龙集团董事长，寡糖大咖代言人，80后企业家，一位心虔志诚、热爱生命的优雅女士。她不仅是三个孩子的妈妈，而且还是藏区多名孩子的妈妈。在一场机缘巧合之下见证了壳寡糖的神奇功效，亲身经历让她决心助力大健康产业，发心让壳寡糖造福更多的人，为更多的家庭带来健康与欢乐。

筹智第八弹：来自众筹发起人邹斌的感动分享

众筹你我她，聚集成一家！筹人、筹智、筹事业！

往世今生，我愿与您为邻

不知前世的你或我向佛祖祈求了几千年才换来了今生的相遇、相识、相知与相爱，我愿执子之手，与子偕老。

酒香不怕巷子深，你静静地伫立，在悠长又寂寥的巷子边，从不渴求蜂围蝶阵。

纸醉金迷，酒地肉林里，你像一只骄傲的孔雀，在每一位观赏者面前都闪烁着最耀眼的光芒。

九千年前，原始人的粗茶淡饭是你为它盛上，你不是满汉全席，也不是宫廷盛宴，但是你有宫廷菜肴之特色，又有地方民族风味之精华。你从原始的砂到春秋战国的铜，再到如今的铁，都是以一个全新的容貌出现在我们面前！我们留恋你的原始纯朴，更喜欢如今你的美丽绽放。我们需要创新，你需要蜕变。这是我们的使命，就是想把你永留心中！

2010 年开始，你给人们留下了深刻的印象和独特的美味，让当地老百姓感受到“土家风情”独有的魅力，约上三五位友人，吃上吊锅，喝上摔碗酒，唱起土家山歌……在茫茫人海中找到属于自己的一个他／她，只为寻求一种依靠。于饕餮盛宴中一尝美味，不是街边小摊更不是昂贵的法国大餐所能感受到的。我们只求心安！

如今你茁壮成长，繁花满枝，百花齐放。

2015 年你又以崭新的容貌出现在位于恩施火车站的奥山世纪城，恩施利川，四川达州，土家人的热情，土家人的风格，土家人的味道，用土家高山上无公害的食材，以传统秘制配方和如今的烹饪工艺，做出一道道营养、美观、清鲜的佳肴来作为传承土家美食文化的瑰宝。

你愿意撑起爱的蓝天，关爱社会，关爱弱势群体，关爱留守儿童，孩子是我们的希望。他们的悲苦通常会引起全社会的同情，授人以鱼更以渔，把正能量传递下去……

邹斌 出生于 70 年代末，1995 年走出大山拜师学艺，开始厨师生涯，2008 年在“全球华人厨师节”中荣获“中华金厨奖”。2010 年开创“土家风情”。

筹智第九弹：来自众筹发起人邹珺的人生思想分享

因为众筹，和许多人有了联系，所谓众人拾柴火焰高，愿我所带来的关于奋斗的分享可以为其添砖加瓦。

奋斗的青春最美丽

世界上美丽的东西千千万万，却没有一样比年轻更为美丽；世界上珍贵的东西数也数不清，却没有一样比青春更为宝贵。我们是多么值得骄傲多么让人羡慕啊！而我们若只是挥霍光阴，只是享受，不去奋斗拼搏，那我们真的算拥有青春吗？像我们这样处于青春最美丽时期的年轻一代，我们有着自己的梦想和激情，我们渴望拥有美丽而健康的未来，因此我们在“马不停蹄”地奔跑着。人的一生当中青春是公平的，赋予我们的都是一段年轻的时光，这段时光是人生最美最奢侈的时光，我们可以放下一切，尽情地追求梦想，我们应该为这样一个时刻高歌和呐喊：青春万岁！

这样一个时刻，我们又免不了感到一种茫然，这样一个时刻，我们对未来有太多的憧憬和希望，我们需要前进，我们需要未来，因此我们就思考、行动，最终去实现自己的理想，实现自己的人生价值，实现自己心中最真、最美的东西。这一路上，我们非常自由和潇洒，因为我们没有压力，我们也没有负担，我们更没有痛苦，我们只有快乐和自由，驾驭着和平年代的翅膀而尽情自由飞翔。我们也许在路上看到了很多，也想到了很多，更感触到了很多。将青春变成人生最美好生活的出发点，“恰同学少年，风华正茂，书生意气，挥斥方遒”，昭示着一代伟人奋斗的青春。因此，我们才学会了成长和珍惜，我们才学会了什么才是最重要的，是过程？是当下？还是爱？都是，都是，一切的平淡都是人生的最根本，人生最重要和最美的东西就在我们身边，就在我们眼前，只是好像我们都没有太在意。青春正在我们手中，我们不能容忍青春在我们手中白白流逝，我们不能在叹息声中虚度光阴，我们不能在叹息声中了结生命，那么就让我们在青春时节奋发吧！让青春之花永远绽放在我们心中，书写一卷有声有色的人生。

想要留住现在吗，那就好好地过好你的现在吧，哪怕是一分或一秒，我们需要一个美丽和值得回忆的过程，我们需要青春无悔。因为世界上最珍贵的东西就是我们的时间，时间是最宝贵的，是无价的，任何人的时间又都是由他们自己去把握的，而任何人的时间又都是命中注定的，我们没有办法改变时间，我们没有办法去增加未来，我们只有好好地学会享受现在的时刻。请珍惜！

青春在奋斗中展现美丽，青春的美丽永远展现在她的奋斗拼搏之中。就像雄鹰的美丽是展现在它搏风击雨中，如苍天之魂的翱翔中，正拥有青春的我们，何不以勇锐盖过怯懦，以进取压倒苟安？扬起奋斗的帆吧！在波涛汹涌的大海中不断前行，展示我们这一代人青春的壮美与力量，让我们就像雄鹰一样搏击长空吧！让青春之歌扬出昂扬的旋律，让我们的声明发出耀眼的光芒。

奋斗抒写无悔青春，在漫漫人生道路上，青春虽然只是一小段，但当你白发苍苍回首时，你会发现曾经拥有的青春依然会在记忆中闪烁着动人的光彩。青春无悔该是我们每个人的追求，我们只有把握好青春的每一天，在激流中不断拼搏，我们才可以骄傲地说：“我的青春是无悔的！”

人的一生当中也就那么短短几十年，而那短短几十年的时间里也就分为那么寥寥的几个阶段。怎么去度过，怎么去走，去过自己应该过的生活才是关键。一路上，我们因追求而美丽，我们因激情而显出了青春的活力，我们在拥抱自己的未来，拥抱文明社会的未来。我们在奋斗，奋斗这样一个永不会回头的青春史。这个时刻，这个年代，我要用什么样的语言去记载和歌颂它呢，我想我是用尽所有优美的词句都无法去歌颂和赞美它吧，因为一切的美丽都蕴含在其中，是我们无法用语言表达的一种美。我们在这条路上只要学会珍惜，学会抓住，学会生活，学会拥有现在。只有懂得了这些，我们才不会因为自己年轻的过错而懊悔，我们不会感到惋惜，我们只会有甜美的回忆，因为那是年轻的我们曾经留下的甜美。

青春因奋斗而精彩，有了奋斗，青春才会飞扬，有了拼搏，青春才会美丽。把握青春的每一刻、每一分、每一秒，我们向着成功奋斗、向着成功搏击，做最好的自己，向着我们的目标“冲！冲！冲！”要让我们的青春更美好、更充实、更闪亮，那么就去拼搏吧、去奋斗吧！

青春不言败，我喜欢“自古英雄出少年”这句话。因为这是青春的一种赞礼，对青春的一种放歌。是的，青春不言败，青春无敌。青春是不固执、不偏激、不保守、不僵化的时代。

青春时代是人生大放光彩的时代。即使你有百般不如意，万事不顺心，你可以有一种理由苦闷、埋怨，但不能有一种理由放弃理想和追求，因为青春如此美丽，美丽的青春牢牢在握，希望属于你，这个世界属于你。青春，需要奋斗！拥有青春，就拥有一份潇洒和活力！拥有青春，就有一份灿烂和辉煌！

邹珺 80后，现任福建省媖洁日用品有限公司总经理。

2009年初他自主创办媖洁公司并担任总经理，在市场经济的大潮中搏击风雨，历经磨炼，打造线上、线下全方位营销模式，主产品“媖洁”卫生巾荣获“中国卫生巾十大品牌”称号。在他的带领下，媖洁公司前景广阔，充满创新发展的活力。

筹智第十弹：来自众筹联合发起人何卫芬的商路秘诀分享

就像溪流汇合成大川，众筹也是聚集许多人的一项事业，领导的艺术便是其中的一条溪流。

领导五大要素

身先足以率人，律己足以服人，倾财足以聚人，量宽足以得人，得人心者得天下！这是非常好的待人法则。当我们不断的付出就一定可以去感动别人，同时也会让别人喜欢。

人之所以伟大是因为有感动，在我们的生活中其实有太多太多的感动，可是我们经常把它遗忘。我的一个朋友问我，为什么我那么多的员工都喜欢我？那我反问他："在你的公司中，你喜欢多少人？为什么你喜欢他们？"他却说："我不喜欢他们，他们都没有什么能力。"我对他说："这就是你在你的公司人际关系不好的原因，你都不喜欢他们，他们怎么能喜欢你呢？"

己所欲，施于人；己所不欲，勿施于人。我们自己要学会付出和给予，付出不需要多大的代价，而是需要自己的一份心境。每个人都有付出的能力，可我们往往就是怜惜那一点点，不愿意给别人付出。

我们不仅要独善其身，还要兼济天下。一位名人在湖南师范读书时就说出敢为人先心忧天下的话，这是何等的壮举，这是何等的豪迈。如果我们的心胸像宽广的大海一样海纳百川，我们就可以让人感动。我的朋友经常说："能给您付出是我非常荣幸的事情，能帮到您也是我非常幸运的事，财富不是一辈子的朋友，朋友才是一辈子的财富。"

世上所有的东西都是越分越少，只有爱才是越分越多。我们的爱心有多大的时候，我们就能有多大的回报，我原来很多时候总是考虑自己太多，当我不断的成长，看到很多人对我不离不弃地支持与帮助的时候，我才感悟到，任何时候，首先去关爱别人，这样别人才能得到你的爱，我不必要去别人回报自己什么，关键是自己已经付出了多少，这也是在积德。

这一辈子要赢的不是钱，而是眼光境界、胸怀和朋友。我相信当你自己在改变、在成长的时候，同时境界在不断提升的时候，你周围的一切将成为你一生一世的好朋友，你也有机会成就自己的一生。

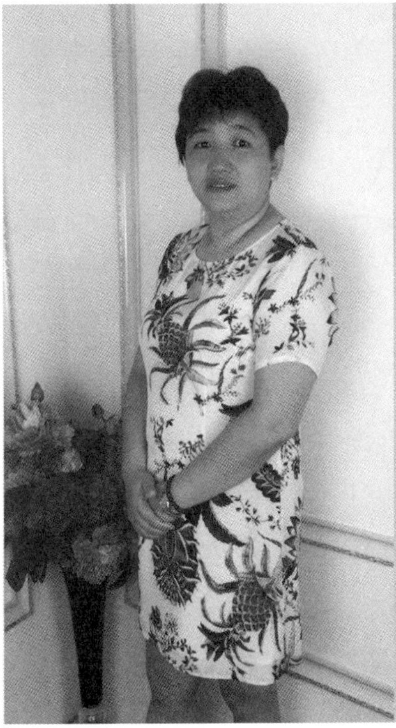

何卫芬 2005年从广东开始创业，最初开办服装厂为其他知名品牌做代加工，经过多年的打拼建立了自己的服装品牌企业东莞市芬依儿服饰有限公司，创办企业伊始一直严格秉承着精益求精、一丝不苟的作风，和“对客户和消费者高度负责”的执着信念。

芬依儿服饰有限公司秉承“关注客户、携手共赢”的服务理念；“当季服饰，物超所值”的经营宗旨；“质量第一，诚实守信”的原则，本着“和平、友好、共赢”的精神，为客户提供更出众的产品及服务，以优质的产品、一流的服务创造出更美好的未来。

筹智第十一弹：来自众筹联合发起人李贺的创业经验分享

众筹筹人，人的什么最宝贵？经验和经历！分享我的人生，分享我的经历，为此次众筹喝彩。

慢知后醒的我

我的家乡在河南农村，一个地少人多的地方。贫穷是那里的代名词，苦难是我最鲜明的记忆。父亲说，面对贫穷和苦难，唯一的办法是读书。只有读书，才能改变命运！

我明白这个道理是在小学五年级。一至四年级，我好像都是在沉睡，大脑里一片空白，没有记忆。到了五年级，突然感觉要认真读书了。内心好像有个声音在提醒我，要努力，要考上初中，要考上大学，要为父亲分担生活的压力！每天天还没亮，我就早早起床，点上蜡烛，一个人悄悄读书学习，直到深夜。爹妈发现我的时候，很是惊讶。因为晚上睡得晚，早上起来这么早，以至于我什么时候起床他们根本不知道。这让爹妈感到意外——这孩子是怎么了？

努力就有收获，我顺利考上了初中，这让父母内心欣喜若狂，频频肯定我、鼓励我，对我信心满满。父母说：你这么勤奋，没有考不上的大学。

初一的时候，我越发勤奋努力。每天晚上躺在床上，闭上眼睛，回忆白天所学。有些记不起来，就努力想，然后安然充实地入睡。第二天一早，起床的第一件事就是把昨夜没有回忆起来的内容温习一遍，牢牢记住。每次周末回到家，都要去干农活。记得有个周六的下午，要去地里翻红薯叶，一边翻红薯叶的时候，我大脑里浮现的全是我的作业内容。回忆着作业内容，一遍又一遍。待翻完红薯叶，我学习的课程内容已经牢牢记在了我的心中。那段记忆是清晰的、充实的、充满期待的、美好的。

我心中的痛

它改变了我的人生轨迹，刺痛我整整15个年头。初三的上学期，突然一次高烧，我不得不请假回家看病。爸爸是个农村的赤脚医生，他给我看了以后，以那时常用的治疗手段，吃药，打点滴。结果，三四天过去了，没有好转。五六天过去，还是没有好。第七天的时候，突然不烧了，好了。接着我去学校上课，但我发现，不对劲呀，我怎么记不住老师讲课的内容了呢。晚上躺在床上的时候，我完全想不起来老师讲课的内容了。也不发烧了呀，怎么就记不住东西了！好像是瞬间失去记忆功能一样。傻傻的我也搞不清楚什么原因，说不清道不明，心里的困惑无法表达，有力使不出，烦闷不堪。慢慢的，我失去了信心，开始有了不想上学的想法。我深知，就连我的身体也发生了巨大的变化，曾力大如牛的自己，现今变得浑身无力，什么活也干不动了。失望无助的我，索性抱着书包回家，我退学了。

我的打工生活

1998年，怀揣着满脑子的梦想，我只身南下广东。

初来乍到，傻傻地找不到工作，傻傻地被中间人带着在外面东奔西走，流浪了半个月。这半个月，白天在外面流浪，晚上中间人带着我四处找地方睡。睡过铁皮房、废弃的厂房、楼梯道下面（楼梯道下面蚊子可真多，恨不得把人给吃了。）

最后好不容易进了一家陶瓷厂，做洗线工，成为一个名副其实的打工妹。陶瓷是以泥巴为原材料的，先做成产品形状，然后高温烧制而成。产品的接缝处有线条，在高温烧制之前，需要把产品上面的线条用水洗掉洗平。我的工作就是负责洗线条，当时觉得挺光荣神圣的。我是一个爱做梦的人，天真地认为，只要勤劳肯干，就能在这泥水之间给自己洗出一个美好的明天。

那时候，公司的订单非常多。每个月都处于赶货的状态，每天加班自不用说，一个月只有 1 天的休息日。从早上 7:20 上班，到第二天凌晨 1:20 下班，每天只有 6 个小时的时间去洗衣、睡觉。天天这么循环，看不到什么希望，我就只有两个感觉——困和饿。每天 6 个小时的时间，根本不够睡。饿是因为公司每天只提供两餐，加班时间长，每天都饥肠辘辘的。我比一般的同事还要穷，刚去那个月身上分文没有。看人家晚上下班花 5 角钱买份肠粉吃，馋得我直流口水直想哭。父母知道我的情况后，请隔壁村的四美哥哥来找我，随后他带我在一个小店点了一个鸡蛋炒米粉。当时我真有种受宠若惊的感受，太奢侈了！吃着米粉我在想，3 元钱的米粉，吃 5 角钱的肠粉够我吃 6 天，好贵呀！四美哥哥临走时，还给我了 20 元钱。这 20 元钱可派上了大用场，我买了 1 包洗衣粉，1 瓶花王洗发水，剩余的几元钱拿来买夜宵，有夜宵吃喽！

上班的日子也给了我深刻的记忆。我的组长是一个长得挺漂亮的四川中年妇女。她每天给我们每个人发放 10 箩筐产品，算是一天的工作量。每当我完成这 10 箩筐的量时，她又会加 5 箩筐给我。旁边的同事在下班时候 10 箩筐都还剩半筐，而我每天完成 15 箩筐，工资却是一样的。我不能理解，觉得不公平。我去找她理论，她却说：谁让你干得那么快呢？听了她的话，觉得她很欺负人，我干活快也是错吗？想慢下来，跟那些的小伙伴一样。但好像怎么也慢不下来，一做起事来，还是一样的专注。她还是每天给我加 5 箩筐。这让我想起了我的妈妈，我的妈妈就是这样的一个人。做事的时候，从不会耍滑和偷懒，总是尽自己最大的努力去做事。

我的创业历程

2005 年，在父母的指导下，我和哥哥、弟弟一起创业，组建了贺业公司——一个小作坊。父母带着我们一共十来个人，开始了我们的创业梦。半年过去了，没有订单，本金眼看就没了，当初创业的决心有些动摇。这时，父亲说话了：钱是龟孙，没了再拼！就算是亏完了，我就不相信我们有双手双脚挣不来，还不完债！爸爸的话是那么坚定，让我们重新燃起奋斗的决心。这些年来，在烽火连天的创业路上，爸爸一直鼓励着我们，支持着我们前行！

祸不单行！有时下雪，还会加上一层霜！ 2006 年 9 月 20 日，我们刚采购回来的原材料全部被偷。我们一下子傻了！这可怎么办？就在所有人都灰心丧气的时候，爸爸坚定的话语再次响起：孩子们！天无绝人之路，一定会有办法解决的！爸爸是个越挫越勇的人。在他的眼里没有过不了的坎，没有办不成的事。

爱做梦的我

虽然我少言寡语，但我喜欢做梦。梦想着爸妈能在学校前的那条街上开上一个小卖铺，这样就不用担心父母被活活累死；梦想着自己考上大学，爸妈不用再为了这个家那么拼命；梦想着拥有一个小空间，真正属于自己的一个书房，这样自己就可以想发呆就发呆，想看书就看书，静静地思考，不被随意打扰；梦想着有几层的小楼，一个小院子，可以自由跑上跑下，那是多么幸福。这些的梦想，已经一件件地实现，所以我坚信：梦想成真。

我很庆幸我有那些曾经经历的一切，它们锻炼也磨炼了我，让我变得坚强，促进我成长。

一个爱做梦的人，勤奋，倔强，越挫越勇，幸福！

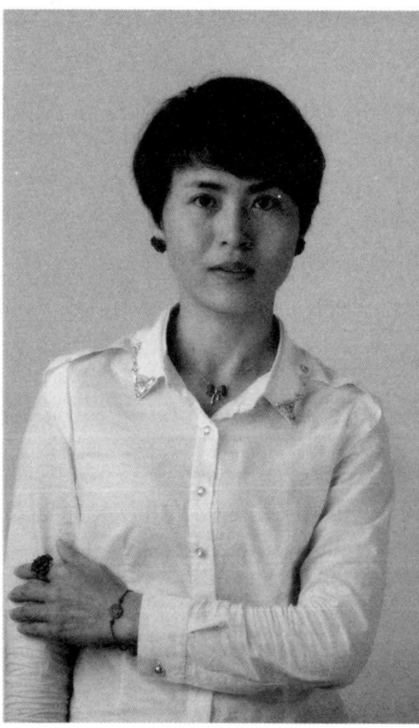

李贺 广东省东莞市贺业首饰有限公司董事长。贺业首饰有限公司坐落在东莞市长安镇，成立于2005年。公司专注于生产时尚首饰，以铜材镶嵌为主，兼设计及生产制造为一体的一家首饰公司。公司生产的产品有耳环、戒指、吊坠、手链、项链、手镯等；公司自创建以来，本著勤奋、守信的经营理念赢得了来自世界各地客户的信赖。公司拥有专业的研发团队和先进的管理理念，为制造完美的产品提供有力保障。公司始终坚信：务实创新，追求卓越！

筹智第十二弹：来自众筹联合发起人宿峰的教育分享

无论谁的众筹，都离不开自身的特色，李强老师的众筹最主要的特点就是筹人，所以，就有了我们这些人的参与，而我们每一个人奉献出自己的特色，就构成了此次众筹的精彩。

当代职业教育不可或缺的“三堂课”

随着国民经济新常态的迅猛发展和职业教育受培群体特征的时代化，我国职业教育工作的固有弊端越来越突出，面临的新情况也越来越多。

首先，教育理念陈旧、落后。互联网时代的中国经济新常态，各行各业新设备与日俱增，新技术层出不穷，新工艺日新月异；职业教育的受培群体具有信息广、知识网络化、思想活跃、价值取向多元化等时代特点。固有的职业教育理念已不适应受培者迅速的成长和发展，教育方式仍然停留在传统的知识灌输层面，忽略了受培群体综合素质的培育。这样培育出来的学员毕业后很难满足现代经济迅猛发展的形势和用工高技能、高素质的需求。

其次，培训内容单一、呆板。目前，职业培训仍然采用单向直线培训模式，即由教师教、学员学，教师仍然是传统的“教书先生”角色，还没有真正成为学习的咨询者、促进者、引导者和催化者，学员的学习完全处于被动状态，课堂互动、研究、探讨型的教学少且学习内容单一，这种呆板、无趣的教学很难激起学员们的兴趣。

这样的职业教育长期下去，学员只会感到怠倦，教师只能应付差事，培训质量不高，培训效率低下。为了响应李克强总理弘扬的“劳动光荣、技能宝贵、创造伟大”的时代风尚，满足新常态下用工高技能、高素质的需求，迅速使更多的“大国工匠”走出职教机构，我认为当代职业教育有“三堂课”不可或缺。

第一课：“教者”必修“提高课”。“学高为师，身正为范”。教师作为技能知识的传授者，作为学员个性的塑造者、示范者，肩负着培养教育的艰巨而神圣的重任，教师自身素质的高低直接影响着教学的质量。只有以精益求精的信念、丰富的知识积累、严谨的治学态度才能驾驭教学，才能居高临下，才能使学员达到全面发展。因此，做教师的更要善于提高，勤于学习；要善于改革，以高超的教学艺术吸引学员，集中并保持学员的注意力，调动学员学习的主动性和积极性，使学员在乐趣中获得知识；要广泛积累教学经验和理论，改善自己的教学风格，时时处于主动和主导地位；以问题为导向，注重学员的主动参与性和积极性，让学员们自然而然地从“要我学”转变为“我要学”。

第二课：“学者”必修“立本课”。要引导学员坚持不忘做人之本。品德才是最重要的通行证，即便一个考了满分的学员，如果没有德行，他的人生永远不及格。有德品自高。职业教育者要通过系统讲授和熏陶，造就讲道德、有品行、品德合格的新一代职业“能人”。所以我们的职业教育要把学员明大德、守公德、严私德和立德、修德、践德作为教育培训阶段的终身课题。一方面加强学员道德养成。职业教育机构要自觉从中华优秀传统文化中汲取思想道德精华，继承和弘扬优秀道德品格，提高道德认识、夯实道德基础，时时处处见贤思齐，弘扬真善美，传播正能量，形成崇德向善、明德唯馨的浓厚氛围；另一方面要提升学员道德境界。道德水平不会随着年龄的增长、职务的升迁而自然提高，而是需要终生努力。“不懂礼貌的孩子，世界就为他关上了一扇门，空有一纸文凭和一身本领也难以登堂入室”。因此职业教育者要带头模范践行并教育学员恪守公德，守信于心于言于行。常修职业道德，大公无私，公而忘私，公正公平公开；常修家庭美德，孝敬老人，互敬爱人，关爱子女，负好家庭责任；常修个人品德，树立高尚情操，保持情趣健康，大度宽容处事，堂堂正正做人，坦坦荡荡做事。同时，受培学员也必须严格坚持自律，自觉接受他律，常存敬畏之心，时刻警醒自己，做到自重、自省、自警、自励，慎始、慎独、慎微。

第三课：“教学”必修“互动课”。苏联著名教育家苏霍姆林斯基特别强调把学生带出课堂，走出学校，走进自然，贴近生活，在参与课外活动、社会实践过程中，实现“第一课堂”与“第二课堂”的完美结合；中国著名教育家陶行知先生所提倡的“行是知之始，知是行之成”都是强调理论联系实际的重要作用。因此，职业教育者不应该仅仅局限板书教学，而更应该重视结合先进的多媒体设备和配套的教具，通过组织学员进行练习、实验、实习、参观访问，增强感性认识，给学员提供运用知识、解决实际问题的机会；在教学过程中应该注重让学员动手操作、实践，使所学知识能够在解决实际问题的实践活动中得到验证；要创出新的教育培训方式以及内容，转变过去传统单一的填鸭式教学，逐渐增加体验式、互动式、研究式、模拟式、案例式等多种创新式培训方法，从而强化对知识的了解和记忆，增强感性认识，达到理性认识的提升；在课外活动、校外活动和其他社会实践中，学员通过教师的引导，了解这些活动所依据的书本知识，并运用这些活动中观察到的事实验证书本上的理论。除此之外，还可以通过改善新型化的师生关系，实现导学共进。

宿峰　内蒙古铁路职业技术学校董事长，曾多次获得内蒙古自治区教育厅及包头市教育局先进教育工作者的个人称号，力争在教育事业的路上越走越远，为社会培育出更多优秀的人才。

感谢《众筹实战》的联合出版人，他们是这本书的起飞推进器！

夏永川　北京聚投天地科技有限公CEO，北京七鑫易维信息技术有限公司合伙人，“聚投众筹”创办者，国内首批互联网众筹创业者之一。先后从事教育培训、投资管理、科技创新等领域的工作。始终保持不断学习、不断进取的决心。多次参加公益活动，并为社会各界需要帮助的人士捐款、捐物，献出爱心。

邢爱云　北京邱天道国际中医灸疗技术发展有限公司总经理，企业曾被评为“质量、服务、信誉AAA企业”。本人一直以来执着于泥灸养生事业，培训了泥灸操作师2000多人，为更多人带来健康！本人是有爱心、有责任感的一个人，定将企业做成泥灸行业的领军企业，成为泥灸行业“第一灸”！

姜翔龙　山东合信安全技术服务有限公司法人兼董事长。通过多年的经营已组建综合性安全技术服务平台。公司主要从事安全教育培训、安全设计、安全评价、安全生产标准化、工程勘察等业务。公司遵循“精诚合作、信誉为本”的原则，广交各界朋友！为企业的安全生产提供更大的保证。

彭永华　搜乐商城高级销售经理，梦想是我前进的动力，学习充实着我的脑袋，我将用我的热情与力量帮助更多人实现梦想、走向成功。

王猛　北京联合创宇房地产经济有限公司销售总监。为梦想拼搏奋斗的80后。

韦加星　北京金管家软件科技有限公司总经理。专业为酒店业、餐饮业、温泉、SPA会所等行业提供信息化安全管理解决方案。

《众筹实战》联合发起人

感谢他们的大力支持，他们是这本书的奠基之石

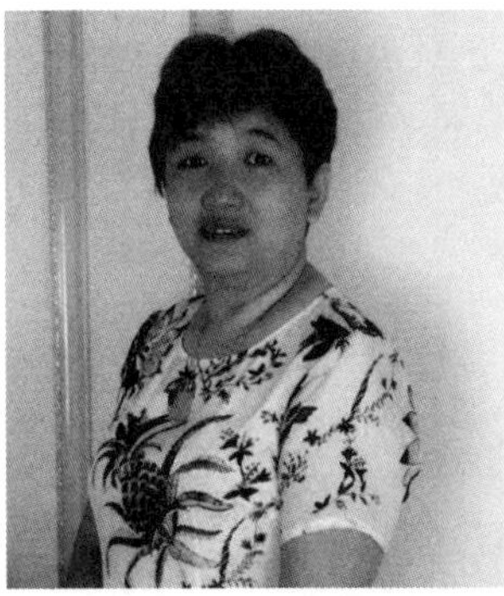

何卫芬 2005年从广东开始创业，最初开办服装厂为其他知名品牌做代加工，经过多年的打拼建立了自己的服装品牌企业东莞市芬依儿服饰有限公司，创办企业伊始一直严格秉承着精益求精、一丝不苟的作风，和“对客户和消费者高度负责”的执着信念。

芬依儿服饰有限公司秉承“关注客户、携手共赢”的服务理念；“当季服饰，物超所值”的经营宗旨；“质量第一，诚实守信”的原则，本着“和平、友好、共赢”的精神，为客户提供更出众的产品及服务，以优质的产品、一流的服务创造出更美好的未来。

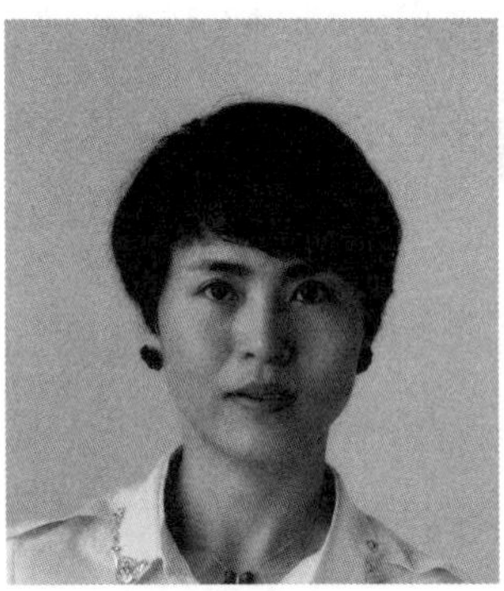

李贺 广东省东莞市贺业首饰有限公司董事长。贺业首饰有限公司坐落在东莞市长安镇，成立于2005年。公司专注于生产时尚首饰，以铜材镶嵌为主，兼设计及生产制造为一体的一家首饰公司。公司生产的产品有耳环、戒指、吊坠、手链、项链、手镯等；公司自创建以来，本著勤奋、守信的经营理念赢得了来自世界各地客户的信赖。公司拥有专业的研发团队和先进的管理理念，为制造完美的产品提供有力保障。公司始终坚信：务实创新，追求卓越！

宿峰 内蒙古铁路职业技术学校董事长，曾多次获得内蒙古自治区教育厅及包头市教育局先进教育工作者的个人称号，力争在教育事业的路上越走越远，为社会培育出更多优秀的人才。